Leituras de Krishnamurti

Leituras de Krishnamurti

Organizado por Mary Lutyens

Tradução
Christina Ávila de Menezes

CIP-BRASIL. CATALOGAÇÃO-NA-FONTE
SINDICATO NACIONAL DOS EDITORES DE LIVROS, RJ.

K931   Krishnamurti, J. (Jiddu), 1895-1986
   Leituras de Krishnamurti / J. Krishnamurti; organizado por Mary Lutyens; tradução: Christina de Menezes. – Rio de Janeiro: Nova Era, 2011.

   Tradução de: The Kirshnamurti reader
   ISBN 978-85-7701-317-3

   1. Conduta de vida. 2. Vida espiritual. I. Lutyens, Mary, 1908- II. Título.

10-6193
CDD: 170
CDU: 17

Título original norte-americano:
The Krishnamurti Reader

Copyright da tradução © 2009 by EDITORA BEST SELLER LTDA
Copyright © 1954, 1963, 1964 by Krishnamurti Foundation of America

Capa: Sérgio Campante
Diagramação: Abreu's System

Krishnamurti Foundation of America
P.O. Box 1560, Ojai, California, 93024 USA
E-mail: kfa@kfa.org
Website: www.kfa.org

Todos os direitos reservados. Proibida a reprodução, no todo ou em parte, sem autorização prévia por escrito da editora, sejam quais forem os meios empregados, com exceção das resenhas literárias, que podem reproduzir algumas passagens do livro, desde que citada a fonte.

Direitos exclusivos de publicação em língua portuguesa para o Brasil adquiridos pela EDITORA NOVA ERA um selo da EDITORA BEST SELLER LTDA.
Rua Argentina 171 – Rio de Janeiro, RJ – 20921-380 – Tel.: 2585-2000
que se reserva a propriedade literária desta tradução.

Impresso no Brasil

ISBN 978-85-7701-317-3

Seja um leitor preferencial Record.
Cadastre-se e receba informações sobre nossos lançamentos
e nossas promoções.

Atendimento e venda direta ao leitor:
mdireto@record.com.br ou (21) 2585-2002.

Sumário

Parte Um
OS PROBLEMAS DA VIDA　　　　　　　　　7

Parte Dois
PARA OS JOVENS　　　　　　　　　　　121

Parte Três
PERGUNTAS E RESPOSTAS　　　　　　　235

PARTE UM

Os Problemas da Vida

I
O que estamos buscando?

O QUE A maioria de nós está buscando? O que cada um de nós quer? Principalmente neste mundo agitado, em que todos estão buscando um pouco de paz, de felicidade, um refúgio, é importante saber o que estamos buscando, o que estamos tentando descobrir. É provável que a maioria de nós esteja procurando algum tipo de felicidade, algum tipo de paz. Em um mundo tumultuado por guerras, rivalidade, conflitos, queremos um refúgio no qual possamos encontrar um pouco de paz. Acredito que seja isso o que a maioria de nós quer. Então começamos a buscar, passamos de um líder a outro, de uma organização religiosa a outra, de um mestre a outro.

Agora pergunto: estamos procurando felicidade ou algum tipo de satisfação que, esperamos, nos torne felizes? Há uma diferença entre felicidade e satisfação. Você pode buscar a felicidade? Talvez você possa encontrar satisfação, mas encontrar felicidade é impossível. Felicidade é um derivado, um subproduto de algo mais. Então, antes de entregarmos a mente e o coração a algo que exija muita seriedade, atenção, pensamento e cuidado, devemos descobrir o que estamos buscando, se é felicidade ou satisfação. Receio que muitos de nós estão procurando satisfação. Queremos nos sentir satisfeitos, queremos encontrar uma sensação de plenitude no fim de nossa busca.

Afinal, quem está procurando paz pode encontrá-la com facilidade, dedicando-se cegamente a algum tipo de causa, a uma ideia, e ali encontrar abrigo. Mas, naturalmente, isso não resolve o problema. O mero isolamento em uma ideia confinante não nos libera do conflito. Desse modo, devemos encontrar o que de fato queremos, tanto interna quanto externamente. Se isso ficar claro, não precisamos ir a lugar algum, não precisamos procurar um mestre, nem uma igreja ou organização. Desse modo, nossa dificuldade reside em sabermos com clareza qual é a nossa intenção, não é verdade? Podemos ter essa clareza? Como ela vem? Por meio da busca, da tentativa de descobrir o que os outros dizem, seja o mais eminente professor, ou o pregador comum da igreja mais próxima? É preciso ir até alguém para descobrir? No entanto, é isso que estamos fazendo, não é? Lemos uma infinidade de livros, participamos de inúmeras reuniões e discussões, e aderimos a várias organizações tentando encontrar uma solução para o conflito, para o sofrimento em nossa vida. Ou, se não fazemos tudo isso, pensamos que encontramos o que procurávamos. Isso quer dizer que, se certa organização, certo professor e certo livro nos satisfizeram, neles encontramos tudo o que queríamos, e continuamos nisso, cristalizados e confinados.

Não se pode negar que, em toda essa confusão, estamos buscando algo permanente, eterno, algo que possamos chamar de real, Deus, verdade, o que você quiser — o nome não importa, porque a palavra não é o que ela identifica. Portanto, não permitamos que as palavras nos enredem. Deixemos isso para os oradores profissionais. Há em nós uma busca por algo permanente, não há? Algo a que possamos nos agarrar, algo que nos dará segurança, uma esperança, um entusiasmo duradouro, uma certeza, porque, em nós mesmos, somos muito incertos. Não nos conhecemos. Sabemos muito sobre fatos, pelo que os livros nos dizem, mas não sabemos dessas coisas por nós mesmos, não temos uma experiência direta.

E o que é isso a que chamamos de permanente? O que é isso que estamos procurando, que nos dará, ou que esperamos que nos dê, permanência? Não estamos buscando felicidade, satisfação e certeza duradouras? Queremos algo que se prolongue eternamente, que nos dê satisfação. Se nos despirmos de todas as palavras e sentenças, veremos que é isso o que queremos. Queremos prazer e satisfação permanentes, e a isso chamamos de verdade, Deus ou qualquer outra coisa.

Muito bem, queremos prazer. Talvez esse seja um modo um tanto bruto de falar, mas o que realmente queremos é conhecimento que nos dê prazer, experiências que nos deem prazer, satisfação que não se tenha desvanecido no dia seguinte. Temos experimentado muitas coisas que nos deram satisfação, mas todas elas desapareceram. E agora esperamos encontrar satisfação permanente na realidade, em Deus. Sem dúvida, é isso o que todos nós estamos procurando, tanto o inteligente como o estúpido, o teórico e o factual. Mas existe satisfação permanente? Existe algo que dure para sempre?

Se você está buscando satisfação, chamando-a de Deus, ou de verdade — o nome não importa —, tem de compreender a coisa que está procurando. Quando diz que está buscando felicidade permanente — Deus, verdade ou como queira chamá-la —, não precisa compreender também o buscador? Porque, talvez, não existam segurança e felicidade permanentes. A verdade, talvez, seja algo totalmente diferente, e penso que de fato *é* completamente diferente do que podemos ver, conceber, formular. Então, antes de procurarmos algo permanente, não é óbvio que precisamos compreender aquele que busca? O buscador é diferente daquilo que ele está buscando? Quando dizemos que estamos buscando felicidade, o buscador é diferente do objeto de sua busca? O pensador é diferente do pensamento? Não são eles um fenômeno conjunto, em vez de processos isolados? Assim, torna-se essencial compreender o buscador antes de tentarmos descobrir o que ele está buscando.

Portanto, chegamos àquele ponto em que nos perguntamos de maneira sincera e profunda se paz, felicidade, realidade, Deus, ou o que quisermos, podem nos ser dados por outra pessoa. Pode essa busca incessante, esse anseio, dar-nos aquele extraordinário senso de realidade, aquele ser criativo, que surge quando realmente compreendemos a nós mesmos? O autoconhecimento vem pela busca, por seguirmos outra pessoa, por pertencermos a determinada organização, pelos livros que lemos, e assim por diante? Afinal, a questão principal é que se eu não compreendo a mim mesmo, não tenho base para o pensamento, e toda a minha busca será em vão. Posso me refugiar em ilusões, posso fugir da rivalidade, do conflito, da luta, posso adorar alguém, posso procurar minha salvação por intermédio de outra pessoa, mas enquanto eu estiver ignorante a respeito de mim mesmo, enquanto eu não estiver cônscio do processo total de mim, não terei base para o pensamento, para a afeição, para a ação.

Mas a última coisa que queremos é conhecer a nós mesmos. E esse é, definitivamente, o único alicerce sobre o qual podemos construir. Contudo, antes de podermos construir, antes de podermos transformar, antes de podermos condenar ou destruir, precisamos saber o que somos. Sair por aí procurando, mudando de professores, de gurus, praticando ioga, técnicas de respiração, realizando rituais, seguindo mestres e todo o resto, é absolutamente inútil, não é? Nada disso tem sentido, mesmo que as próprias pessoas a quem seguimos digam "estudem a si mesmos", porque o que somos, o mundo é. Se somos mesquinhos, invejosos, vaidosos, gananciosos, *isso* é o que criamos a nosso redor, *assim* é a sociedade na qual vivemos.

Parece-me que, antes de partirmos para uma jornada em busca da realidade, de Deus, antes de podermos agir, antes de podermos ter um relacionamento com os outros — que é o que forma a sociedade —, é essencial começarmos a compreender a nós mesmos. Considero sincera em sua intenção a pessoa que se preocupa com isso em *primeiro lugar*, e não em como alcançará determinada meta, porque, se nós, você e eu, não compreendermos a nós mesmos, como poderemos, na ação, causar uma transformação na sociedade, nos relacionamentos, em tudo o que fizermos? Isso não significa, obviamente, que o autoconhecimento se oponha aos relacionamentos, ou que seja separado deles. Não significa dar ênfase ao indivíduo, ao eu, em oposição à massa, em oposição ao outro.

Agora, sem conhecer a si mesmo, sem conhecer o próprio modo de pensar e saber por que pensa certas coisas, sem saber a base de seu condicionamento e por que tem certas convicções sobre arte e religião, sobre seu país, seu próximo e sobre si mesmo, como você pode pensar verdadeiramente sobre alguma coisa? Sem conhecer sua formação, a substância de seu pensamento e de onde ele vem, sua busca é fútil, sua ação não tem sentido. Seja você americano, da religião hindu ou de outra qualquer, sua ação também não tem sentido.

Antes de podermos descobrir qual é o propósito final da vida, o que tudo isso significa — guerras, antagonismo entre nações, conflitos, toda essa confusão —, precisamos começar a aprender sobre nós mesmos. Parece fácil, mas é *extremamente* difícil. Para seguir a nós mesmos, ver como funciona nosso próprio pensamento, temos de estar alertas, de modo que, conforme ficamos mais alertas quanto à complexidade de nosso modo de pensar, das reações e dos sentimentos, começamos a ter uma conscientização mais ampla não apenas de nós mesmos, mas também daqueles com quem nos relacionamos. Conhecer a si mesmo é estudar-se em ação, e isso é relacionamento. A dificuldade maior é nossa impaciência. Queremos ir sempre em frente, chegar a um fim, e dessa maneira não temos tempo para nos dar a oportunidade de estudar, observar. Nós nos envolvemos em muitas atividades, trabalhando para ganhar a vida, criando filhos, ou então assumimos certas responsabilidades em várias organizações. Comprometemo-nos de tantas maneiras que não nos sobra tempo para a autorreflexão, a observação, o estudo de nós mesmos. Portanto, a responsabilidade pela reação é do próprio indivíduo, não de outra pessoa. Procurar, por todo o mundo, gurus e seus sistemas, ler os últimos livros sobre isso e aquilo, e assim por diante, parecem-me ações vazias, porque podemos andar por toda a Terra mas temos de voltar para nós mesmos. E como não somos cônscios de nós mesmos, é extremamente difícil começar a ver com clareza o processo de nossos pensamentos, sentimentos e ações.

Quanto mais sabemos sobre nós, mais clareza ganhamos. O autoconhecimento não tem fim, nunca é completado, nunca acaba. É um rio infinito. Quando estudamos, aprofundando-nos mais e mais em nós mesmos, encontramos a paz. Apenas quando a mente está tranquila — por meio do autoconhecimento, não da disciplina imposta — é que a realidade acontece, surgindo dessa tranquilidade, desse silêncio. É só então que pode haver bem-aventurança, que pode haver ação criativa. Penso que sem essa compreensão, sem essa experiência, limitar-se a ler livros, assistir a palestras, fazer propaganda, é infantil — atividades sem sentido; enquanto que se compreendermos a nós mesmos, produzindo assim aquela felicidade criativa, a experiência de alguma coisa que não é da mente, é possível acontecer uma transformação em nossos relacionamentos imediatos e, assim, no mundo em que vivemos.

II
Indivíduo e sociedade

O INDIVÍDUO É meramente um instrumento da sociedade, ou a finalidade da sociedade? Este é o problema com o qual a maioria de nós se confronta. Você e eu, como indivíduos, existimos para ser usados, dirigidos, educados, controlados e modelados de acordo com certos padrões ditados pela sociedade e pelo governo, ou a sociedade e o Estado existem para o indivíduo? O indivíduo é a finalidade da sociedade, ou um mero fantoche para ser ensinado, explorado e sacrificado como um instrumento de guerra? Este é o problema com o qual nos confrontamos. Este é o problema do mundo: o indivíduo é um mero instrumento da sociedade, um joguete de influências, ou a sociedade existe para o indivíduo?

Como vamos descobrir? O problema é sério, não é? Se o indivíduo é um mero instrumento da sociedade, a sociedade é muito mais importante que o indivíduo. Se for assim, temos de abrir mão da individualidade e trabalhar para a sociedade, todo o nosso sistema educacional tem de ser inteiramente reformado, e o indivíduo, transformado em um instrumento para ser usado e destruído, liquidado, descartado. Mas se a sociedade existe para o indivíduo, então sua função não é a de fazê-lo adequar-se a um padrão, mas dar a ele um incentivo para a liberdade. Agora precisamos descobrir qual dessas duas situações é falsa.

Como abordaríamos esse problema? É um assunto vital, concorda? Esse problema não depende de nenhuma ideologia, seja de esquerda ou de direita, e dizer que ele *depende* desta ou daquela ideologia é meramente uma questão de opinião. Ideias sempre geram inimizade, confusão, conflito. Se você depende de livros da esquerda ou da direita, ou de livros sagrados, isso quer dizer que está dependendo de meras opiniões, sejam do Buda ou de Cristo, do capitalismo ou do comunismo, e por aí adiante. São ideias, não são a verdade. Um fato nunca pode ser negado. Mas a opinião *sobre* um fato pode ser negada. Se pudermos descobrir qual é a verdade da questão, seremos capazes de agir independentemente de opiniões. Desse modo, não é necessário descartar o que os outros dizem? A opinião de um esquerdista ou de qualquer líder é o resultado do condicionamento dele. Então, se dependermos do que é encontrado em livros para nossa descoberta, estaremos limitados por opiniões. Não se trata de conhecimento.

Como descobrir a verdade da questão? Para isso, devemos estar livres de qualquer propaganda, o que significa que seremos capazes de ver o problema sem a influência de opiniões. A tarefa da educação é despertar o indivíduo. Para ver a verdade, o indivíduo precisa estar livre, isto é, não pode depender de um líder. Quando alguém escolhe um líder, faz isso por estar confuso, mas os líderes também estão confusos, e é isso o que está acontecendo no mundo. Vê-se, então, que não se pode esperar orientação ou ajuda de um líder.

A mente que deseja compreender um problema deve não apenas compreendê-lo totalmente, mas também ser capaz de segui-lo de modo rápido, porque um problema nunca é estático. Um problema é sempre novo, seja o problema da fome, um problema psicológico ou de qualquer outro tipo. Uma crise é sempre nova e, por isso, para compreendê-la, a mente deve estar sempre limpa, clara e ser rápida em sua busca. Penso que a maioria de nós percebe a urgência de uma revolução interior, que, por si só, causará uma transformação radical do exterior, da sociedade. Esse é o problema com o qual eu e todas as pessoas com intenções sérias estamos ocupados. Como causar uma transformação fundamental e radical na sociedade é o nosso problema, e essa transformação do exterior não pode acontecer sem uma revolução interior. Como a sociedade é sempre estática, qualquer ação, qualquer reforma que seja realizada sem essa revolução interior, torna-se igualmente estática. Então, sem essa revolução interior não há esperança, porque a ação exterior torna-se repetitiva, habitual. A ação de relacionamento entre você e o outro, entre mim e você, é a sociedade. Se essa sociedade torna-se estática, ela não tem uma qualidade vivificante, e é por não haver essa constante revolução interior que a sociedade está sempre se tornando estática, cristalizada, tendo de ser constantemente fragmentada.

Qual é o relacionamento entre você, o sofrimento e a confusão que existem em seu interior e à sua volta? Essa confusão, esse sofrimento, não se criaram sozinhos, isso é certo. Foram criados por mim e por você, não por uma sociedade capitalista, comunista ou fascista. Fomos você e eu que os criamos em nosso relacionamento uns com os outros. O que somos por dentro projeta-se para o mundo. O que somos, o que pensamos, o que sentimos, o que fazemos na vida diária é projetado para fora e cria o mundo. Se somos infelizes, confusos, caóticos por dentro, isso, por projeção, torna-se o mundo, a sociedade, porque o relacionamento entre mim e você, entre mim e os outros, é a sociedade. A sociedade é produto de nosso relacionamento, e se esse relacionamento é confuso, egocêntrico, mesquinho, limitado, nacional, projetamos isso e trazemos o caos para o mundo.

O que somos, o mundo é. Portanto, nosso problema é o problema do mundo. Esse é um fato simples e básico, não é? Em nosso relacionamento com uma pessoa, ou com muitas, parece que ignoramos esse fato o tempo todo. Queremos promover uma alteração por meio de um sistema, ou de uma revolução nos valores e ideias baseados em um sistema, esquecidos de que somos você e eu que criamos a sociedade, que criamos confusão ou ordem, dependendo da maneira como vivemos. Desse modo, precisamos começar pelo que está perto de nós, isto é, precisamos nos preocupar com a nossa existência diária, com os nossos pensamentos, sentimentos e ações no dia a dia, que são revelados na maneira pela qual ganhamos a vida e em nosso relacionamento com ideias e crenças. Essa é a nossa existência diária, não é? Nós nos preocupamos com o nosso meio de vida, nossos empregos, com um modo de ganhar dinheiro, com o relacionamento com nossas famílias e vizinhos, com ideias e crenças. Se você analisar, verá que nossa preocupação baseia-se fundamentalmente na inveja, não apenas na necessidade de ganhar a vida. A sociedade é construída de tal forma que esse é um processo de conflito constante, baseado na ganância, na inveja, e principalmente na inveja que as pessoas sentem de seus superiores. O funcionário quer se tornar gerente, o que mostra que ele não está apenas preocupado em ganhar a vida, garantir seu meio de subsistência, mas em subir de posição e ter prestígio. Essa atitude, naturalmente, cria confusão na sociedade, nos relacionamentos, mas se você e eu estivéssemos empenhados apenas em ganhar nosso sustento, encontraríamos o meio certo para isso, um meio que não tivesse a inveja como base. A inveja é um dos fatores mais destrutivos no relacionamento porque indica o desejo de poder, de posição e, por fim, leva à política. As duas coisas estão intimamente ligadas. O funcionário que deseja ser gerente torna-se um fator na criação de poder e política, que por sua vez produzem guerra. Então, ele se torna diretamente responsável por essa guerra.

Em que se baseia o nosso relacionamento? Em que se baseia meu relacionamento com você e com os outros — o que é a sociedade? Com certeza, não é no amor, embora falemos sobre esse sentimento. Não é baseado no amor porque, se fosse, haveria ordem, paz e felicidade entre nós. Nesse nosso relacionamento, porém, existe muita má vontade, sob a forma de respeito. Se fôssemos iguais em pensamento e sentimento, não haveria respeito, não haveria má vontade, porque seríamos dois indivíduos nos encontrando não como discípulo e professor, não como marido dominando a mulher, não como mulher dominando o marido. Quando há má vontade, há o desejo de dominar, o que gera ciúme, raiva, paixão, tudo o que cria conflito constante no relacionamento, uma situação da qual tentamos escapar, e isso produz mais caos, mais infortúnio.

No que se refere a ideias, crenças e formulações que fazem parte de nossa vida diária, elas não estarão distorcendo nossa mente? O que é a estupidez, afinal? Estupidez é atribuir valores errados àquilo que é criado pela mente, ou às coisas produzidas pelas mãos. A maior parte de nossos pensamentos vem dos instintos de autoproteção, não é verdade? Nossas ideias — ah, são tantas! —, não lhes damos um significado errado, um significado que elas, por si mesmas, não têm? Assim, quando temos qualquer tipo de crença, seja religiosa, econômica ou social, quando acreditamos em Deus, em ideias, num sistema social que separa os homens, em nacionalismo, e assim por diante, certamente estamos dando uma significância imprópria a essa crença, o que indica estupidez, pois crenças separam as pessoas em vez de uni-las. Então, vemos que, pelo modo como vivemos, podemos produzir ordem ou caos, paz ou conflito, felicidade ou infortúnio.

Descobrir se pode haver uma sociedade estática e, ao mesmo tempo, um indivíduo que passa por constante revolução, este é o nosso problema. Isto é, a revolução na sociedade deve começar no interior de cada indivíduo, por meio de sua transformação psicológica. Quase todos nós queremos ver uma transformação radical na estrutura social. Essa é a batalha que está acontecendo no mundo para provocar uma revolução social pelos meios comunistas ou de qualquer outro tipo. Pois bem, se há uma revolução social, essa é uma ação referente à estrutura externa do homem e, por mais radical que seja essa revolução, sua natureza continuará estática se não houver uma revolução interna do indivíduo, uma transformação psicológica. Desse modo, para que se crie uma sociedade que não seja repetitiva, estática, que não se desintegre, que esteja continuamente viva, é imperativo haver uma revolução na estrutura psicológica do indivíduo, pois sem isso a mera transformação do exterior significa muito pouco. A sociedade está sempre se tornando estática, cristalizada e, assim, sempre se desintegrando. Por mais sabiamente que a legislação possa ser modificada, a sociedade está sempre em processo de decadência, porque a revolução deve acontecer internamente, não apenas externamente.

Penso que é importante compreender isso. A ação externa, quando realizada, está acabada, fica estática. Se o relacionamento entre indivíduos — sociedade — não é o resultado de revolução interna, a estrutura social, por ser estática, absorve o indivíduo e o torna igualmente estático, repetitivo. Quando se entende a extraordinária relevância desse fato, não pode haver discussão, seja para concordar ou discordar. O fato é que a sociedade está sempre se cristalizando e absorvendo o indivíduo, e que uma revolução criativa, constante, só pode ocorrer no indivíduo, não na sociedade, não do lado de fora. Isso quer dizer que a revolução criativa só pode acontecer no relacionamento dos indivíduos, que é a sociedade. Podemos ver que a atual estrutura social na Índia, na Europa, nos Estados Unidos e em todas as partes do mundo está rapidamente se desintegrando, e experimentamos isso em nossa própria vida. Podemos observar isso andando na rua. Não precisamos que grandes historiadores nos mostrem o fato de que nossa sociedade está desmoronando. Serão necessários novos arquitetos, novos construtores, para a criação de uma nova sociedade. A estrutura deve ser erguida sobre um novo alicerce, sobre novos fatos e valores. Esses arquitetos ainda não existem. Não há construtores, ninguém que, observando, percebendo que a estrutura está desabando, esteja se transformando em arquiteto. Este é o nosso problema. Vemos a sociedade esfacelando-se e somos nós, você e eu, que temos de ser os arquitetos. Você e eu temos de redescobrir os valores e construir um alicerce mais firme, mais duradouro, porque se dependermos de arquitetos profissionais, dos construtores políticos e religiosos, continuaremos exatamente no mesmo lugar em que estamos.

Mas como você e eu não somos criativos, levamos a sociedade a esse caos, de modo que agora temos de ser criativos, porque o problema é urgente. Você e eu precisamos perceber as causas do desmoronamento da sociedade e criar uma nova estrutura, baseada em nossa compreensão criativa, não em mera imitação. Isso implica pensamento negativo, não é? Pensamento negativo é a mais alta forma de compreensão, isto é, para compreendermos o que é pensamento criativo precisamos abordar o problema de modo negativo, porque uma abordagem positiva seria imitativa, e temos de nos tornar criativos para construir uma nova estrutura social. Para compreender aquilo que está desabando, precisamos examiná-lo de modo negativo, não com um sistema positivo, uma fórmula positiva, uma conclusão positiva.

Por que a sociedade está se esfacelando, desabando, como certamente está? Uma das razões fundamentais é que o indivíduo, você, deixou de ser criativo. Vou explicar. Você e eu nos tornamos imitativos, estamos copiando, tanto por fora quanto por dentro. Por fora, quando aprendemos uma técnica, quando nos comunicamos um com o outro verbalmente, é natural que haja uma imitação, uma cópia. Eu copio palavras. Para me tornar um engenheiro preciso, primeiro, aprender a técnica, por exemplo, de construir uma ponte, antes de construí-la. É preciso haver alguma imitação, alguma cópia na técnica externa, mas quando há imitação interna, psicológica, é porque deixamos de ser criativos. Nossa educação, nossa estrutura social, nossa assim chamada vida religiosa, todas se baseiam na imitação, isto é, nos adaptamos a certa fórmula social ou religiosa. Deixamos de ser indivíduos, psicologicamente; tornamo-nos simples máquinas repetitivas com determinadas reações condicionadas, sejam elas próprias dos hindus, dos cristãos, dos budistas, dos alemães ou dos ingleses. Nossas reações são condicionadas de acordo com o padrão da sociedade, seja ela oriental ou ocidental, religiosa ou materialista. Logo, uma das principais causas da desintegração da sociedade é a imitação, e um dos fatores dessa desintegração é o líder, cuja essência é a imitação.

Para entendermos a natureza da sociedade em desintegração, não é importante perguntar se você e eu, indivíduos, podemos ser criativos? Vemos que quando há imitação, há desintegração; quando há autoridade, há cópia. E, como toda nossa estrutura mental, psicológica, se baseia na autoridade, é preciso que nos libertemos dessa autoridade para nos tornarmos criativos. Você já notou que, em momentos de criatividade, naqueles momentos felizes, de vivo interesse, deixamos de experimentar a sensação de que estamos repetindo, copiando? Esses momentos são sempre novos, puros, criativos, felizes. Então, vemos que uma das causas fundamentais da desintegração da sociedade é a cópia, isto é, a adoração da autoridade.

III
Autoconhecimento

OS PROBLEMAS DO mundo são tão colossais, de tal modo complexos, que para compreendê-los e, então, resolvê-los, é preciso que sejam abordados de maneira muito simples e direta. Essa abordagem simples e direta não depende de circunstâncias externas, nem de nossos preconceitos ou de nosso humor. Conforme tenho dito, a solução não será encontrada em conferências, projetos, ou pela substituição de líderes antigos por novos, e assim por diante. A solução, obviamente, está no criador do problema, no criador da maldade, do ódio e do imenso mal-entendido que existem entre os seres humanos. O criador dessa maldade, o criador desses problemas, é o indivíduo, é você e sou eu, não o mundo, como julgamos. O mundo é seu relacionamento com o outro. O mundo não é algo separado de você e de mim. O mundo — a sociedade — é o relacionamento que estabelecemos ou procuramos estabelecer entre nós.

Então você e eu somos o problema, não o mundo, porque o mundo é a projeção do que somos, e para compreender o mundo precisamos primeiro compreender a nós mesmos. O mundo não é algo separado de nós. Nós somos o mundo, e nossos problemas são os problemas do mundo. Nunca será demais repetir isso, porque somos de mentalidade tão lenta que pensamos que os problemas do mundo não nos dizem respeito, que têm de ser resolvidos pelas Nações Unidas ou então pela substituição de líderes antigos por outros novos. A mente que pensa assim é muito obtusa, porque somos responsáveis por esse sofrimento e essa confusão assustadoras que há no mundo, por essa guerra que está sempre na iminência de acontecer. Para transformar o mundo, temos de começar por nós próprios, e o mais importante nisso é a intenção. Essa intenção deve ser a de conhecermos a nós mesmos, não a de esperar que os outros se transformem ou que promovam uma mudança por meio de uma revolução, seja da esquerda ou da direita. É importante compreender que essa é uma responsabilidade nossa, sua e minha, porque, por pequeno que seja o mundo particular em que vivemos, se pudermos transformar a nós mesmos, criar um ponto de vista totalmente diferente em nossa vida diária, então talvez possamos afetar o mundo como um todo, isto é, o ampliado relacionamento com os outros.

Vamos tentar descobrir o processo de compreender a nós mesmos, que não é um processo isolado. Não significa nos retirarmos do mundo, porque não podemos viver no isolamento. Existir é relacionar-se; não é possível viver isolado. É a falta de relacionamentos corretos que causa conflitos, sofrimento e discórdia. Se pudermos transformar nossos relacionamentos dentro de nosso pequeno mundo, isso será como uma onda que se expandirá para fora sem cessar. Penso que é importante ver que o mundo é o nosso relacionamento, por mais limitado que seja, e se pudermos promover uma transformação nesse nosso mundo, não uma transformação superficial, mas realmente radical, começaremos a transformar o mundo como um todo. Uma verdadeira revolução não obedece a nenhum padrão particular, seja da esquerda ou da direita; é uma revolução de valores, uma revolução contra os valores dos sentidos ou criados por influências do ambiente. Para encontrarmos esses valores legítimos que causarão uma revolução radical, uma transformação ou regeneração, é essencial que conheçamos a nós mesmos. O autoconhecimento é o começo da sabedoria e, assim, o começo de uma transformação ou regeneração. Para que compreendamos a nós mesmos é necessário termos a intenção de alcançar essa compreensão, e é aí que está a dificuldade. Embora muitos de nós estejamos descontentes e desejemos uma mudança súbita, nosso descontentamento é canalizado para a obtenção de um certo resultado, isto é, como estamos descontentes, procuramos um novo emprego ou simplesmente sucumbimos ao ambiente. O descontentamento, em vez de nos inflamar, levando-nos a questionar a vida, o total processo da existência, canaliza-se e, desse modo, nos tornamos medíocres, perdemos o impulso de descobrir o verdadeiro significado da vida. Por isso é importante descobrirmos essas coisas por nós mesmos, porque o autoconhecimento não nos pode ser dado por outros, não é encontrado em livro algum. Precisamos fazer essa descoberta e, para isso, devemos ter a intenção de descobrir, temos de buscar e investigar. Se essa intenção de descobrir, de investigar profundamente, for fraca ou não existir, a mera afirmação ou o desejo de saber mais sobre nós mesmos não terá quase nenhuma importância.

Assim, a transformação do mundo vem por meio da transformação de cada um de nós, porque somos o produto e uma parte do processo total da existência humana. Para nos transformarmos, o autoconhecimento é essencial, pois se não soubermos quem somos, não há base para o pensamento correto e, assim, não pode haver transformação. Cada um de nós deve se conhecer como é, não como deseja ser, pois isso é apenas um ideal e, desse modo, algo fictício, irreal. Só aquilo que *é* pode ser transformado, não aquilo que se deseja que seja. Saber o que se é requer uma extraordinária capacidade de percepção mental, porque o que *é* está constantemente passando por transformação, mudando, e para segui-lo em sua rapidez a mente não pode estar amarrada a nenhuma crença, nenhum dogma, nenhum padrão de ação. Se quisermos seguir alguma coisa, é bom não estarmos amarrados. Para que haja autoconhecimento a mente tem de estar alerta, perceptiva, livre de todas as crenças, de toda idealização, porque crenças e ideais apenas emprestam um colorido às coisas, distorcendo a percepção genuína. Se quisermos saber o que realmente somos, não poderemos imaginar ou acreditar que somos outra coisa. Se sou ganancioso, invejoso, violento, ter um ideal de não violência, de ausência de ganância ou de inveja é de pouco valor. Mas saber que se é ganancioso ou violento exige uma percepção extraordinária, não é verdade? Isso exige honestidade, clareza de pensamento, enquanto perseguir um ideal que está distante do que *é* não passa de fuga e nos impede de agir diretamente sobre o que de fato somos.

Compreender o que somos, seja lá o que possamos ser — feios, bonitos, maus —, sem distorção, é o começo da virtude. E virtude é algo essencial, porque dá liberdade. É apenas na virtude que podemos fazer descobertas, que podemos viver, não no *cultivo* da virtude, que produz respeitabilidade, mas na compreensão e na liberdade. Há uma diferença entre ser virtuoso e tornar-se virtuoso. Ser virtuoso é ter a compreensão do que *é*, enquanto tornar-se virtuoso é pôr o que *é* em segundo lugar, cobrindo-o com o que se gostaria que fosse. Dessa maneira, ao se tornar virtuoso, você está evitando agir diretamente sobre o que *é*. O processo de evitar o que *é* pelo cultivo de um ideal é considerado virtuoso. Mas, se olharmos com mais atenção, veremos que não é nada disso, que é apenas um adiamento do momento de encarar o que *é*. Virtude não é a transformação do que *não é*, mas a compreensão do que *é* e, assim, a libertação do que *é*. A virtude é essencial em uma sociedade que está se desintegrando. Para a criação de um mundo novo, uma nova estrutura, diferente da antiga, é preciso haver a liberdade da descoberta, e para sermos livres precisamos ser virtuosos, pois sem virtude não há liberdade. Pode um homem imoral, que está tentando ser virtuoso, conhecer a virtude? O homem que não é moral nunca poderá ser livre, portanto nunca poderá descobrir o que é a realidade. A realidade só pode ser encontrada por meio da compreensão do que *é*, e para que se compreenda o que *é*, deve haver liberdade, liberdade do medo do que *é*.

Para se compreender esse processo, deve haver a intenção de conhecer o que *é*, de seguir cada pensamento, sentimento e ação. Compreender o que *é* torna-se muito difícil, porque o que *é* nunca está parado, nunca é estático, está sempre em movimento. O que *é* é o que você é, não o que gostaria de ser. Não é o ideal, porque o ideal é fictício, mas sim aquilo que realmente você faz, pensa e sente momento após momento. O que *é* é o real, e compreender o real requer grande conscientização, uma mente sempre alerta e muito rápida. Mas se começarmos a condenar o que *é*, se começarmos a culpá-lo, ou resistir-lhe, não compreenderemos seu movimento. Se quero compreender alguém, não posso condená-lo, mas observá-lo, examiná-lo. Preciso amar aquele que estou examinando. Se você quer compreender uma criança, tem de amá-la, não condená-la. Deve brincar com ela, observar seus movimentos, suas idiossincrasias, a maneira como se comporta, porque se culpá-la, condená-la, resistir-lhe, não a compreenderá. Do mesmo modo, para compreender o que *é* você precisa observar o que pensa, sente e faz momento após momento. Isso é o real. Qualquer outra ação, ideal ou ação ideológica não é real, mas simplesmente um desejo fictício de que algo seja diferente daquilo que *é*.

Compreender o que *é* requer um estado mental em que não haja identificação ou condenação, o que significa mente alerta, embora passiva. Esse estado mental acontece quando realmente desejamos compreender algo e quando há um interesse intenso, quando nos interessamos por compreender o que *é*; nesse estado mental verdadeiro não é preciso forçar, disciplinar ou controlar a mente; pelo contrário, ela se torna passivamente alerta, vigilante. Esse estado de percepção acontece quando há interesse, a intenção de compreender.

A fundamental compreensão de nós mesmos não vem por meio do conhecimento ou do acúmulo de experiências, que não são mais do que o cultivo da memória. Esse autoconhecimento acontece momento após momento. Se apenas acumularmos esse autoconhecimento, ele próprio impedirá a aquisição de mais compreensão, porque o acúmulo de conhecimento e experiência torna-se o centro por meio do qual o pensamento se concentra e tem sua existência. O mundo não é diferente de nós e de nossas atividades porque é o que somos, e isso é o que cria os problemas mundiais. A maior dificuldade da maioria de nós é não nos conhecermos diretamente e buscarmos um sistema, um método, um meio de operação que possam resolver os muitos problemas humanos.

Existe um sistema, isto é, um meio, que nos ajude a adquirir autoconhecimento? Qualquer pessoa inteligente, qualquer filósofo, pode inventar um sistema, um método, mas seguir um sistema apenas produzirá um resultado criado por esse sistema, não é verdade? Se eu seguir determinado método para conhecer a mim mesmo, terei o resultado que ele exige, mas esse resultado, obviamente, não será a compreensão de mim mesmo. Ao seguir um método, um sistema, um meio para conhecer a mim mesmo, moldo meu pensamento, minhas atividades, de acordo com um padrão, mas seguir um padrão não me leva ao autoconhecimento.

Então, vemos que não há um método para o autoconhecimento. Buscar um método invariavelmente indica o desejo de se alcançar um resultado, e é isso o que todos nós queremos. Seguimos a autoridade — de uma pessoa, de um sistema, de uma ideologia — porque queremos um resultado que seja satisfatório, que nos dê segurança. Não queremos, de fato, compreender a nós mesmos, nossos impulsos e reações, todo o processo de nosso pensamento, tanto o consciente quanto o inconsciente, então preferimos seguir um sistema que nos garanta um resultado. Mas seguir um sistema é sempre o produto de nosso desejo de segurança, de certeza, e o resultado, naturalmente, não é a compreensão de nós mesmos. Quando seguimos um método, obrigatoriamente estamos seguindo uma autoridade — o professor, o guru, o salvador, o mestre — que nos garantirá que conseguiremos o que desejamos, e, evidentemente, esse não é o caminho para o autoconhecimento.

A autoridade impede a autocompreensão, não é verdade? Sob a proteção de uma autoridade, de um guia, podemos ter uma sensação temporária de segurança, de bem-estar, mas isso não é a compreensão de nosso processo total. A autoridade, pela própria natureza, impede-nos de ter a completa autopercepção e, desse modo, acaba por destruir a liberdade. E só pode haver criatividade quando há liberdade. Só podemos ser criativos por intermédio do autoconhecimento. A maioria de nós não é criativa; somos máquinas repetitivas, simples discos tocando sem parar as mesmas canções de nossa experiência, de certas conclusões e lembranças, sejam nossas ou de outra pessoa. Essa repetição não é uma existência criativa, mas é isso o que queremos. Como queremos segurança interna, estamos constantemente procurando métodos e meios que nos proporcionem essa segurança e, assim, criamos a autoridade, a adoração de outros, o que destrói a compreensão, essa tranquilidade espontânea da mente, o único estado em que pode haver criatividade.

Não há dúvida de que nosso problema é que perdemos esse senso de criatividade. Ser criativo não significa pintar quadros ou escrever poesias. Isso não é criatividade, mas simplesmente a capacidade de expressar uma ideia, que o público tanto pode aplaudir quanto ignorar. Capacidade e criatividade não devem ser confundidas. Criatividade é um estado no qual o eu está ausente, no qual a mente não é mais o foco de nossos desejos, experiências, ambições e buscas. Criatividade não é um estado contínuo; é novo a cada momento, é um movimento em que não existem o "eu", o "mim", em que o pensamento não está focalizando nenhuma experiência em particular, nenhuma ambição ou realização, nenhum propósito ou motivo. Só quando o eu está ausente é que pode haver criatividade, e é apenas nesse estado mental que pode haver realidade, a criadora de todas as coisas. Esse estado, porém, não pode ser concebido ou imaginado, não pode ser formulado ou copiado, não pode ser alcançado por meio de qualquer sistema, filosofia ou disciplina; pelo contrário, acontece apenas pela compreensão do processo total de nós mesmos.

Essa compreensão não é um resultado, uma culminância, é cada um de nós ver a si mesmo, momento após momento, no espelho do relacionamento — no relacionamento com os bens, com as coisas, pessoas e ideias. Mas consideramos difícil permanecer atentos, cônscios, e preferimos embotar nossa mente, seguindo um método, aceitando autoridades, superstições e teorias gratificantes. Assim, a mente enfraquece, torna-se exausta e insensível. Uma mente assim não pode estar em um estado de criatividade, porque esse estado só acontece quando o eu, que é o processo de identificação e acúmulo, deixa de existir, pois, afinal, a consciência do "eu", do "mim", é o centro da identificação, e identificação é meramente o processo de acumulação de experiência. Mas todos nós temos medo de não ser nada, todos queremos ser alguma coisa. O homenzinho quer ser um homem grande, o que não tem virtude quer ser virtuoso, o fraco e obscuro deseja poder, posição e autoridade. Essa é a atividade incessante da mente. Uma mente assim nunca fica em silêncio; portanto, não consegue compreender o estado de criatividade.

A fim de transformar o mundo que nos rodeia, com suas misérias, suas guerras, desemprego, fome, divisão de classes e profunda confusão, é preciso que ocorra uma transformação em cada um de nós. A revolução deve começar dentro de cada um, mas não de acordo com uma crença ou ideologia, porque uma revolução baseada em ideias, ou em conformidade com determinado padrão, não é revolução, absolutamente. Para causar uma revolução fundamental em nós mesmos precisamos compreender o processo total de nossos pensamentos e sentimentos no relacionamento uns com os outros. Não ter mais disciplinas, crenças, ideologias e professores, essa é a única solução para todos os nossos problemas. Se pudermos compreender a nós mesmos, como somos, a cada momento, sem o processo de acúmulo, então alcançaremos a tranquilidade que não é imaginada, nem cultivada, o único estado em que pode haver criatividade.

IV
Ação e ideia

GOSTARIA DE DISCUTIR o problema da ação. No começo, esse problema pode parecer de difícil compreensão, mas espero que, ao refletir sobre ele, possamos chegar a vê-lo claramente, porque toda a nossa existência é um processo de ação. Muitos de nós vivemos em uma sequência de ações aparentemente sem relação umas com as outras, ações fragmentadas que levam à desintegração, à frustração. Esse é um problema que deve preocupar cada um de nós, porque vivemos pela ação; sem ação, não há vida, não há experiência, não há pensamento. Pensamento é ação. Assim, simplesmente seguir a ação em um nível particular de consciência, que é o exterior, focalizando a ação externa, sem compreender o seu processo total, leva inevitavelmente à frustração, ao sofrimento.

Nossa vida é uma série de ações, ou um processo de ação em diferentes níveis de consciência. A consciência está sempre experimentando, denominando e gravando. Portanto, consciência é desafio e reação, ou seja, experiência, e também é denominação e gravação, isto é, memória. Esse processo é ação, não é? Consciência é ação, e sem desafio, sem reação, sem experiência, denominação ou gravação, que é a memória, não há ação.

A ação cria o agente, isto é, o agente começa a existir quando a ação tem um resultado, um fim em vista. Se não há resultado na ação, não existe o agente; mas se há um fim ou um resultado em vista, a ação cria o agente. Assim, agente, ação e um fim, ou resultado, formam um processo unitário, um processo único, que passa a existir quando a ação tem um fim em vista. Ação direcionada a um resultado é vontade. Se não for assim, não há vontade, certo? O desejo de alcançar um fim cria a vontade, que por sua vez é o agente: "Quero escrever um livro, quero ser rico, quero pintar um quadro."

Conhecemos bem esses três estados: o agente, a ação e o resultado. Essa é a nossa existência diária. Estou explicando o que é, mas só começaremos a compreender como transformar o que *é* quando o examinarmos claramente, sem ilusões ou preconceitos, sem parcialidade. Esses três estados — o agente, a ação e o resultado —, que constituem a experiência, são um processo de transformação. Sem eles não há transformação, não é? Se não há o agente, não há a ação direcionada a um fim, não há transformação. Sou pobre e ajo com um fim em vista, que é ficar rico. Sou feio e quero ficar bonito. Assim, minha vida é um processo de transformação em alguma coisa. A vontade de ser é a vontade de se tornar algo, em diferentes níveis de consciência, em diferentes estados, nos quais há desafio, reação, denominação e registro. Essa transformação é luta, é dor, não é? É uma batalha constante: sou isto, quero me tornar aquilo.

Assim, então, o problema é: não há ação sem essa transformação? Não há ação sem essa dor, sem essa batalha constante?

Se não há um fim, não há agente, porque ação com um fim em vista cria o agente. Pode haver ação sem um fim em vista e, dessa maneira, sem agente, isto é, sem o desejo de um resultado? Tal ação não é uma transformação, e, assim, não há luta. O que há é um estado de ação, de experiência, sem a participação daquele que experimenta e sem a experiência. Isso parece por demais filosófico, mas na verdade é bastante simples.

No momento da experiência, não estamos conscientes de nós mesmos, como um experimentador separado da experiência; estamos em um estado de experimentação. Tomemos um exemplo muito simples. Você está zangado. Nesse momento de raiva, não há o experimentador, nem a experiência; há apenas experimentação. Mas no instante em que você sai desse estado há aquele que experimenta e há a experiência, o agente e a ação com um fim em vista, que é livrar-se da raiva ou contê-la. Estamos repetidamente nesse estado de experimentação, mas sempre saímos dele e o anulamos, dando-lhe um nome e gravando-o, dando assim continuidade à transformação.

Se pudermos compreender a ação no sentido fundamental da palavra, essa compreensão afetará também nossas atividades superficiais. Mas primeiro precisamos compreender a natureza fundamental da ação. A ação é causada por uma ideia? Temos primeiro uma ideia, então agimos? Ou a ação vem primeiro e, como a ação cria conflito, construímos uma ideia em torno dela? A ação cria o agente, ou o agente vem antes?

É muito importante descobrir qual dos dois vem primeiro. Se é a ideia, a ação simplesmente adapta-se a ela, e então não se trata mais de ação, mas de imitação, uma compulsão de acordo com uma ideia. É importante perceber isso porque como a nossa sociedade é construída principalmente no nível intelectual ou verbal, para todos nós a ideia vem primeiro, e a ação, depois.

A ação, então, é a serva de uma ideia, e a mera construção de ideias é obviamente prejudicial à ação. Ideias criam mais ideias, e quando há criação de ideias, simplesmente, há antagonismo, e a sociedade fica desequilibrada por esse processo intelectual de ideação. Nossa estrutura social é muito intelectual. Cultivamos o intelecto à custa de todos os outros fatores de nossa existência e, assim, estamos sufocando sob o peso de ideias.

Podem as ideias produzir ação, ou elas simplesmente moldam o pensamento, limitando, dessa forma, a ação? Quando a ação é compelida por uma ideia, não pode liberar o homem. É da máxima importância entendermos esse ponto. Se uma ideia modela a ação, a ação não pode trazer a solução para nossas misérias, porque antes de pôr a ideia em ação é preciso descobrir como ela surgiu. A investigação da ideação, da construção de ideias, seja dos socialistas, dos capitalistas, dos comunistas ou das várias religiões, é de importância vital, principalmente quando a sociedade está à beira de um precipício, num verdadeiro convite a outra catástrofe, outra amputação. Aqueles que são verdadeiramente sinceros em sua intenção de descobrir a solução humana para os nossos muitos problemas devem, antes de tudo, compreender esse processo de ideação.

O que entendemos por "ideia"? Como surge uma ideia? A ação e a ideia podem juntar-se? Suponhamos que eu tenha uma ideia e queira pô-la em prática. Procuro um método para isso, e nós dois, você e eu, especulamos, gastamos tempo e energia discutindo sobre o que devemos fazer para colocar a ideia em prática. Então é realmente muito importante entender como as ideias surgem, porque é só depois de descobrir a verdade sobre isso que podemos discutir a questão da ação. Sem discutir ideias, descobrir como agir e discutir a ação simplesmente não faz sentido.

Como é que você tem uma ideia, uma bem simples, que não precisa ser a respeito de filosofia, economia ou religião? A ideia é o resultado de um processo de pensamento. Sem esse processo não pode haver uma ideia. Então é preciso compreender esse processo antes que se possa compreender o seu produto, a ideia. O que queremos dizer por "pensamento"? Quando pensamos? É óbvio que o pensamento é o resultado de uma reação neurológica ou psicológica. É a reação imediata dos sentidos a uma sensação ou, então, é psicológica, a reação das lembranças armazenadas. Há a reação imediata dos nervos a uma sensação, e a reação psicológica das lembranças armazenadas, da influência da raça, do grupo, do guru, da família, da tradição, e assim por diante, e a tudo isso podemos chamar de pensamento. Assim, o processo do pensamento é uma reação da memória, certo? Não teríamos pensamentos se não tivéssemos memória, e a reação da memória a certas experiências põe o processo do pensamento em ação. Digamos, por exemplo, que eu tenha lembranças armazenadas de nacionalismo e chamasse a mim mesmo de hindu. Esse reservatório de lembranças de reações, ações, implicações, tradições e costumes do passado reage ao desafio de um muçulmano, um budista ou um cristão, e a reação da lembrança a esse desafio inevitavelmente provoca um processo de pensamento. Observe a operação do próprio processo de pensamento e você poderá testar diretamente a verdade disso. Você foi insultado por alguém, e esse fato permanece em sua memória, faz parte de seu passado. Quando encontra a pessoa — esse é o desafio —, a reação é a lembrança daquele insulto. Assim, a reação da lembrança, que é o processo do pensamento, cria uma ideia; portanto, a ideia é sempre condicionada, e é importante entendermos isso. Dessa maneira, a ideia é o resultado do processo de pensamento, o processo de pensamento é a reação da lembrança, e a lembrança é sempre condicionada. A lembrança está sempre no passado e cria vida no presente, despertada por um desafio. A lembrança não tem vida própria; só vive no presente quando confrontada com um desafio. E todas as lembranças, adormecidas ou ativas, são condicionadas, não são?

Essa questão da ideia, então, exige uma abordagem diferente. Você precisa descobrir sozinho se está agindo com base em uma ideia e se pode haver ação sem ideação. Vejamos o que é isso, uma ação que não se baseia em uma ideia.

Quando é que agimos sem ideação? Quando é que acontece uma ação que não é resultado da experiência? A ação baseada na experiência é, como já dissemos, limitante e, assim, um obstáculo. A ação que não é o resultado de uma ideia é espontânea quando o processo de pensamento, que se baseia na experiência, não é uma ação controladora, o que significa que só há ação independente de experiência quando a mente não está controlando a ação. Isto é, o único estado em que há compreensão é aquele em que a mente, baseada na experiência, não está orientando a ação, em que o pensamento, baseado na experiência, não está modelando a ação. O que é a ação quando não há processo do pensamento? Pode haver ação sem esse processo? Por exemplo: quero construir uma ponte ou uma casa. Conheço a técnica, e ela me ensina como construir o que desejo. Chamamos isso de ação. Há a ação de escrever uma poesia, de pintar um quadro, de assumir responsabilidades governamentais, de reagir ao meio social ou ambiental. Todas essas ações baseiam-se em uma ideia, ou experiência prévia, que modela a ação. Mas pode existir ação quando não há ideação?

Tal ação certamente existe quando a ideia cessa, e a ideia cessa apenas quando há amor. Amor não é memória. Amor não é experiência. Amor não é o pensamento sobre a pessoa que amamos, pois isso é simplesmente pensamento. Não podemos *pensar* no amor. Você pode pensar na pessoa a quem ama ou a quem dedica devoção — seu guru, sua própria imagem, sua mulher, seu marido —, mas o pensamento, o símbolo, não é o real, que é o amor. Assim, o amor não é uma experiência.

Quando há amor, há ação, não é? E essa ação não é libertadora? Ela não é o resultado de mentalização, e não há lacuna entre amor e ação, como acontece entre ideia e ação. A ideia é sempre antiga, lançando sua sombra sobre o presente, e estamos constantemente tentando construir uma ponte entre ação e ideia. Quando há amor, que não é reflexão, que não é ideação, que não é lembrança, que não é o resultado de uma experiência, de uma disciplina praticada, então esse amor é ação. E é a única coisa que liberta. Enquanto há mentalização, enquanto há a modelagem da ação por uma ideia — ou seja, experiência —, não pode haver libertação. E enquanto dura esse processo, toda ação é limitada. Quando a verdade disso é compreendida, a qualidade do amor, que não é mentalização, sobre a qual não se pode pensar, ganha existência.

Temos de estar conscientes desse processo total, do modo como as ideias são criadas, como a ação nasce de ideias e como as ideias controlam a ação, assim limitando-a. Não importa *de quem* sejam as ideias, se são da esquerda ou da extrema direita. Enquanto continuamos agarrados a ideias, estamos em um estado no qual não pode haver experiência alguma. Estamos vivendo meramente no campo do tempo, no passado, que nos dá mais sensação, ou no futuro, que é outra forma de sensação. Só pode haver experiência quando a mente está livre da ideia.

Ideias não são a verdade, e a verdade é algo que deve ser experimentado diretamente, a cada momento. Não é uma experiência que *queremos*, isso é mera sensação. Só quando deixamos para trás o pacote de ideias — que é o "eu", que é a mente, que tem parcial ou completa continuidade —, só quando vamos além disso, quando o pensamento está em total silêncio, é que chegamos a um estado de experimentação. Então, saberemos o que é a verdade.

V
Crença

CRENÇA E CONHECIMENTO estão intimamente ligados ao desejo e, talvez, se pudermos entender esses dois assuntos, possamos ver como o desejo funciona e compreender suas complexidades. Parece-me que uma das coisas que mais avidamente aceitamos como fato natural é a questão das crenças. Não as estou atacando. O que estamos tentando fazer é descobrir por que as aceitamos. Se pudermos compreender os motivos, a causa dessa aceitação, então talvez cheguemos não apenas a entender por que agimos assim, mas também a deixar de fazê-lo. Vemos como as crenças políticas e religiosas, além de várias outras, separam as pessoas, como criam conflito, confusão e antagonismo; no entanto, apesar de esse ser um fato óbvio, não queremos desistir delas. Há a crença hindu, a cristã, a budista, inumeráveis crenças sectárias e nacionais, várias ideologias políticas, todas em contenda entre si, uma tentando converter a outra. Assim, vemos que as crenças estão separando as pessoas, criando intolerância.

Mas pergunto: será possível vivermos neste mundo sem elas? Podemos descobrir isso, mas apenas se formos capazes de examinar a nós mesmos em nosso relacionamento com uma crença. Será possível viver sem uma crença? Não estou falando em mudar de crença, em substituir uma pela outra, mas de realmente nos livrarmos de todas as crenças, de modo a podermos enfrentar a vida de maneira nova a cada minuto. Se tivéssemos a capacidade de enfrentar tudo de maneira nova, a cada momento, sem a reação condicionadora do passado, não haveria o efeito cumulativo, que funciona como uma barreira entre nós e o que *é*.

Se você pensar um pouco, verá que uma das razões pelas quais desejamos aceitar uma crença é o medo. Se não tivéssemos crença alguma, o que nos aconteceria? Não teríamos muito medo do que pudesse acontecer? Se não tivéssemos nenhum padrão de ação, baseado em uma crença, seja em Deus, no comunismo, no socialismo, no imperialismo ou em qualquer tipo de fórmula religiosa, qualquer dogma, nos sentiríamos totalmente perdidos, não é verdade? E essa aceitação de uma crença não é uma proteção contra o medo de não sermos nada, de sermos vazios? Afinal, uma xícara só é útil quando está vazia, e uma mente cheia de crenças, dogmas, afirmações e citações não é uma mente criativa, mas apenas uma mente repetitiva. Para escapar desse medo — o medo do vazio, do isolamento, da estagnação, o medo de não chegar, não conseguir, não realizar, não ser alguma coisa — aceitamos uma crença tão ansiosamente. E, ao aceitarmos uma crença, conseguimos conhecer a nós mesmos? Não; pelo contrário. Uma crença, religiosa ou política, obviamente impede o autoconhecimento, funciona como uma tela através da qual olhamos para nós mesmos. E podemos olhar para nós mesmos sem as crenças? Se removermos as muitas crenças que temos, sobrará alguma coisa para olharmos? Se não tivéssemos crenças com as quais a mente se identifica, ela poderia, sem identificação, olhar para si mesma e ver-se como é, começando, então, a se conhecer realmente.

É, de fato, um problema muito interessante essa questão de crença e de conhecimento. E que papel extraordinário isso desempenha em nossa vida! Quantas crenças temos! Com certeza, quanto mais intelectualizada, mais culta, mais espiritual — se é que posso usar essa palavra — a pessoa for, menos capacidade terá de compreender o que é real. Os selvagens têm inúmeras superstições, mesmo no mundo moderno. Os mais ponderados, mais atentos, são talvez os que menos acreditam. Isso acontece porque a crença prende, isola o que vemos acontecer em todo o mundo, no campo econômico, no político e também no chamado campo espiritual. Você acredita que Deus existe, e talvez eu também acredite, ou você acredita no controle de tudo e todos pelo Estado, e eu acredito na iniciativa privada, ou, ainda, você acredita em apenas um Salvador e que, por intermédio Dele, pode alcançar suas metas, e eu não acredito nisso. Assim, você com sua crença, e eu com a minha, estamos nos expressando, falando de amor, paz, da união da humanidade, da vida, o que não significa nada, porque, realmente, a própria crença é um processo de isolamento. Você é um brâmane, eu não sou, você é cristão, eu sou muçulmano, e assim por diante. Você fala em fraternidade, e eu também falo em fraternidade, amor e paz, mas na realidade estamos separados, divididos. Um homem que quer a paz e deseja criar um mundo novo, um mundo feliz, não pode isolar-se em qualquer tipo de crença. Está claro?

Vemos que onde existe um processo de desejo, obrigatoriamente há o processo de isolamento por meio da crença, porque é óbvio que a pessoa acredita em alguma coisa a fim de ter segurança econômica, espiritual e interna, psicológica. Não estou falando daquelas pessoas que acreditam por razões econômicas, porque foram educadas para depender de seus empregos e, assim, serão católicas, ou hindus — não importa o que sejam —, desde que haja um emprego para elas. Também não estamos falando daqueles que se apegam a uma crença por conveniência. Talvez comigo e com você aconteça o mesmo. Por conveniência, acreditamos em certas coisas. Pondo de lado as razões econômicas, devemos examinar isso mais a fundo. Vejamos as pessoas que acreditam cegamente em alguma coisa, econômica, social ou espiritual. O processo por trás disso é o desejo psicológico que elas têm de se sentir seguras, não é? E, ainda, há o desejo de continuar. Não estamos discutindo aqui se há continuidade ou não; estamos apenas falando do constante impulso de acreditar. Um homem de paz, que realmente compreende todo o processo da existência humana, não pode estar limitado por uma crença, pode? Ele vê seu desejo como um meio de estar seguro. Por favor, não vá agora para o outro extremo, achando que estou pregando a não religião. Não é essa minha intenção, de froma alguma. O que estou dizendo é que, enquanto não compreendermos o processo do desejo em forma de crença, a rivalidade, o conflito e o sofrimento continuarão, o homem continuará a virar-se contra o homem. Portanto, se eu estiver cônscio de que esse processo toma a forma de crença, que é uma expressão da ânsia por segurança interna, meu problema não será decidir se devo acreditar nisto ou naquilo, mas sim que preciso me libertar desse desejo de estar seguro. Pode a mente livrar-se do desejo de segurança? Esse é o problema, não no que acreditar e com que intensidade. Isso é mera expressão da ânsia por segurança psicológica, da necessidade de se ter certeza sobre algo, quando tudo no mundo é tão incerto.

Pode a mente, uma mente consciente, uma personalidade, livrar-se desse desejo de se sentir segura? Queremos segurança, então precisamos da ajuda do Estado, de nossas propriedades e da família. Queremos segurança psicológica e espiritual, por isso erguemos muros de crença, que são uma indicação desse desejo de nos livrar da incerteza. Você pode, como indivíduo, libertar-se desse impulso de buscar segurança que se expressa por meio do desejo de acreditar em algo? Se não nos libertarmos disso, tornamo-nos uma fonte de discórdia, não somos pacificadores, não temos amor em nosso coração. A crença destrói, vemos isso em nossa vida diária. Posso ver a mim mesmo quando estou preso nesse processo de desejo, que se revela no apego a uma crença? Pode a mente livrar-se completamente da crença, sem procurar alguma coisa que a substitua? Você não precisa responder verbalmente a isso, dizendo "sim" ou "não", mas certamente pode dar uma resposta a si mesmo, se sua intenção for a de se libertar da crença. Então, de modo inevitável, chegará ao ponto em que começará a procurar o meio de se livrar da ânsia por segurança. É óbvio que não há uma segurança interna que, como as pessoas gostam de acreditar, continuará para sempre. As pessoas gostam de acreditar que existe um Deus que cuida com dedicação das coisinhas insignificantes em sua vida, dizendo-lhes com quem elas devem falar, o que devem fazer e como. Esse é um modo de pensar imaturo, infantil. Pensar que o Grande Pai está sempre observando cada um de nós é mera projeção de um desejo pessoal, mas obviamente isso não é a verdade. A verdade tem de ser algo inteiramente diferente.

Nosso próximo problema é o do conhecimento. O conhecimento é necessário para a compreensão da verdade? Quando digo "eu sei", isso implica conhecimento. Uma mente assim será capaz de investigar e buscar compreender o que é a realidade? Além disso, o que é que sabemos que nos deixa tão orgulhosos? Conhecemos informações, estamos cheios delas e de experiências baseadas em nosso condicionamento, nossa memória e nossas capacidades. Quando dizemos "eu sei", o que estamos realmente fazendo? Estamos reconhecendo um fato passado, certa informação que recebemos, ou uma experiência que tivemos. O acúmulo constante de informações e a aquisição de várias formas de conhecimento constituem a afirmação "eu sei", e começamos a interpretar o que lemos de acordo com a formação que tivemos, nossos desejos e experiências. Nosso conhecimento, então, é algo que funciona em um processo similar ao processo do desejo. Substituímos crença por conhecimento. "Eu sei, tive essa experiência, o que digo não pode ser refutado." "Minha experiência é essa, e nela confio completamente." Essas afirmações indicam determinado conhecimento. Mas quando vamos além e analisamos esse conhecimento de modo mais inteligente e cuidadoso, vemos que a própria afirmação "eu sei" é outro muro que nos separa dos outros. Por trás desse muro refugiamo-nos em busca de conforto e segurança. Assim, quanto maior for o fardo de conhecimento que a mente carrega, menor será sua capacidade de compreender.

Não sei se você já refletiu sobre esse problema da aquisição de conhecimento, se já se perguntou se o conhecimento nos ajuda a amar, a nos livrar daquelas qualidades que causam conflito em nós mesmos e entre nós e o próximo, se o conhecimento livra a mente da ambição. Afinal, a ambição é uma qualidade que destrói o relacionamento, que põe homem contra homem. Para podermos viver em paz uns com os outros, a ambição teria de desaparecer completamente, não apenas a ambição política, social e econômica, mas também aquela mais sutil e perniciosa, a ambição espiritual, de *ser* alguma coisa. É possível, para a mente, livrar-se desse processo de acúmulo de conhecimento, desse desejo de saber?

É interessante observar como essas duas coisas, conhecimento e crença, desempenham um papel extraordinariamente poderoso em nossa vida. Veja como veneramos aqueles que têm imenso conhecimento, uma grande erudição! Você entende o significado disso? Para encontrar algo novo, experimentar alguma coisa que não seja uma projeção da imaginação, sua mente precisa estar livre, não é verdade? Você precisa ser capaz de ver o que é novo. Mas, infelizmente, toda vez que vê algo novo, você desenterra todas as informações que já teve, todo o seu conhecimento, todas as suas lembranças e, é óbvio, torna-se incapaz de ver, de receber alguma coisa nova, que nada tem a ver com o que é velho. Por favor, não comece a interpretar isso de modo literal demais. Se não sei o caminho de volta para minha casa, eu me perco. Se não sei como operar uma máquina, sou pouco útil no trabalho. Estamos falando de algo completamente diferente. Estamos discutindo o conhecimento que é usado como meio de obter segurança, estamos falando do desejo psicológico de ser alguma coisa. O que se consegue por meio do conhecimento? A autoridade do conhecimento, o peso do conhecimento, o senso de importância, de dignidade, de vitalidade e tudo mais. Um homem que diz "eu sei", "existe" ou "não existe", parou de pensar, parou de investigar esse processo do desejo.

Nosso problema, a meu ver, é que estamos presos, vergados sob o peso da crença, do conhecimento. É possível para a mente livrar-se do ontem, das crenças adquiridas por meio do passado? Você entende a questão? Podemos, você e eu, como indivíduos, viver nesta sociedade e, ainda assim, livrar-nos das crenças nas quais fomos criados? A mente pode livrar-se de todo esse conhecimento, toda essa autoridade? Lemos várias escrituras, vários livros religiosos, que nos dizem minuciosamente o que fazer e o que não fazer, como alcançar nossos objetivos, quais devem ser esses objetivos e o que é Deus. Todos sabem isso de cor. Esse é o conhecimento que as pessoas adquirem ao longo do caminho, o conhecimento que buscam. É claro que se encontra aquilo que se busca, mas será a realidade? Não será a projeção do próprio conhecimento de quem busca? É possível compreender isso *agora*, não amanhã, mas neste momento, e dizer "estou vendo a verdade disso" sem a interferência do conhecimento, de modo que a mente não fique incapacitada por esse processo de imaginação, de projeção?

Podemos livrar a mente da crença? Isso só é possível quando entendemos a natureza das causas que criam o nosso apego à crença, quando entendemos os motivos não apenas conscientes, mas também os inconscientes, que nos levam a acreditar. Afinal, não somos entidades superficiais que funcionam somente no plano consciente. Se dermos uma chance à mente inconsciente, descobriremos atividades mais profundas, conscientes e inconscientes, porque ela é muito mais rápida em sua reação que a mente consciente. Enquanto a mente consciente está pensando em silêncio, ouvindo e observando, a inconsciente está muito mais ativa, muito mais alerta e muito mais receptiva, o que a torna capaz de encontrar respostas. Pode a mente que foi subjugada, intimidada, forçada a crer, tornar-se livre para pensar? Pode ela ver com nova clareza e anular o processo de isolamento que nos separa uns dos outros? Por favor, não diga que a crença une as pessoas. Não une, e isso é óbvio. Nenhuma religião organizada jamais conseguiu isso. Olhe para o povo de seu próprio país. As pessoas têm uma crença, mas são unidas? Elas sabem que não são. Estão divididas em partidos e castas, as divisões são inúmeras. O processo é o mesmo no Ocidente e no Oriente, em todo o mundo: cristãos exterminam cristãos por coisas mesquinhas, aprisionam pessoas em campos de concentração, causam todos os horrores da guerra. Desse modo, vemos que a crença não une as pessoas. Isso é muito claro, é verdade, e se você vê isso, deve aceitar que a crença separa, em vez de unir. A dificuldade é que muitos não veem porque não são capazes de encarar a insegurança íntima, o senso interno de solidão. Queremos alguma coisa em que possamos nos apoiar, seja o Estado, a casta, o nacionalismo, um mestre, um Salvador ou qualquer outra coisa. E quando vemos a falsidade disso tudo, nossa mente torna-se capaz, nem que por apenas um segundo, de ver o que verdadeiramente acontece, mesmo que recue, quando o que vir for demais para ela. Mas esse rápido segundo de visão já é suficiente, porque algo realmente extraordinário ocorre. O inconsciente está funcionando, embora o consciente possa rejeitar o que vimos. O segundo fugidio passa, mas produzirá resultados, apesar de a mente consciente lutar contra ele.

Então, nossa pergunta é: a mente pode livrar-se do conhecimento e da crença? Ela não é feita de conhecimento e crença? Sua estrutura não se baseia nessas duas coisas? Crença e conhecimento são processos de identificação, tanto conscientes como inconscientes. Pode a mente livrar-se da própria estrutura? Pode a mente deixar de existir? Esse é o problema. A mente, como a conhecemos, tem a crença na retaguarda, tem o desejo, a ânsia de segurança, conhecimento e força acumulada. Se, com todo poder e toda autoridade, uma pessoa não consegue pensar por si mesma, não pode haver paz no mundo. Podemos falar sobre a paz, podemos organizar partidos políticos, podemos gritar do topo de prédios, mas não temos paz, porque a mente é a base que sustenta a contradição, que isola e divide. Um homem de paz, um homem bem-intencionado, não pode isolar-se e, ainda assim, falar de fraternidade e paz. Esse é apenas um jogo político ou religioso que proporciona um senso de realização e ambição.

Um homem realmente sincero a respeito disso, que quer de fato descobrir o novo, precisa enfrentar o problema do conhecimento e da crença, precisa ir além e compreender todo o processo do desejo de segurança, de certeza.

A mente que quer alcançar um estado em que o novo pode acontecer — seja a verdade, seja Deus, ou qualquer coisa que se queira — precisa parar de adquirir, de acumular, e pôr de lado todo o conhecimento. A mente sobrecarregada de conhecimento não pode compreender aquilo que é real, aquilo que não é mensurável.

VI
Esforço

PARA A MAIORIA de nós a vida se baseia no esforço, em algum tipo de vontade. Não é possível imaginar uma ação sem vontade, sem esforço. A vida social, a econômica e a que chamam de espiritual são uma série de esforços que sempre produzem um certo resultado. E, assim, pensamos que o esforço é necessário, imprescindível.

Por que fazemos esforço? Falando simplesmente, não é porque queremos alcançar um resultado, uma meta, nos tornarmos alguma coisa? Se não fazemos esforço, achamos que estamos estagnando. Formamos uma ideia a respeito do objetivo pelo qual estamos constantemente lutando, e essa luta torna-se parte de nossa vida. Se queremos nos modificar, efetuar uma mudança radical em nós mesmos, fazemos um tremendo esforço para eliminar antigos hábitos, para resistir às habituais influências do meio, e assim por diante. Então, estamos acostumados a essa série de esforços para encontrarmos ou realizarmos alguma coisa, enfim, para viver.

Todo esse esforço não é uma atividade do eu? Não é uma atividade egocêntrica? Se fizermos um esforço a partir do eu, isso inevitavelmente produzirá mais conflito, mais confusão, mais infortúnio. No entanto, continuamos a fazer esforço após esforço. Poucos de nós compreendem que a atividade egocêntrica do esforço não soluciona nenhum de nossos problemas. Ao contrário, ela aumenta a nossa confusão e infelicidade. Sabemos disso, mas continuamos a achar que podemos progredir por meio dessa atividade egocêntrica do eu, dessa ação da vontade.

Penso que entenderemos o significado da vida se compreendermos o que significa fazer esforço. A felicidade vem por meio do esforço? Você já tentou ser feliz esforçando-se? Isso é impossível, não é? Você luta para ser feliz, e a felicidade não vem. A alegria não vem por intermédio da opressão, do controle, nem da complacência. Você pode ser complacente, mas o que encontra no fim é amargura. Pode oprimir ou controlar, mas nisso também há sempre conflito. Assim, a felicidade não vem pelo esforço, nem a alegria por meio de opressão e controle, mas, apesar disso, nossa vida toda é uma sequência de atos repressores, controladores e de lamentável complacência. Há também um constante processo de superação, de luta contra as nossas paixões, contra a nossa ganância e estupidez. Não lutamos, então, não nos esforçamos, na esperança de encontrar a felicidade, de encontrar alguma coisa que nos dê um senso de paz e de amor? Mas amor e compreensão vêm pela luta? Penso que é muito importante esclarecermos o que entendemos por luta ou esforço.

Esforço não significa uma luta para transformar o que *é* no que não é, ou no que deveria ser? Estamos constantemente lutando para não encarar o que *é*, ou tentando fugir dele ou modificá-lo. Um homem que se sente verdadeiramente contente *é* aquele que compreende o que *é* e lhe dá o significado correto. O verdadeiro contentamento é esse, é não estar preocupado por ter poucas ou muitas posses, é compreender o total significado do que *é*. E isso só pode acontecer quando reconhecemos o que *é*, quando o percebemos, não quando estamos tentando modificá-lo.

Assim, vemos que o esforço é uma tentativa, uma luta, para transformar aquilo que *é* em algo que desejamos que seja. Estou falando apenas de luta psicológica, não da luta com uma situação física, como na engenharia, numa descoberta ou numa transformação, pois isso é puramente técnico. Só estou falando da luta psicológica, que sempre supera a da técnica. Pode-se construir uma sociedade maravilhosa usando o infinito conhecimento que a ciência nos dá. Mas enquanto o esforço e a luta psicológicos não forem compreendidos, as nuances e as tendências psicológicas não forem superadas, a estrutura da sociedade, apesar de maravilhosamente construída, correrá o risco de ruir, o que tem acontecido repetidas vezes.

O esforço desvia a nossa atenção do que *é*. No momento em que aceitamos o que *é*, a luta termina. Qualquer forma de luta ou conflito indica desvio, e esse desvio, que é esforço, obrigatoriamente existe quando nós, psicologicamente, desejamos transformar o que *é* em algo que não é.

Primeiro, precisamos ser livres para ver que a alegria e a felicidade não vêm por meio do esforço. A criação se dá por meio do esforço, ou apenas quando ele cessa? Quando é que criamos? Sem dúvida, quando não há esforço, quando estamos completamente abertos, quando, em todos os níveis, estamos em completa comunicação, completamente integrados. Então há alegria, e começamos a cantar, ou escrever uma poesia, ou pintar, ou criar alguma coisa. O momento da criação não nasce da luta.

Talvez, se compreendermos a questão da criatividade, possamos compreender o que queremos dizer com "esforço". A criatividade resulta do esforço? Estamos cônscios de nós mesmos no momento em que estamos sendo criativos?

Ou criatividade é um senso de total esquecimento de nós mesmos, um estado em que não há tumulto algum, em que estamos inteiramente inconscientes do movimento do pensamento e há apenas um rico senso de plenitude do ser? Esse estado é fruto de trabalho árduo, de luta, de conflito, de esforço? Não sei se você alguma vez notou que, quando faz algo com facilidade, rapidamente, não há esforço; ao contrário, há uma completa ausência de luta. Mas como nossa vida é quase sempre uma série de batalhas, conflitos e esforços, não conseguimos nos imaginar vivendo em um estado de ser em que toda luta cessou completamente.

Para que se entenda esse estado de ser sem luta, esse estado de existência criativa, é preciso analisar o problema do esforço. Por "esforço" queremos dizer a luta pela realização pessoal, pela satisfação do desejo de ser alguém, não é? Eu sou isto, quero ser aquilo. Não sou aquilo e quero ser. Querer ser "aquilo" gera luta, conflito, batalhas. Nessa luta, inevitavelmente nos preocupamos com nossa realização relativa a alcançar um certo fim. Buscamos realização pessoal em um objeto, uma pessoa, uma ideia, e isso exige batalha constante, exige que nos esforcemos para nos tornarmos alguma coisa, para nos sentirmos realizados. Então, consideramos esse esforço inevitável, e eu me pergunto se essa luta para nos tornarmos alguma coisa *é* inevitável. Qual o motivo dessa luta? Onde há o desejo de realização, em qualquer grau, obrigatoriamente há luta. Realização é o motivo, o impulso por trás do esforço e, seja um grande executivo, uma dona de casa, ou um homem pobre, todos estão batalhando para ser alguma coisa, para se sentirem realizados.

Bem, por que existe esse desejo de autorrealização? É um desejo, obviamente, que surge quando a pessoa acha que não é nada. Como eu não sou nada, como sou insuficiente, vazio, pobre internamente, luto para me tornar alguma coisa, por dentro e por fora, luto para me realizar por intermédio de uma pessoa, uma coisa, ou uma ideia. Preencher esse vazio é todo o processo de nossa existência. Ao percebermos que estamos vazios, pobres por dentro, lutamos para conquistar coisas exteriores, ou cultivamos a riqueza interior. Existe esforço apenas quando há uma fuga desse vazio interior, por meio de contemplação, aquisição, realização, poder, e por aí adiante. Essa é nossa existência diária. Estou cônscio de minha insuficiência, dessa minha pobreza interior, e luto para fugir disso, preencher o vazio. Essa fuga, ou essa tentativa de preencher o vazio, causa luta, conflito, esforço.

O que acontece quando não fazemos esforço para fugir? Vivemos com essa solidão, esse vazio, e, ao aceitarmos isso, vemos surgir um estado criativo, que não tem nada a ver com luta, com esforço. Existe esforço apenas enquanto tentamos evitar a solidão interior, mas quando a examinamos, quando aceitamos o que *é*, sem tentar evitá-lo, alcançamos um estado de ser em que toda luta cessou. Esse estado de ser é criatividade, e não resulta de esforço.

Quando compreendemos o que *é*, ou seja, o vazio, a insuficiência interior, e vivemos com essa insuficiência e a compreendemos completamente, encontramos a realidade criativa — a inteligência criativa —, que, por si só, traz felicidade.

Assim, a ação, como a conhecemos na verdade é reação, uma transformação incessante, e isso é negação do que *é*. Mas quando há uma conscientização do vazio, sem condenação ou justificativa, com compreensão do que *é*, então, sim, a ação é criatividade. Você compreenderá isso se estiver cônscio de si mesmo, quando em ação. Observe-se quando estiver agindo, veja a si mesmo não apenas externamente, mas procure perceber também o movimento de seus pensamentos e sentimentos. Quando perceber esse movimento, verá que o processo do pensamento, que também é de sentimento e ação, baseia-se em uma ideia de transformação. Essa ideia surge apenas quando há um senso de insegurança, e esse senso vem quando se está cônscio do vazio interior. Se você estiver cônscio desse processo de pensamento e sentimento, verá que há uma batalha em constante andamento, um esforço para mudar, alterar o que *é*. Esse é o esforço de transformação, e transformar é evitar diretamente o que *é*. Por meio do autoconhecimento, da constante conscientização de si mesmo, você descobrirá que a luta pela transformação leva à dor, ao sofrimento e à ignorância. Só quando estiver cônscio de sua insuficiência interior e viver com ela, sem tentar fugir, aceitando-a integralmente, é que você descobrirá uma maravilhosa tranquilidade, uma tranquilidade que não é fabricada, não é construída, mas que vem com a compreensão do que *é*. E é só nesse estado de tranquilidade que pode haver existência criativa.

VII
A função da mente

QUANDO VOCÊ OBSERVA a própria mente, não está apenas observando os níveis superiores dessa mente, mas também o inconsciente, está vendo o que a mente realmente faz, não é? A única maneira de investigá-la é essa, não dizer o que ela *deve* fazer, como *deve* pensar ou agir, e assim por diante, porque isso seria expressar meras opiniões. Quando você diz que a mente deve ser de determinado jeito, ou não ser, está interrompendo toda investigação e todo pensamento, ou, se cita alguma autoridade importante, também está deixando de pensar, não é? Se cita palavras de Buda, ou de Cristo, ou de XYZ, a busca, o pensamento e a investigação terminam. Então é preciso acautelar-se quanto a isso. Você precisa pôr de lado todas as sutilezas da mente se quiser investigar junto comigo esse problema do eu.

Qual é a função da mente? Para descobrir você precisa saber o que a mente está realmente fazendo. O que a sua mente faz? Tudo é um processo do pensamento, não é? Se não for, não há mente. Se a mente não pensar, consciente ou inconscientemente, não existe consciência. Precisamos descobrir o que a parte da mente que usamos em nossa vida diária, assim como aquela da qual estamos inconscientes, fazem em relação a nossos problemas. Precisamos ver a mente como ela é; não como deveria ser.

O que é a mente quando está funcionando? É, na verdade, um processo de isolamento, não é? O processo do pensamento é esse, fundamentalmente. É o pensamento em uma forma isolada, mas que continua sendo coletivo. Quando observamos o nosso pensamento, vemos que se trata de um processo isolado, fragmentário. Pensamos de acordo com as nossas reações, com as reações da memória, da experiência, do conhecimento e da crença. Quando pensamos, reagimos a tudo isso. Se eu disser que é preciso haver uma revolução radical, você reagirá. Fará objeção à palavra "revolução", por convicções espirituais, ou outras quaisquer. Assim, a sua reação depende de seu conhecimento, de sua crença, de sua experiência. Esse é um fato óbvio. Há várias formas de reação. Você diz "preciso agir fraternalmente", "preciso colaborar", "preciso ser amigável", "preciso ser bom", e assim por diante. O que são essas declarações? São todas reações, mas a reação fundamental do pensamento é um processo de isolamento. Você está observando o processo da própria mente, o que significa observar a própria ação, crença, experiência, seu conhecimento. Tudo isso lhe dá segurança, não é? E dá força ao processo do pensamento. Esse processo apenas reforça o eu, a mente, o ego, o termo que você quiser usar. Todas as nossas religiões, normas sociais e leis têm por fim apoiar o indivíduo, o eu individual, a ação separativa, e em oposição a isso há o Estado totalitário. Se nos aprofundarmos na investigação do inconsciente, veremos que ali acontece o mesmo. Ali, somos o coletivo influenciado pelo ambiente, o clima, a sociedade, o pai, a mãe, o avô. E ali está o desejo de afirmação, a vontade de dominar como um indivíduo, como o eu.

Então, a função da mente como a conhecemos, e do modo como funcionamos diariamente, não é, de fato, um processo de isolamento? Você não está buscando a salvação individual? Pretende ser alguém no futuro, pretende ser um grande homem, um grande escritor. A nossa tendência é a de estarmos separados. Pode a mente proceder de modo diferente? Pode a mente não pensar de modo separativo, fragmentário, não estar confinada em si mesma? Isso é impossível. Então adoramos a mente, ela é extremamente importante. Você sabe como se torna importante na sociedade quando se mostra um pouquinho engenhoso, um pouquinho ativo, quando tem um pequeno acúmulo de informações e conhecimento. Você sabe como venera aqueles que são intelectualmente superiores, os advogados, professores, oradores, grandes escritores, explanadores! Você cultiva o intelecto e a mente.

A função da mente é estar separada. Se não for assim, não há mente. Por termos cultivado esse processo durante séculos, achamos que somos incapazes de cooperar, que só podemos ser compelidos pela autoridade e pelo medo causado por motivos econômicos ou religiosos. Se esse é o estado real, não apenas do consciente mas também dos níveis mais profundos, envolvendo os nossos motivos, intenções e buscas, como pode haver cooperação? Como podem os inteligentes se juntarem para fazer algo? Como isso é quase impossível, as religiões e organizações sociais forçam o indivíduo a certas formas de disciplina. A disciplina, então, torna-se imperativa quando queremos fazer alguma coisa juntos.

Até que saibamos como transcender esse pensamento separativo, esse processo de dar ênfase ao "eu", ao "meu", tanto na forma individual como coletiva, não teremos paz, as guerras continuarão, estaremos em constante conflito. O nosso problema é descobrir como acabar com esse processo separativo do pensamento. Pode o pensamento, sendo processo de verbalização e reação, destruir o eu? O pensamento não é nada mais do que reação, não é criativo. Pode tal pensamento destruir a si mesmo? É isso que estamos tentando descobrir. Quando penso em termos de "preciso me disciplinar", "preciso pensar de modo mais adequado", "preciso ser isso, preciso ser aquilo", o pensamento está se disciplinando, forçando-se a ser alguma coisa ou a não ser coisa alguma. E esse não é um processo de isolamento? Não é, portanto, aquela inteligência integrada que funciona como um todo, a única por meio da qual pode haver cooperação.

Como pode o pensamento, que é isolado, fragmentário e parcial, ter um fim? Como podemos tentar fazer com que isso aconteça? Nossa assim chamada disciplina o destruirá? É óbvio que não se conseguiu isso ao longo de tantos anos; do contrário, não estaríamos onde estamos. Peço a você que, por favor, examine o processo disciplinador, que é apenas um processo do pensamento no qual há sujeição, repressão, controle, dominação, tudo isso afetando o inconsciente, que se afirma à medida que você vai envelhecendo. Depois de tentar por tanto tempo, você deve ter descoberto que a disciplina não é um processo capaz de destruir o eu. O eu não pode ser destruído por meio de disciplina, porque disciplina é um processo que o fortalece. No entanto, todas as religiões a pregam. Todos os tipos de meditação, todas as afirmações, se baseiam na disciplina. O conhecimento destruirá o eu? A crença o destruirá? Em outras palavras, alguma das coisas que estamos fazendo, alguma das atividades a que nos entregamos, tentando chegar à raiz do eu, conseguirá destruí-lo? Tudo isso não será um enorme desperdício, já que o pensamento é um processo de isolamento, de reação? O que você faz quando tem a profunda conscientização de que o pensamento não pode acabar com ele mesmo? O que acontece? Observe-se. Quando tem plena consciência desse fato, o que acontece? Você compreende que toda reação é condicionada e que, por meio do condicionamento, não pode haver liberdade, nem no início, nem no fim, e liberdade está no começo, não no fim.

Quando você compreende que toda reação é uma forma de condicionamento, o que dá continuidade ao eu em diferentes maneiras, o que acontece? Você precisa estar bastante certo a respeito disso. Crença, conhecimento, disciplina, experiência, todo o processo usado para a obtenção de um resultado, a realização de uma ambição, o desejo de tornar-se alguma coisa nesta vida, ou em uma vida futura, é um processo de isolamento, que traz destruição, miséria, guerras, e do qual não se pode escapar por intermédio de ação coletiva. Você está cônscio desse fato? Qual é o estado da mente que diz "é assim", "esse é meu problema", "vejo o que disciplina e conhecimento podem fazer, o que a ambição faz"? Claro, se você vê tudo isso, um processo diferente já está em funcionamento.

Vemos os caminhos do intelecto, mas não vemos o caminho do amor. O caminho do amor não é encontrado por meio do intelecto. O intelecto, com todas as suas ramificações, seus desejos, ambições e buscas, precisa acabar para que o amor ganhe vida. Você sabe que, quando amamos, cooperamos sem pensar em nós mesmos. Essa é a mais alta forma de inteligência, não quando se ama como alguém superior, ou quando se está em uma boa posição, porque isso nada mais é do que medo. Quando há interesses pessoais não pode haver amor; há apenas um processo de exploração, nascido do medo. Assim, o amor só pode existir quando a mente está ausente. Por isso, é preciso que se compreenda o processo total, a função da mente.

Apenas quando soubermos amar uns aos outros é que poderá haver cooperação, que poderá haver funcionamento inteligente, uma união para a solução de qualquer problema. Só então será possível descobrir o que é Deus, o que é a verdade. Agora, estamos tentando descobrir a verdade por meio do intelecto, da imitação, e isso é idolatria. Apenas quando dissolvemos completamente a estrutura do eu, por intermédio do entendimento, é que passa a existir o que é eterno, atemporal, imensurável. Não podemos ir até ele; ele vem até nós.

VIII
O que é o "eu"?

SABEMOS O QUE queremos dizer com "eu"? Com "eu", quero dizer a ideia, a memória, a conclusão, a experiência, as várias formas de intenções identificáveis ou não, o esforço consciente de ser ou de não ser, as lembranças acumuladas do inconsciente, as lembranças da raça, do grupo, do indivíduo, do clã, de tudo, enfim, que tanto pode ser projetado para fora, na ação, ou projetado espiritualmente, como virtude. O batalhador por trás de tudo isso é o eu, e aí estão incluídos o desejo de ser e a competição. O processo total disso é o eu, e quando nos confrontamos com ele, percebemos que é algo mau. Estou usando a palavra "mau" intencionalmente, porque o eu divide; suas atividades, mesmo quando nobres, separam, isolam. Sabemos tudo isso. Mas também conhecemos aqueles momentos extraordinários em que o eu está ausente e não há nenhum senso de desafio, de esforço, momentos que ocorrem quando há amor.

Parece-me que é importante compreender como a experiência fortalece o eu. O que queremos dizer com "experiência"?

Temos experiências e recebemos impressões o tempo todo; então, as interpretamos e agimos ou reagimos de acordo com elas, tornando-nos calculistas, engenhosos, e assim por diante. Há uma interação constante entre o que vemos objetivamente e a nossa reação ao que é visto, assim como há uma interação entre o consciente e as lembranças do inconsciente.

Reajo a tudo o que vejo, tudo o que sinto, de acordo com as minhas lembranças. Nesse processo de reação ao que vejo, sinto, conheço, acredito, está acontecendo uma experiência, não é verdade? Reação a algo visto é experiência. Quando vejo você, reajo, e dar um nome a essa reação é experiência. Se não dou um nome à reação, não é uma experiência. Observe as suas reações ao que acontece à sua volta. Não há experiência, a menos que, ao mesmo tempo, ocorra o processo de dar um nome às reações. Se não reconheço você, como posso ter a experiência de encontrá-lo? Isso parece simples e certo. Isto é, se não reajo de acordo com minhas lembranças, meus preconceitos e condicionamento, como posso saber que tive uma experiência?

E há também a projeção de vários desejos. Desejo estar protegido, ter segurança interior, ou, então, desejo ser um mestre, um guru, um professor, um Deus, e experimento o que projeto, um desejo que tomou forma, ao qual dei um nome, e a ele reajo. É a minha projeção. Eu lhe dei um nome. O desejo que me dá uma experiência me faz dizer "eu tive uma experiência", "encontrei o mestre", ou "não encontrei o mestre". Você conhece o processo de dar nome a uma experiência. Desejo é o que chamamos de experiência, não é?

Quando desejo o silêncio da mente, o que acontece? Vejo a importância de ter uma mente silenciosa, tranquila, por várias razões: porque os *Upanishads*, os livros religiosos e os santos disseram que isso é importante, e também porque eu mesmo, de vez em quando, sinto como é bom o silêncio, depois de minha mente tagarelar o dia todo. Às vezes, sinto como é prazeroso ter uma mente calma, silenciosa. O desejo consiste em experimentar o silêncio. Quero que a mente fique em silêncio e me pergunto como posso conseguir isso. Sei o que alguns livros dizem sobre meditação e várias formas de disciplina. E assim, por meio de disciplina, busco experimentar o silêncio. O eu, então, estabeleceu-se na experiência do silêncio.

Quero compreender o que é a verdade. Esse é o meu desejo, o meu anseio, e aí entra a minha projeção do que considero a verdade, porque li muito sobre ela. Ouvi muitas pessoas falarem da verdade, escrituras religiosas a descrevem. Quero tudo isso. O que acontece? Esse querer, esse desejo, é projetado, e tenho uma experiência, porque reconheço aquele estado que eu próprio projetei. Se não o reconhecesse, não o chamaria de verdade. Reconheço o estado e o experimento, e essa experiência fortalece o eu, não é? Assim, o eu entrincheira-se na experiência. Então, dizemos "eu sei", "o mestre existe", "Deus existe", ou "Deus não existe", afirmamos que o sistema de determinado partido político é certo e que os sistemas de todos os outros são errados.

Desse modo, a experiência está sempre fortalecendo o eu. Quanto mais entrincheirado em nossa experiência, mais o eu se fortalece. Como resultado, temos certa força de caráter, de conhecimento, de crença, que mostramos às outras pessoas, porque sabemos que elas não são tão inteligentes como nós e porque temos o dom de escrever, ou o de falar, e somos engenhosos. Como o eu ainda está agindo, nossas crenças, nossos mestres, castas e sistemas econômicos são todos processos de isolamento, o que resulta em discórdia. Você, se está tratando este assunto com toda a seriedade, deve dissolver esse centro do eu e não o justificar. É por esse motivo que precisamos entender o processo da experiência.

A mente, ou o eu, pode deixar de projetar, desejar e experimentar? Vemos que todas as experiências do eu são negativas e destrutivas. No entanto, nós as chamamos de ações positivas. Chamamos a isso de modo positivo de viver. Para você, desfazer todo esse processo é negativo. Estará certo? Podemos, você e eu, como indivíduos, chegar à raiz disso e compreender o processo do eu? O que leva à dissolução do eu? As religiões e outros grupos oferecem a identificação. "Identifiquem-se com um ser maior, e o eu desaparecerá", eles dizem. Mas, obviamente, a identificação ainda é um processo do eu. O ser maior é apenas a projeção de "mim", uma projeção que experimento e que, por sua vez, fortalece o eu.

Todas as várias formas de disciplina, crença e conhecimento só conseguem fortalecer o eu, isso é certo. Podemos encontrar um elemento capaz de dissolvê-lo? Ou essa é uma pergunta errada? Isso é o que queremos, basicamente: encontrar alguma coisa que dissolva o eu. Achamos que existem vários meios, como identificação, crença, e assim por diante, mas todos esses métodos estão no mesmo nível, um não é superior ao outro, porque todos são igualmente poderosos no que se refere a fortalecer o eu. Posso, então, ver o eu onde quer que ele funcione, ver sua força e energia destrutivas? Seja qual for o nome que eu lhe dê, ele continua sendo uma força que isola, uma força destrutiva, e quero encontrar um meio de dissolvê-lo. Você próprio deve ter perguntado, ao ver o eu funcionando o tempo todo e sempre trazendo ansiedade, medo, frustração, desespero, sofrimento para si mesmo e os outros à sua volta, se é possível dissolvê-lo, não parcialmente, mas de modo completo. Podemos chegar à raiz do eu e destruí-lo? Essa é a única maneira de podermos funcionar verdadeiramente, não é? Não quero ser parcialmente inteligente, mas integralmente. Temos, em nossa maioria, uma inteligência em camadas, então você é inteligente de uma maneira, e eu, de outra. Alguns são inteligentes no trabalho no comércio; outros, no trabalho burocrático, e assim por diante. Somos inteligentes de modos diferentes, mas não somos integralmente inteligentes. *Ser integralmente inteligente significa estar livre do eu.* Isso é possível?

É possível essa completa ausência do eu? Você sabe que é. Quais são os requisitos necessários? Qual é o elemento que faz isso acontecer? Podemos encontrá-lo? Se pergunto se podemos encontrá-lo é porque estou convencido de que isso é possível, então já criei uma experiência na qual o eu será fortalecido, não é? Compreender o eu requer muita inteligência, muita vigilância, observação incessante. Eu, que estou lidando com esse assunto com muita seriedade, quero dissolver o eu. Se digo isso, é porque sei que é possível. No momento em que digo "quero dissolver", ainda existe a experiência do eu, de modo que isso o fortalece. Como é possível, para o eu, não experimentar? Vemos que o estado de criação não é, de maneira alguma, experiência do eu. A criação ocorre quando o eu está ausente, porque não é intelectual, não é da mente, não se projeta, é algo além de qualquer experiência. Então, a mente é capaz de ficar parada, em um estado de não reconhecimento, de não experiência, em que a criação pode acontecer, significando que o eu está ausente? O problema é esse, não é? Qualquer movimento da mente, positivo ou negativo, é uma experiência que fortalece o eu. É possível a mente não reconhecer? Isso só pode acontecer quando há completo silêncio, mas não o silêncio que é uma experiência do eu, pois isso o fortaleceria.

Há uma entidade separada do eu, que olha para ele e o dissolve? Há uma entidade espiritual que suplanta o eu e o destrói, eliminando-o? Achamos que existe, não é verdade? Pessoas religiosas acreditam que existe tal elemento. Os materialistas dizem que é impossível destruir o eu, que ele só pode ser condicionado e contido política, econômica e socialmente, e que podemos mantê-lo com firmeza dentro de certo padrão, de modo que ele possa ser moldado para levar uma vida moral e não interferir em nada, limitando-se a seguir o padrão social e a funcionar meramente como uma máquina. Isso nós sabemos. Há outras pessoas, as chamadas religiosas — não são realmente religiosas, embora nós as rotulemos assim —, que dizem existir um tal elemento espiritual e que, se pudermos entrar em contato com ele, ele dissolverá o eu.

Existe esse elemento capaz de dissolver o eu? Por favor, veja o que estamos fazendo. Estamos encurralando o eu em um canto. Se você permitir que alguém o encurrale em um canto, verá o que acontece. Gostamos de pensar que há um elemento atemporal, que não é criação do eu e que, esperamos, virá para interceder e destruir o eu; um elemento que chamamos de Deus. Existe algo assim, algo que a mente pode conceber? Pode existir e pode não existir, mas a questão não é essa. Quando a mente procura um estado espiritual atemporal, que entrará em ação para destruir o eu, essa não será outra forma de experiência que o fortalecerá, em vez de destruí-lo? Quando acreditamos em algo, como verdade, Deus, um estado atemporal, imortalidade, não será esse um processo de fortalecer o eu? O eu projeta aquilo que acreditamos que virá para destruí-lo. Então, ao projetarmos essa ideia de continuidade em um estado atemporal, como uma entidade espiritual, nós temos uma experiência, e essa experiência apenas fortalece o eu. O que fizemos, então? Não destruímos o eu, somente lhe demos um novo nome, uma característica diferente. O eu continua lá, porque nós o experimentamos. Assim, nossa ação foi a mesma, do começo ao fim, embora pensássemos que ela estava evoluindo, tornando-se mais bela; mas se observarmos bem, veremos que ela não mudou, que é o mesmo eu funcionando em diferentes níveis, com outros rótulos e nomes.

Quando vemos o processo todo, as engenhosas e maravilhosas invenções, a inteligência do eu, o modo como ele se encobre por meio de identificação, virtude, experiência, crença e conhecimento, quando notamos que a mente está andando em círculos, em uma jaula que ela própria construiu, o que acontece? Quando percebemos isso de modo total, ficamos extraordinariamente tranquilos, silenciosos, não por imposição, não por interesse em alguma recompensa, nem por medo. Quando reconhecemos que cada movimento da mente é uma simples forma de fortalecimento do eu, quando a observamos, completamente cônscios de sua ação, quando chegamos a esse ponto — não ideologicamente, verbalmente, nem por uma experiência projetada, mas, de fato, nesse perfeito estado de conscientização —, vemos que a mente absolutamente tranquila não tem o poder de criar. Tudo o que a mente cria está em um círculo, dentro do campo do eu. É quando a mente não está criando que existe criação, que não é um processo reconhecível.

Realidade — verdade — não é para ser reconhecida. Para que ela apareça, é preciso que desapareçam a crença, o conhecimento, a experiência, a busca da virtude. A pessoa virtuosa, que tem consciência de que está buscando a virtude, jamais poderá encontrar a realidade ou a verdade. Ela pode ser uma pessoa decente, mas isso é muito diferente de ser uma pessoa que compreende a verdade. A verdade passa a existir para quem a compreende. Um homem virtuoso é um homem íntegro, e um homem íntegro não pode compreender o que é a verdade, porque, como ele está buscando a virtude, a virtude é uma cobertura do eu, o fortalecimento do eu. Quando ele diz "preciso estar livre da ganância", o estado de ausência de ganância que ele experimenta apenas fortalece o eu. Por isso é tão importante ser pobre, não só pobre das coisas do mundo, como também pobre de crença e conhecimento. Um homem rico de bens mundanos, ou um homem rico de conhecimento e crença, nunca conhecerá nada além de escuridão e será um centro de maldade e aflição. Mas se você e eu, como indivíduos, pudermos ver o total funcionamento do eu, saberemos o que é o amor. Eu lhe asseguro que essa é a única reforma que poderá mudar o mundo. O amor não é do eu. O eu não pode reconhecer o amor. Você diz "eu amo", mas no próprio ato de dizer isso não há amor. Quando se conhece realmente o amor, o eu não existe.

IX
Medo

O QUE É o medo? O medo só pode existir em relação a alguma coisa, não isoladamente. Como posso ter medo da morte, como posso ter medo de algo que não conheço? Só posso ter medo do que conheço. Quando digo que tenho medo da morte, estou dizendo que tenho medo do desconhecido ou que tenho medo de perder o que conheço? Meu medo não é o da morte, mas o de perder a ligação com as coisas que me pertencem. Meu medo está sempre relacionado ao conhecido, não ao desconhecido.

O que quero descobrir agora é como me livrar do medo do conhecido, o medo de perder minha família, minha reputação, meu caráter, minha conta bancária, meus apetites, e assim por diante. Você pode dizer que o medo vem da consciência, mas a consciência é formada pelo nosso condicionamento, de modo que ainda é o resultado do conhecido. O que é que eu conheço? Conhecimento é ter ideias, opiniões sobre as coisas, um senso de continuidade em relação ao conhecido, e nada mais. Ideias são lembranças, são o resultado da experiência, que é uma reação ao desafio. Tenho medo do conhecido, o que significa que tenho medo de perder pessoas, coisas ou ideias, tenho medo de descobrir o que sou, medo de ficar confuso, medo da dor que sofreria se perdesse ou não ganhasse algo, medo de não ter mais prazer.

Falemos sobre o medo da dor. A dor física é uma reação dos nervos, mas a dor psicológica brota quando me apego a coisas que me dão satisfação, pois tenho medo de que alguém ou algo as tire de mim. As acumulações psicológicas evitam a dor psicológica, desde que nada as perturbe, isto é, sou um pacote de acumulações, de experiências, que evitam qualquer forma de perturbação séria, e não quero ser perturbado. Assim, tenho medo de que alguém as perturbe. Então, o meu medo é do conhecido, tenho medo das acumulações, físicas ou psicológicas, que juntei como um meio de evitar a dor ou a angústia. Mas a angústia reside no próprio processo de acumular para impedir a dor psicológica. O conhecimento também ajuda a evitar a dor. Como o conhecimento médico ajuda a impedir a dor física, as crenças ajudam a impedir a dor psicológica, e é por isso que tenho medo de perder as minhas crenças, embora não tenha conhecimento perfeito nem provas concretas de sua veracidade. Posso rejeitar algumas das crenças tradicionais que me foram impingidas, porque a minha própria experiência me dá força, confiança e compreensão para fazer isso, mas essas crenças e o conhecimento que adquiri são basicamente iguais, ou seja, são meios de evitar a dor.

O medo existe quando há acumulação do conhecido, que cria o medo da perda. Desse modo, o medo do desconhecido é, na verdade, medo de perder o conhecido acumulado. Invariavelmente, acumulação significa medo, que, por sua vez, significa dor. E, no momento em que digo "não posso perder", começa o medo. Embora minha intenção, no que se refere à acumulação, seja a de evitar a dor, a dor é inerente ao processo de acumulação. As coisas que eu tenho criam medo, que é dor.

A semente da defesa gera o ataque. Quero segurança física, então crio um governo soberano que mantém forças armadas, o que significa guerra, o que significa a destruição da segurança. Onde houver um desejo de autoproteção, haverá medo. Quando vejo como é ilusório exigir segurança, deixo de acumular. Se você diz que também vê, mas que não consegue parar de acumular, é porque, na realidade, não vê que a dor é inerente à acumulação.

O medo existe no processo de acúmulo, e a crença em alguma coisa faz parte do processo acumulativo. Meu filho morre, e passo a acreditar em reencarnação para, psicologicamente, impedir-me de sofrer mais; porém, no próprio processo da crença existe a dúvida. Exteriormente, acumulo bens e provoco a guerra, enquanto, internamente, acumulo crenças e provoco dor. Enquanto eu quiser me sentir seguro, ter contas bancárias, prazeres e assim por diante, enquanto quiser me tornar alguma coisa, física ou psicologicamente, haverá dor. As próprias coisas que faço para evitar a dor causam medo, e medo é dor.

O medo começa a existir quando desejo me estabelecer em determinado padrão. Viver sem medo significa viver sem um padrão em particular. Quando quero ter certo modo de vida, isso, por si só, é uma fonte de medo. A minha maior dificuldade é esse meu desejo de viver dentro de certa moldura. Não posso quebrá-la? Só posso fazer isso se vir a verdade: a moldura está causando medo, e esse medo a está fortalecendo. Se digo que preciso quebrar a moldura porque quero me livrar do medo, estou simplesmente seguindo outro padrão que causará ainda mais medo. Qualquer ação minha, baseada no desejo de quebrar a moldura, apenas criará outro padrão e, consequentemente, medo. Como posso quebrar a moldura sem causar medo, isto é, sem qualquer ação consciente ou inconsciente que possa criar outro padrão? Não posso, o que significa que não devo agir, não devo tentar quebrar a moldura. O que acontece comigo enquanto estou olhando a moldura que me cerca, sem fazer nada a respeito? Vejo que a própria mente é a moldura, e que ela vive no padrão habitual que criou para si mesma. Portanto, a própria mente é medo. Tudo o que a mente faz acaba fortalecendo um antigo padrão, ou promovendo um novo. Desse modo, tudo o que a mente faz para livrar-se do medo causa medo.

O medo encontra vários meios de fuga. O mais comum é a identificação — identificação com o país, com a sociedade, com uma ideia. Você já notou como reage assistindo a uma parada militar ou a uma procissão religiosa, ou quando seu país corre o risco de ser invadido? Você se identifica com o país, com um ser ou uma ideologia. Há outras ocasiões em que você se identifica com um filho, com a sua mulher, com uma forma particular de ação ou inação. Identificação é um processo de autoesquecimento. Enquanto estou consciente do meu eu, sei que existe dor, que há luta e medo constantes. Mas se me identifico, mesmo que temporariamente, com algo maior, com algo digno, com a beleza, a vida, a verdade, o conhecimento, encontro nisso um meio de fugir do meu eu. Eu me esqueço de mim por algum tempo. Se falo com alguém sobre o meu país, eu me esqueço de mim. Se digo alguma coisa sobre Deus, eu me esqueço de mim. Quando me identifico com minha família, com um grupo, com um partido ou com certa ideologia, isso me oferece uma fuga temporária.

Então a identificação é um meio de fugirmos do eu, assim como a virtude também é. O homem que busca a virtude está fugindo do eu e tem uma mentalidade estreita. Sua mente não é virtuosa, porque a virtude não é algo que possa ser buscado. Quanto mais alguém tenta ser virtuoso, mais força dá a seu eu. O medo, que todos nós sentimos de diferentes formas, precisa sempre encontrar um substituto, o que aumenta nossa luta. Quanto mais nos identificamos com esse substituto, maior a força com que nos agarramos àquilo pelo qual estamos dispostos a lutar, a morrer, porque o medo está por trás dele.

Sabemos o que é o medo? Não será a não aceitação do que *é*? Precisamos entender a palavra "aceitação". Não estou usando essa palavra no sentido de se fazer um esforço para aceitar. Não há o que aceitar ou não aceitar quando realmente vemos o que *é*. Quando não vemos com clareza o que *é*, então, sim, entramos no processo de aceitação. Dessa forma, o medo é a não aceitação do que *é*. Eu, que sou um feixe de reações, lembranças, esperanças, depressões, frustrações, que sou o resultado do movimento bloqueado da consciência, como posso ir adiante? Pode a mente, sem esse bloqueio, esse obstáculo, ser consciente? Conhecemos a alegria extraordinária que se faz presente quando não existe obstáculo. Você sabe a alegria, o bem-estar que sente, quando o seu corpo está perfeitamente saudável, não sabe? E conhece a alegria de sentir que a mente está completamente livre, sem bloqueio, de sentir que o centro de reconhecimento, o eu, está ausente, não é? Já não experimentou esse estado de ausência do eu? Todos nós já o experimentamos, com certeza.

A libertação do eu ocorre apenas quando podemos vê-lo sem justificá-lo ou condená-lo, sem suprimi-lo, quando podemos vê-lo integralmente, como um todo, e isso só é possível quando compreendemos o processo de todas as atividades que nascem do desejo, que é a expressão do pensamento, pois pensamento não é diferente de desejo. Se pudermos compreender isso, saberemos se há possibilidade de irmos além das restrições do eu.

X
Simplicidade

GOSTARIA DE FALAR sobre o que é simplicidade e de como, a partir dela, talvez se chegue à descoberta da sensibilidade. Parece que pensamos que simplicidade é meramente uma expressão externa de desapego: ter poucas posses, poucas roupas, uma pequena conta bancária, usar uma tanga, não ter uma casa para morar. Isso não é simplicidade; é apenas aparência. Parece-me que a simplicidade é essencial, mas ela só existe quando começamos a compreender a importância do autoconhecimento.

Simplicidade não é a mera adaptação a um padrão. Ser simples exige uma grande inteligência, não apenas a adaptação a um padrão, por mais respeitável que ele se mostre. Muitos de nós, infelizmente, começamos sendo simples externamente, em coisas visíveis. É relativamente fácil possuir poucas coisas e contentar-se com elas, estar satisfeito com pouco e, talvez, dividir esse pouco com outras pessoas. Mas uma simples expressão exterior de simplicidade em coisas, em posses, não indica, de maneira alguma, que existe a simplicidade do ser interior. Por conta do jeito que o mundo está atualmente, mais e mais coisas nos são impingidas. A vida está se tornando cada vez mais complexa. Para escapar disso, tentamos renunciar ou não nos apegar a bens, como carros, casas, organizações, cinema e inumeráveis circunstâncias externas que nos são apresentadas. Achamos que seríamos simples se nos retirássemos do mundo. Muitos santos, muitos mestres fizeram isso, renunciaram ao mundo, mas penso que uma renúncia não resolve o problema. A simplicidade fundamental, real, só existe interiormente, e do interior ela se expressa externamente. Como ser simples, esse é o problema. Precisamos dessa simplicidade porque ela nos torna cada vez mais sensíveis. É essencial que a mente seja sensível, pois assim ela é capaz de perceber e captar rapidamente.

Podemos ser simples internamente apenas se compreendermos os inúmeros impedimentos, apegos e medos que nos controlam. Mas muitos de nós *gostamos* de ser controlados, seja por pessoas, posses ou ideias. Gostamos de ser prisioneiros. Por dentro, *somos* prisioneiros, embora exteriormente pareçamos muito simples. Somos prisioneiros de nossos desejos, anseios, ideais e inúmeras motivações. A simplicidade só pode ser alcançada se formos livres internamente, de modo que é necessário que ela comece no interior, não no exterior.

Ocorre a libertação quando se compreende todo o processo da crença, isto é, por que a mente se apega a uma crença. Quando há essa libertação, há simplicidade. Mas essa simplicidade requer inteligência e, para ser inteligente, uma pessoa precisa ter a percepção dos próprios impedimentos. Para termos essa percepção, é necessário estarmos constantemente vigilantes, não encalhados em alguma vala, presos a certo padrão de pensamento ou ação. Afinal, o que se é por dentro afeta o que está fora. A sociedade, ou qualquer forma de ação, é a projeção de nós mesmos, e se não nos transformarmos em nosso íntimo, uma mera legislação tem pouca importância externamente, pois pode promover algumas reformas, certos ajustes, mas o que se é por dentro sempre supera o que está fora. Se formos gananciosos, ambiciosos, sempre buscando certos ideais, essa complexidade interna causará distúrbios e acabará por fazer ruir a sociedade, por mais que ela seja cuidadosamente planejada.

Dessa forma, precisamos começar de dentro, mas não exclusivamente, não rejeitando o exterior. Chegamos ao interior ao compreendermos o exterior, ao descobrirmos como o conflito, a luta, a dor existem externamente. Quando isso é investigado cada vez mais profundamente, é natural entrar-se nos estados psicológicos que produzem conflitos e sofrimentos externos. O que se expressa externamente é apenas uma indicação de nosso estado interior, mas para compreender esse estado é preciso aproximar-se por intermédio do exterior. Quase todos nós fazemos isso. Quando compreendemos o interior, não de modo exclusivo, não rejeitando o exterior, mas compreendendo-o também, e assim chegando ao interior, descobrimos que investigando as complexidades internas de nosso ser tornamo-nos mais e mais sensíveis e livres. Essa simplicidade interior é que é essencial, porque cria a sensibilidade. Uma mente que não é sensível, alerta, perceptiva, é incapaz de qualquer receptividade, de qualquer ação criativa. Conformidade, como meio de nos tornarmos simples, na verdade torna a mente e o coração embotados, insensíveis. Qualquer forma de compulsão autoritária imposta pelo governo, pela própria pessoa, pelo ideal de uma realização qualquer, e assim por diante, qualquer forma de conformidade, contribui para a insensibilidade, não para a simplicidade interior. Podemos, exteriormente, estar em conformidade com o que nos é imposto e aparentar simplicidade, como muitas pessoas religiosas fazem. Elas praticam várias disciplinas, juntam-se a várias organizações, meditam de determinada maneira, e tudo isso lhes dá uma aparência de simplicidade, mas essa conformidade não contribui para que sejam realmente simples; ao contrário, quanto mais se reprimem, quanto mais substituem uma coisa pela outra, quanto mais sublimam, menos simplicidade têm. No entanto, quanto mais se compreende o processo de sublimação, repressão, substituição, maior a possibilidade de se alcançar a simplicidade.

Nossos problemas — sociais, ambientais, políticos, religiosos — são tão complexos que só podemos resolvê-los sendo simples, não nos tornando admiravelmente eruditos e engenhosos. Uma pessoa simples vê de maneira muito mais direta, tem uma experiência mais direta que uma pessoa complexa. Nossa mente está tão lotada com um infinito conhecimento de fatos, de coisas que outros disseram, que nos tornamos incapazes de ser simples e ter experiências diretas. Esses problemas exigem uma nova abordagem, e isso só é possível quando somos realmente simples internamente. Essa simplicidade só é alcançada por meio do autoconhecimento, da compreensão de nós mesmos, de nossos pensamentos e sentimentos, de nossas reações, da maneira como, por medo, nos comportamos em conformidade com a opinião pública, com o que os outros dizem, com o que Buda, Cristo e os grandes santos disseram, indicando, tudo isso, a nossa natureza conformista, ansiosa por segurança. Quando se procura segurança é porque se está com medo, e onde há medo não há simplicidade.

Se não somos simples, não podemos ser sensíveis à beleza das árvores, dos pássaros, das montanhas, à ação do vento e de tudo o que acontece no mundo à nossa volta. Se não somos simples, não podemos ser sensíveis às sugestões interiores das coisas. A maioria de nós vive de maneira superficial, no nível mais alto da consciência, no ponto em que a pessoa tenta ser sensata ou inteligente, o que equivale a ser religiosa, em que tenta tornar a mente simples por meio de imposição e disciplina. Isso, porém, não é simplicidade. Quando forçamos a mente superior a ser simples por meio de imposição, isso apenas a endurece, em vez de torná-la flexível, clara e ágil. Ser simples integralmente, no processo total da consciência, é muito difícil, porque não pode haver reserva interior, mas uma ânsia de descobrir, de investigar o processo de nosso ser, o que significa estarmos atentos a todas as sugestões, todas as indicações, estarmos cônscios de nossos medos e esperanças, de examiná-los e nos livrarmos deles mais, mais e mais. Apenas então, quando a mente e o coração forem realmente simples, seremos capazes de solucionar os muitos problemas com que nos confrontamos.

O conhecimento não vai solucioná-los. Você pode dizer, por exemplo, que existe reencarnação, que há continuidade após a morte. *Talvez* você saiba, ou esteja convencido disso. Mas isso não resolve os seus problemas. A morte não pode ser posta de lado por sua teoria, por informações ou por uma convicção. É muito mais misteriosa, mais profunda, mais criativa que tudo isso.

Devemos ter a capacidade de investigar todas as coisas de maneira nova, porque é só por meio da *experiência direta* que os nossos problemas são solucionados e, para isso, é obrigatório haver simplicidade, o que significa que é imprescindível haver sensibilidade. A mente fica embotada com o peso do conhecimento. A mente fica embotada pelo passado e pelo futuro. Mas a mente capaz de se ajustar ao presente, continuamente, a cada momento, pode enfrentar as poderosas influências e pressões exercidas sobre nós por nosso ambiente.

Assim, o homem religioso não é aquele que veste um hábito ou uma tanga, que vive com uma única refeição ao dia e fez inúmeros votos, comprometendo-se a ser isto e não ser aquilo, mas aquele que é interiormente simples, que não está se *tornando* coisa alguma. Uma mente assim é capaz de extraordinária receptividade, porque não há barreiras, não há medo, não há nenhuma busca por alguma coisa e, assim, recebe a graça, Deus, a verdade, como quiserem chamar. Mas a mente que está *buscando* a realidade não é simples. A mente agitada, que está procurando, pesquisando, não é simples. A mente que se conforma com qualquer padrão de autoridade, interna ou externa, não pode ser sensível. Apenas a mente realmente sensível, alerta, consciente dos próprios acontecimentos, reações, pensamentos, que não está mais se transformando, moldando-se para *ser* alguma coisa, é capaz de receber aquilo que é a verdade. E só então pode haver felicidade, porque a felicidade não é um fim, é o resultado da realidade. Quando a mente e o coração tornam-se simples e, assim, sensíveis, não por meio de qualquer forma de compulsão, imposição ou controle, vemos que os nossos problemas podem ser enfrentados com muito mais facilidade. Por mais complexos que eles forem, seremos capazes de abordá-los de uma nova maneira e vê-los de modo diferente. No momento atual, é preciso haver pessoas capazes de enfrentar essa confusão exterior, esse tumulto e antagonismo de maneira nova, criativa e simples, e não com teorias, fórmulas, sejam da esquerda ou da direita. Não podemos fazer isso se não formos simples.

Não podemos abordar um problema de uma nova maneira se estivermos pensando em termos de certos padrões de pensamento — religiosos, políticos, ou de qualquer outro tipo. Então, precisamos nos livrar de todas essas coisas; precisamos ser simples. Por isso, é importante estarmos atentos e sermos capazes de compreender o processo de nosso pensamento, de nos conhecermos totalmente. Disso vem uma simplicidade — humildade — que não é uma virtude, nem uma prática. A humildade que é conquistada deixa de ser humildade. A mente que se obriga a ser humilde não é mais humilde. Só quando temos uma humildade que não é cultivada é que somos capazes de enfrentar os problemas da vida, tão prementes, porque deixamos de ser importantes, não vemos as coisas através de nossas próprias pressões e nosso senso de importância. Olhamos o problema e o vemos como ele é; então, somos capazes de solucioná-lo.

XI
Conscientização

CONHECER A NÓS mesmos significa saber qual é nosso relacionamento com o mundo, não apenas com o mundo de ideias e pessoas, mas também com a natureza e com os bens que possuímos. Nossa vida é essa, é o relacionamento com o todo. Compreender esse relacionamento exige especialização? É óbvio que não. O que exige é conscientização para lidarmos com a vida como um todo. E como se consegue essa conscientização? Esse é o problema. Como se consegue essa conscientização? Como nos tornamos capazes de lidar com a vida como um todo? Lidar com a vida como um todo não significa apenas o nosso relacionamento pessoal com o nosso próximo, mas também com a natureza, com o que possuímos, com as ideias e com as coisas que a mente fabrica, como a ilusão, o desejo, e assim por diante. Como podemos ter a conscientização de todo esse processo do relacionamento? Mas assim é a vida, não é? Não há vida sem relacionamento, e compreender esse relacionamento não significa isolamento; pelo contrário, isso exige um completo reconhecimento, ou conscientização, do processo total do relacionamento.

Como temos conscientização de alguma coisa? Como você tem a conscientização do seu relacionamento com uma pessoa? Como tem a conscientização das árvores, do piado de uma ave? Como tem a conscientização de suas reações quando lê um jornal? Estamos cônscios das reações superficiais da mente, assim como das reações mais profundas? Como estamos cônscios das coisas? Primeiro estamos cônscios da reação a um estímulo, esse é um fato óbvio: vemos árvores, e há uma reação, depois sensação, contato, identificação e desejo. Esse é o processo comum, não é? Podemos observar realmente o que acontece sem estudar em livros.

Então, por meio de identificação, sentimos prazer e dor, e nossa "capacidade" é a de querer o prazer e evitar a dor, não é? Se estamos interessados em alguma coisa, e isso nos dá prazer, essa "capacidade" surge instantaneamente, temos uma conscientização imediata do fato. Por outro lado, se algo nos causa dor, desenvolve-se a "capacidade" de evitá-lo. Enquanto estivermos dependentes de uma "capacidade" para entender a nós mesmos, penso que falharemos, porque o autoconhecimento não depende de capacidade. Não é uma técnica que podemos aprender, cultivar e aperfeiçoar com o tempo, com a prática constante. Essa autoconscientização pode ser testada na ação do relacionamento, pelo modo como falamos e nos comportamos. Observe a si mesmo sem nenhuma identificação, sem fazer comparações, sem condenar; apenas observe-se e verá algo extraordinário acontecer. Você não apenas dará um fim às atividades inconscientes — como é a maioria de nossas atividades —, como também terá consciência dos motivos de sua ação, sem questionamento, sem investigação.

Quando temos a conscientização de nós mesmos, vemos todo o processo dos nossos pensamentos e ações, mas isso só pode acontecer quando não há condenação. Quando condeno alguma coisa, eu não a compreendo, e essa é uma maneira de evitar qualquer tipo de entendimento. Penso que a maioria de nós faz isso de propósito. Condenamos precipitadamente e pensamos que compreendemos. Se não condenarmos uma coisa, mas a observarmos com atenção, veremos que seu conteúdo e seu significado começarão a abrir-se para nós. Experimente e veja por si mesmo. Esteja cônscio dessa coisa, simplesmente, sem nenhum senso de justificativa, o que parece negativo, mas não é. Pelo contrário, isso tem uma qualidade passiva que é uma ação direta, e você descobrirá isso se fizer a experiência.

Afinal, se quisermos compreender algo, temos de estar num estado de passividade, não é verdade? Não se pode ficar pensando nesse algo, questionando-o, especulando a seu respeito. Precisamos ser sensíveis o bastante para recebermos seu conteúdo. É como acontece com uma chapa fotográfica sensível. Se quero conhecer você devo estar passivamente atento, então você começa a me contar sua história. Isso, certamente, não é uma questão de capacidade ou especialização. Nesse processo, começamos a compreender a nós mesmos, não apenas as camadas superficiais da consciência, mas também as mais profundas, que são as mais importantes, porque é *lá* que estão todos os nossos motivos e intenções, nossos medos, exigências e apetites, ocultos e confusos. No lado de fora, talvez possamos mantê-los sob controle, mas lá dentro eles estão em ebulição. Até que eles sejam plenamente compreendidos por meio da conscientização, não poderá haver liberdade, felicidade, inteligência.

Pergunto se a inteligência é uma questão de especialização, sendo que com essa palavra "inteligência" refiro-me à total conscientização do nosso processo. É para ela ser cultivada por meio de alguma forma de especialização? Pois é isso o que está acontecendo, não é? O sacerdote, o médico, o engenheiro, o industrial, o homem de negócios, o professor, todos nós temos essa mentalidade de especialização.

Pensamos que temos de ser especialistas para compreendermos a mais alta forma de inteligência, que é a verdade, que é Deus, que não pode ser descrita. Então, estudamos, buscamos, pesquisamos e, com a mentalidade de um especialista, estudamos a nós mesmos a fim de desenvolvermos a capacidade que nos ajudará a solucionar nossos conflitos, a acabar com nossos infortúnios.

Se formos cônscios, veremos que nosso problema é descobrir se os conflitos e os sofrimentos de nossa vida diária podem ser solucionados por outros e, se não podem, como é possível, para nós, enfrentá-los. Compreender um problema requer certa inteligência, isso é óbvio, e essa inteligência não pode ser derivada de especialização, nem cultivada por meio dela. É uma inteligência que surge quando estamos passivamente atentos a todo o processo de nossa consciência, o que significa estarmos cônscios de nós mesmos, sem escolha, sem dizer o que é certo e o que é errado. Quando estamos em um estado de atenção passiva, vemos que, por meio dessa passividade — que não é ociosidade, que não é sono, mas extrema lucidez —, o problema tem um significado muito diferente. Isso significa que não há mais identificação com o problema e, assim, não há julgamento, de modo que o problema começa a revelar seu conteúdo. Se formos capazes de fazer isso constantemente, todos os problemas poderão ser resolvidos fundamentalmente, não apenas de modo superficial. Essa é a dificuldade, porque muitos de nós somos incapazes de atenção passiva, somos incapazes de ouvir a história que o problema nos conta, sem tentar interpretá-la. Não sabemos como examinar um problema de modo desapaixonado. Não somos capazes disso, infelizmente, porque queremos um resultado, uma resposta para o problema, ou porque tentamos interpretá-lo de acordo com o nosso prazer ou a nossa dor, ou então porque pensamos que já descobrimos como lidar com ele. Desse modo, abordamos um problema, que é sempre novo, usando um padrão antigo. O desafio é sempre novo, mas nossa reação a ele é sempre antiga, daí a nossa dificuldade em enfrentá-lo de modo adequado, isto é, completo. O problema é sempre um problema de relacionamento — com coisas, pessoas, ou ideias —, não há outro, e para enfrentá-lo, com suas exigências mudando constantemente, para atacá-lo de maneira correta, é preciso haver atenção passiva. Essa passividade não é uma questão de determinação, vontade ou disciplina. Estar cônscio de que *não* estamos passivos, de que estamos interferindo, querendo determinada resposta para o problema, é o começo. Então, quando começamos a conhecer a nós mesmos no relacionamento com o problema, quando vemos como reagimos, quais são nossos preconceitos, exigências e buscas em relação a ele, essa conscientização revela-se no processo de nosso próprio pensamento, de nossa natureza interior, e, com isso, vem uma libertação.

O importante, naturalmente, é que tenhamos uma conscientização sem escolha, porque a escolha traz conflito. Aquele que escolhe está confuso, pois, se não estivesse, não escolheria. Só uma pessoa que está confusa escolhe o que deve ou não fazer. O homem simples e de pensamento claro não escolhe, porque o que é, é. A ação baseada em uma ideia é, obviamente, uma ação de escolha e, como tal, não é libertadora; pelo contrário, apenas cria mais resistência, mais conflito, porque resulta dessa ideia um pensamento condicionado.

O importante, então, é nos mantermos cônscios em todos os momentos, sem acumular as experiências trazidas pela conscientização, porque, no instante em que acumulamos, só nos conscientizamos do que está de acordo com essa acumulação, com esse padrão, com essas experiências. Nossa conscientização torna-se condicionada pelo que acumulamos, de modo que não há mais observação, mas simplesmente interpretação. Onde há interpretação, há escolha; e escolha cria conflito, e no conflito não pode haver compreensão.

A vida é uma questão de relacionamento, e para que se compreenda esse relacionamento, que não é estático, é preciso haver uma conscientização maleável, passivamente alerta, não agressivamente ativa. Como eu disse, essa conscientização passiva não vem por meio de nenhuma forma de disciplina ou prática. Trata-se de uma conscientização constante de nossos pensamentos e sentimentos, e não apenas quando estamos acordados, porque vemos, à medida que nos aprofundamos, que começamos a sonhar, que começamos a pôr para fora todos os tipos de símbolos que traduzimos como sonhos. É assim que abrimos a porta ao desconhecido, deixando-o tornar-se o conhecido. Para encontrar o desconhecido, porém, devemos passar pela porta, e essa é a nossa dificuldade. A realidade não é algo reconhecível pela mente, porque a mente é o resultado do conhecido, do passado, de maneira que ela precisa compreender a si mesma, compreender o seu funcionamento, a sua verdade, para que o desconhecido possa *existir*.

XII
Desejo

PARA MUITOS DE nós o desejo é um grande problema: desejo de propriedade, de posição, de poder, de conforto, de imortalidade, de continuidade, de ser amado, de ter algo permanente, satisfatório, algo além do tempo. Agora, o que *é* desejo? O que é isso, que nos estimula, essa compulsão? Não sugiro que devemos ficar satisfeitos com o que temos ou com o que somos, que é o oposto do que queremos. Estamos tentando ver o que é o desejo e, se pudermos descobrir, por meio de uma investigação cuidadosa, acredito que causaremos uma transformação que não será uma simples substituição de um objeto de desejo por outro. Isso é o que geralmente chamamos de "troca", não é? Insatisfeitos com determinado objeto de desejo, buscamos um substituto para ele. Estamos eternamente mudando de um objeto de desejo para outro, que consideramos mais elevado, mais nobre, mais refinado, mas, por mais refinado que seja, desejo ainda é desejo, e nesse movimento entre desejos há uma luta sem fim, o conflito dos opostos.

Portanto, não é importante saber o que é desejo, e se ele pode ser transformado? O que é desejo? Não é o símbolo com a sua sensação? Existe um desejo sem um símbolo e sua sensação? É claro que não. O símbolo pode ser uma fotografia, uma pessoa, uma palavra, um nome, uma imagem ou uma ideia que me dá uma sensação que pode ser agradável ou não. Se a sensação é prazerosa, quero obtê-la, possuí-la, agarrar-me ao símbolo para que o meu prazer possa continuar. De tempos em tempos, de acordo com as minhas tendências, troco a fotografia, a imagem, o objeto. Quando estou cansado, entediado, farto de uma mesma forma de prazer, busco uma nova sensação, uma nova ideia, um novo símbolo. Rejeito a sensação antiga e tomo uma nova, com novas palavras, novos significados, novas experiências. Resisto ao que é antigo e me rendo ao novo, que considero mais elevado, nobre e satisfatório. Então no desejo há uma resistência e uma rendição que envolvem tentação e, claro, na rendição há um certo símbolo de desejo, há sempre o medo da frustração.

Quando observo o processo do desejo em mim, vejo que sempre há um objeto para o qual minha mente se dirige em busca de mais sensação, e que esse processo envolve resistência, tentação e disciplina. Há percepção, sensação, contato e desejo, e a mente torna-se o instrumento mecânico desse processo, no qual símbolos, palavras e objetos formam o centro em torno do qual erguem-se todos os desejos, buscas e ambições. Esse centro é o "eu". Posso dissolver esse centro de desejo; não um desejo em particular, um apetite ou uma ânsia, mas toda a estrutura do desejo, anseio e esperança, no qual sempre há o medo da frustração? Quanto mais me sinto frustrado, mais força dou ao eu. Onde há esperança e anseio sempre haverá o medo, que por sua vez também fortalece o centro. E uma revolução só é possível nesse centro, não na superfície, que não passa de um mero processo de desvio, uma mudança superficial que leva à ação perversa.

Quando tomo consciência de toda essa estrutura do desejo, vejo que minha mente tornou-se um centro morto, um processo mecânico de memória. Cansado de um desejo, automaticamente quero a satisfação de outro. Minha mente está sempre fazendo experiências em termos de sensação, é o instrumento da sensação. Entediado com uma sensação, busco uma nova, que pode ser aquela que chamo de compreensão de Deus, mas que continua sendo uma sensação. Estou farto deste mundo e de suas aflições, quero paz, a paz eterna, então medito, controlo e modelo a minha mente para conhecer essa paz. Experimentar essa paz ainda é sensação. Então, minha mente é um instrumento mecânico da sensação, da memória, um centro morto pelo qual ajo e penso. Os objetos que busco são projetados pela mente como símbolos dos quais ela extrai sensações. A palavra "Deus", a palavra "amor", a palavra "comunismo", a palavra "democracia", a palavra "nacionalismo", são todas símbolos que dão sensações à mente, de modo que a mente agarra-se a elas. Como você e eu sabemos, toda sensação acaba; então, vamos passando de uma para outra, e cada uma delas reforça o nosso hábito de buscar novas sensações. Assim, a mente torna-se meramente um instrumento da sensação e da memória, e nos enredamos nesse processo. Enquanto a mente estiver buscando novas experiências, só poderá pensar em termos de sensação, e qualquer experiência espontânea, criativa, vital, maravilhosamente nova, será reduzida a uma sensação, que depois se torna uma lembrança. Portanto, a experiência morre, e a mente torna-se um simples lago estagnado de coisas do passado.

Se já nos aprofundamos nessa questão, conhecemos o processo, mas parece que somos incapazes de superá-lo. *Queremos* superar e ir em frente, porque estamos cansados dessa rotina sem fim, dessa busca mecânica por sensações, então a mente projeta a ideia de verdade, de Deus, sonha com uma mudança radical e imagina-se desempenhando o papel principal nessa mudança, e assim por diante. Portanto, nunca há um estado criativo. Vejo em mim esse processo de desejo, mecânico, repetitivo, que prende a mente em uma rotina e a torna um centro morto do passado, em que não existe espontaneidade criativa. Há também momentos repentinos de criação, mas esses não são da mente, nem da memória, da sensação ou do desejo.

Assim nosso problema é compreender o desejo, não até que ponto ele deve continuar, ou onde deve terminar, mas compreender o seu processo, o processo dos anseios, dos apetites ardentes. A maioria de nós pensa que ter muito pouco indica que estamos livres do desejo, e como veneramos aqueles que não têm quase nada! Uma tanga, um hábito, simbolizam o nosso desejo de nos livrarmos do desejo, mas essa também é uma reação muito superficial. De que vale começar pelo nível superficial de renunciar às posses materiais se a mente está incapacitada, cheia de inumeráveis vontades, desejos, crenças e lutas? E é exatamente por *aí* que a revolução deve começar, não pela quantidade de coisas que possuímos, pelo tipo de roupa que vestimos ou pelo número de nossas refeições diárias. Mas essas coisas nos impressionam, porque nossa mente é muito superficial.

O problema, seu e meu, é descobrir se a mente pode livrar-se do desejo, da sensação. É óbvio que criação não tem nada a ver com sensação. A realidade, ou Deus, ou qualquer nome que deseje usar, não é um estado que possa ser experimentado como sensação. Quando temos uma experiência, o que acontece? Ela nos dá certa sensação, que pode ser de euforia ou depressão. É natural tentarmos fugir da sensação de depressão e buscarmos a de alegria. Quando a experiência nós dá uma sensação prazerosa, nós queremos mais, e esse "mais" fortalece o centro morto da mente, que está sempre ansiando por mais experiências. A mente, então, não pode experimentar nada novo, é *incapaz* disso, porque sua abordagem é sempre por meio da memória, do reconhecimento, e o que ela reconhece não é verdade, não é criação, não é realidade. A mente não pode experimentar a realidade; apenas sensação, e criação não é sensação, é algo eternamente novo, renova-se a cada momento.

Percebo o estado de minha mente, vejo que ela é instrumento de sensação e desejo, ou melhor, ela *é* sensação e desejo, mecanicamente enredada em rotina. Tal mente é incapaz de receber ou sentir o novo, pois o novo deve, obviamente, ser algo além da sensação, que é sempre parte do velho. Esse processo mecânico, com suas sensações, precisa terminar, não é? Esse querer mais, essa busca por símbolos, palavras e imagens precisa acabar, porque só assim a mente estará naquele estado de criatividade em que o novo passará a existir. Se pudermos compreender sem estarmos hipnotizados por palavras, hábitos, ideias, e ver como é importante ter o novo constantemente invadindo a mente, talvez tenhamos condições de compreender o processo do desejo, da rotina, do tédio, do constante anseio por experiências. Penso que, então, começaremos a ver que o desejo tem pouca importância na vida de um homem que está realmente buscando. É claro que há certas necessidades físicas: precisamos de alimento, roupa, abrigo e tudo mais. Mas elas não se tornam apetites psicológicos, sobre os quais a mente se ergue como o centro do desejo. Além das necessidades físicas, porém, qualquer forma de desejo — de grandeza, de verdade, de virtude — torna-se um processo psicológico pelo qual a mente constrói a ideia do "eu" e se fortalece no centro dela.

Quando vemos esse processo, quando realmente temos consciência dele, sem oposição, sem um senso de tentação, sem resistência, sem justificativa ou julgamento, descobrimos que a mente é capaz de receber o novo, e que o novo nunca é uma sensação, nunca pode ser reconhecido, reexperimentado. É um estado de ser em que a criatividade chega sem convite, sem memória, e isso é realidade.

XIII
Relacionamento e isolamento

A VIDA É uma experiência no relacionamento. Não se pode viver isolado, pois a vida é relacionamento, e relacionamento é ação. E como se pode obter essa capacidade de compreender o relacionamento, que é a vida? Relacionamento não é apenas a comunhão de pessoas, mas também intimidade com coisas e ideias. Vida é relacionamento, e isso se expressa por meio do contato com coisas, pessoas e ideias. Ao compreendermos o relacionamento, teremos a capacidade de lidar adequadamente com a vida. Assim, nosso problema não é a capacidade, porque ela não é independente do relacionamento, mas a compreensão do relacionamento, que naturalmente produzirá a capacidade de rápida maleabilidade, rápido ajuste, rápida reação.

Relacionamento é o espelho no qual descobrimos nós mesmos. Sem nos relacionarmos não existimos, porque relacionamento é existência. Só existimos no relacionamento, pois sem ele a existência não tem sentido. Não existimos porque *pensamos* que existimos. Existimos porque nos relacionamos, e é a falta de compreensão do relacionamento que causa o conflito.

Não há essa compreensão, porque usamos o relacionamento como um meio de facilitar uma realização, de promover uma transformação, de nos tornarmos alguma coisa. Relacionamento, porém, é um meio de autodescoberta, porque relacionar-se é *ser*, é existir. Sem relacionamento não sou, não existo. Para me compreender, preciso compreender o relacionamento, que é um espelho no qual posso me ver. Esse espelho tanto pode estar distorcido como ser "como é", refletindo aquilo que *é*. Mas muitos de nós vemos nesse espelho, isto é, no relacionamento, algo que preferimos ver, não o que de fato *é*. Preferimos idealizar, escapar, viver no futuro, a compreendermos esse relacionamento no presente.

Se examinarmos nossa vida, nosso relacionamento com os outros, veremos que estamos vivendo em um processo de isolamento. Não estamos realmente preocupados com os outros, embora falemos muito sobre isso. Costumamos nos relacionar com alguém enquanto o relacionamento nos é gratificante, enquanto nos proporciona um refúgio e nos satisfaz. Mas no momento em que há um distúrbio no relacionamento, causando-nos desconforto, nós o descartamos. Em outras palavras, só há relacionamento enquanto ele nos agrada. Isso pode parecer duro demais, mas se você examinar sua vida cuidadosamente verá que é um fato, e evitar um fato é viver na ignorância, o que nunca produzirá um relacionamento correto. Se olharmos nossa vida e observarmos nossos relacionamentos, veremos que esse é um processo de criar resistência contra os outros, um muro por cima do qual nós os observamos, mas não derrubamos o muro e continuamos atrás dele, seja um muro psicológico, um muro material, econômico ou nacional. Enquanto vivemos isolados, atrás de um muro, não nos relacionamos com os outros e vivemos fechados, porque achamos que é muito mais gratificante e seguro. O mundo está tão tumultuado, existe tanto sofrimento, tanta guerra, destruição e miséria, que queremos escapar disso tudo e viver entre as paredes de segurança de nosso ser psicológico. Então relacionamento, para muitos de nós, é na verdade um processo de isolamento, e é óbvio que isso cria uma sociedade que isola. É exatamente o que está acontecendo em todo o mundo: mantemo-nos isolados e estendemos a mão por cima do muro, chamando isso de nacionalismo, fraternidade ou qualquer outra coisa, mas na verdade os governos soberanos e os exércitos continuam existindo. Ainda presos em nossas próprias limitações, pensamos que podemos criar união e paz mundial, mas isso é impossível. Enquanto houver fronteiras, sejam nacionais, econômicas, religiosas ou sociais, não poderá haver paz no mundo.

O isolamento é um processo de busca pelo poder. Enquanto buscarmos poder, seja individual ou para um grupo racial ou nacional, haverá isolamento, porque o próprio desejo de poder, de posição, é separatismo. Afinal, é isso que todos querem, não é? Querem uma posição de poder para dominar, seja em casa, no trabalho, no governo. Todos buscam poder e, com isso, estabelecem uma sociedade baseada em poder militar, industrial, econômico, e assim por diante. E o desejo de poder não é, por natureza, um fator de isolamento? Penso que é muito importante que se entenda isso, porque o homem que quer um mundo pacífico, um mundo sem guerras, sem destruição, sem miséria catastrófica, precisa entender essa questão fundamental. Um homem amoroso, bom, não tem senso de poder, de maneira que não se prende a nacionalidade alguma, a bandeira alguma. Tal homem não tem bandeira.

Não é possível viver em isolamento. Nenhum país, nenhum povo e nenhum indivíduo pode viver isolado. No entanto, por estarem procurando poder em suas várias formas, criam isolamento. O nacionalista é uma praga porque, por meio de seu espírito patriótico, cria uma muralha de isolamento. Identifica-se de tal maneira com o seu país que cria essa muralha que o separa dos outros. O que acontece quando se ergue uma muralha para isolar algo? Esse algo está sempre batendo contra a muralha. Quando resistimos a alguma coisa, a própria resistência indica que estamos em conflito com os outros. Desse modo, o nacionalismo, que é um processo de isolamento, que é o resultado da busca pelo poder, não pode trazer paz ao mundo. O homem nacionalista, que fala em fraternidade, está mentindo, está vivendo em um estado de contradição.

Podemos viver no mundo sem o desejo de poder, de posição, de autoridade? É evidente que sim. Fazemos isso quando não nos identificamos com algo maior. Essa identificação com algo maior — o partido, o país, a raça, a religião, Deus — é a busca pelo poder. Como se sente vazia, apagada, fraca, a pessoa gosta de se identificar com algo maior. Esse desejo de identificação com algo maior é desejo de poder.

Relacionamento é um processo de autorrevelação e, se não conhecermos a nós mesmos, nossa mente e nosso coração, estabelecer simplesmente uma ordem, um sistema ou uma fórmula engenhosa tem muito pouco sentido. O importante é que cada um conheça a si mesmo em seu relacionamento com os outros. Então o relacionamento não se torna um processo de isolamento, mas um movimento pelo qual descobrimos nossos próprios motivos, pensamentos e buscas. Essa descoberta é o início da libertação, o começo da transformação.

XIV
O pensador e o pensamento

EM TODAS AS nossas experiências há sempre o observador, alguém que experimenta e que está se fechando cada vez mais ou negando a si mesmo. Você concorda que esse é um processo errado, que não promove o estado criativo? Se é um processo errado, podemos eliminá-lo completamente? Isso só pode acontecer quando experimento, não como faz um pensador, mas quando estou cônscio do processo falso e vejo que há apenas um estado em que o pensador é o pensamento.

Enquanto eu estiver experimentando, enquanto estiver me transformando, haverá essa ação dualística, haverá o pensador e o pensamento, dois processos separados em funcionamento. Então, não haverá integração, mas um centro que está operando por meio da ação da vontade de ser, ou não ser, coletiva, individual ou nacional, e assim por diante. Esse é o processo. Enquanto o esforço estiver dividido em experimentador e experiência haverá deterioração. A integração só é possível quando o pensador deixa de ser o observador. Como há o pensador e o pensamento, o observador e o observado, o que experimenta e o que é experimentado, isto é, dois estados diferentes, não pode haver integração. O nosso esforço é no sentido de juntar os dois.

A ação da vontade é sempre dualística. Será possível ir além dessa vontade separatista e descobrir um estado em que não haja ação dualística? Isso só pode acontecer quando experimentamos diretamente o estado no qual o pensador é o pensamento. Achamos que o pensamento está separado do pensador, mas será assim? Gostamos de pensar que é, porque então o pensador pode explicar questões por meio de seu pensamento. O esforço do pensador é para que ele se torne mais, ou se torne menos, e, assim, nessa luta, nessa ação da vontade, na "transformação", há sempre o fator deteriorante. Estamos seguindo um processo falso, não um verdadeiro.

Há uma divisão entre pensador e pensamento? Enquanto eles estiverem separados nosso esforço será em vão, porque estaremos seguindo o processo falso, que é destrutivo, um fator de deterioração. Quando descubro que sou ganancioso, possessivo, brutal, penso que não deveria ser assim. Então eu, o pensador, tento alterar esses pensamentos e faço um esforço para me tornar diferente. Nesse processo de esforço, tenho a falsa ilusão de que existem dois processos separados, quando, na verdade, há só um. É aí que reside o fator principal de deterioração.

Podemos conhecer esse estado quando há apenas uma entidade e não duas separadas, o experimentador e a experiência? Talvez possamos descobrir o que é ser criativo e como é esse estado, no qual não há deterioração, em qualquer relacionamento em que estejamos.

Sou ganancioso. Eu e a ganância não somos dois estados distintos. Existe apenas um, e esse é a ganância. Se tomo consciência de que sou ganancioso, o que acontece? Faço um esforço para não ser, seja por razões sociais ou religiosas. Esse esforço ocorrerá sempre nos limites de um pequeno círculo, que posso ampliar, mas que nunca deixará de ser limitado. Dessa forma, aí reside o fator deteriorante. Mas, observando mais cuidadosamente, vejo que aquele que faz o esforço para não ser ganancioso é a causa da ganância e é a própria ganância, e também vejo que eu e a ganância não existimos separadamente, há apenas ganância. Se percebo que sou ganancioso, que não existe o observador que é ganancioso, mas que eu próprio sou a ganância, então o problema é totalmente diferente, minha reação a ele é totalmente diferente, e meu esforço não é destrutivo.

O que fazemos quando todo o nosso ser é ganância, quando qualquer uma de nossas ações é ganância? Existe o "eu", a entidade superior, o soldado que está nos controlando, dominando. Esse processo, para mim, é destrutivo. Nós nos dividimos em superior e inferior, a fim de continuarmos. Se há apenas ganância, não eu operando-a, mas eu sendo inteiramente ganância, o que acontece? Nesse caso há um processo totalmente diferente em curso, e um novo problema surge. É esse problema que é criativo. Nele não existe um senso de "eu" comandando, dominando, tornando-se algo positivo ou negativo. Temos de chegar a esse estado para sermos criativos. Nesse estado não existe aquele que faz esforço. Não é uma questão de palavras, nem de tentar descobrir o que é esse estado. Se tentarmos descobrir, nós o perderemos e nunca mais o encontraremos. O importante é vermos que o que faz esforço e o objeto para o qual se dirige o seu esforço são a mesma coisa. Esse processo requer imensa compreensão, constante vigilância, ver como a mente se divide em superior e inferior — a superior sendo a segurança, a entidade permanente —, mas ainda conservando um processo de pensamento e, em consequência, de tempo. Se pudermos compreender isso como uma experiência direta, veremos surgir um fator muito diferente.

XV
Pensar resolve os nossos problemas?

O PENSAMENTO NÃO tem resolvido os nossos problemas, e acho que nunca os resolverá. Temos acreditado que o intelecto pode nos ajudar a sair de nossa complexidade. Quanto mais enganoso, mais abominável e mais sutil o intelecto, maior a variedade de sistemas, teorias e ideias. E ideias não resolvem nenhum dos problemas humanos, nunca resolveram e nunca resolverão. A mente não é a solução. O caminho do pensamento não irá nos tirar de nossas dificuldades. Parece-me que primeiro precisamos compreender esse processo do pensamento para podermos avançar, pois quando o pensamento cessar, talvez sejamos capazes de encontrar um meio de resolver os nossos problemas — não apenas os individuais, mas também os coletivos.

Os inteligentes, os filósofos, doutores e líderes políticos não resolveram um só dos problemas humanos, que têm como base o relacionamento entre você e outrem, entre mim e você. Até agora, temos usado a mente, o intelecto, para nos ajudar a investigar o problema, esperando encontrar uma solução. Pensar pode dissolver os nossos problemas? O pensamento, a menos que seja no laboratório, ou na prancheta de desenho, não é sempre autoprotetor, sempre condicionado, não está sempre buscando perpetuar-se? Sua atividade não é egocêntrica? Pode um pensamento assim resolver algum problema que ele próprio criou? Pode a mente, que criou os problemas, resolver as coisas que ela própria provocou?

Pensar é uma reação. Se eu lhe fizer uma pergunta, você a responde de acordo com a sua memória, com a criação que teve, seus preconceitos, o clima, todo o seu condicionamento. Você responde de acordo, pensa de acordo com tudo isso. O centro disso é o eu em processo de ação. Enquanto esse fato não for compreendido, enquanto esse processo de pensamento, esse eu que cria os problemas, não for eliminado, teremos conflito por dentro e por fora, em pensamento, em emoção, em ação. Solução nenhuma, por mais inteligente, mais pensada, jamais acabará com o conflito entre homem e homem, entre mim e você. Ao percebermos isso, cientes de como e de que fonte nasce o pensamento, nos perguntamos se o pensamento algum dia poderá acabar.

Esse é um dos problemas, não é? Pode o pensamento resolver os nossos problemas? Ao pensarmos neles, nós os resolvemos? Algum problema — econômico, social, religioso — já foi resolvido pelo pensamento? Em nossa vida cotidiana, quanto mais pensamos em um problema mais complexo e insolúvel ele se torna, não é assim? Podemos, analisando certos aspectos do problema, ver com mais clareza o ponto de vista de outra pessoa, mas o pensamento não consegue entender o problema em sua totalidade, só algumas partes dele, e uma resposta parcial não é resposta, portanto não é uma solução.

Quanto mais refletirmos sobre um problema, quanto mais o investigarmos e discutirmos a seu respeito, mais difícil ele se tornará. Então, será possível ver o problema completo? Essa, a meu ver, é a nossa maior dificuldade. Os nossos problemas estão se multiplicando, enfrentamos o perigo iminente de uma guerra, há todos os tipos de distúrbio em nossos relacionamentos, mas como podemos compreender isso como um todo? Um problema só pode ser resolvido quando o vemos como um todo, não em partes, não dividido. E como isso é possível? A resposta é óbvia: isso só é possível quando cessa o processo do pensamento, que tem a sua fonte no eu, na tradição, no condicionamento, no preconceito, no cenário de esperança e desespero. Podemos compreender esse eu, não o analisando, mas vendo-o como ele é, percebendo-o como um fato e não como uma teoria? Podemos compreendê-lo, não buscando dissolvê-lo para alcançar um resultado, mas para ver a atividade do eu que está constantemente em ação? Podemos *olhá-lo* sem tentar destruí-lo ou encorajá-lo? Isso é um problema, não é? Se, em cada um de nós, o centro do eu deixar de existir, se não houver desejo de poder, posição, autoridade, continuidade, autopreservação, certamente nossos problemas acabarão!

O eu é um problema que o pensamento não pode resolver. É preciso haver uma conscientização que não é do pensamento. Uma simples percepção das atividades do eu, sem condenação ou justificativa, já é suficiente. Quando usamos essa conscientização para descobrir *como* resolver o problema, a fim de transformá-lo, de produzir um resultado, isso ainda está no campo do eu. Enquanto estamos buscando um resultado, seja por meio de análise, de conscientização, de constante exame de cada pensamento, continuamos no campo do pensamento, que está no campo do eu, ou do ego, seja qual for o termo que usemos.

Enquanto existir a atividade da mente não existirá amor. Quando houver amor, não mais teremos problemas sociais. Amor, porém, não é algo que se pode adquirir. A mente pode querer adquiri-lo, como um novo pensamento, um novo instrumento, um novo jeito de pensar, mas ela não pode estar em um estado de amor enquanto o pensamento está adquirindo amor. Enquanto está buscando um estado de não ganância, a mente ainda é gananciosa, não é? Da mesma forma, enquanto a mente desejar um estado em que há amor e treinar-se, tentando alcançá-lo, isso, por si só, nega esse estado, não é?

Quando compreendemos de fato esse problema complexo da vida e estamos cônscios de nosso próprio modo de pensar, vendo que ele não leva a lugar algum, alcançamos um estado de inteligência que não é individual, nem coletivo. Então, o problema do relacionamento do indivíduo com a sociedade, do indivíduo com a comunidade e do indivíduo com a realidade deixa de existir, porque há apenas inteligência, que não é pessoal, nem impessoal. Penso que é só essa inteligência que pode solucionar os nossos imensos problemas. Isso não pode vir como um resultado, mas acontece quando compreendemos todo o processo do pensamento, não apenas no nível consciente, mas também nos níveis mais profundos e ocultos da consciência.

Para compreendermos qualquer um desses problemas, precisamos ter uma mente tranquila, silenciosa, que possa ver o problema sem interferir com ideias ou teorias, sem distração. Essa é uma de nossas grandes dificuldades, porque o pensamento tornou-se uma distração. Quando quero observar alguma coisa e compreendê-la, não tenho de pensar nela, mas simplesmente *observá-la*. No momento em que começo a pensar, a ter ideias e opiniões sobre ela, já estou em um estado de distração, desviando o olhar daquilo que preciso compreender. Assim, quando tenho um problema, o pensamento — pensamento como ideia, opinião, julgamento, comparação — torna-se uma distração e me impede de compreender e resolver o problema. Para muitos de nós, infelizmente, o pensamento ganhou uma importância grande demais. Você talvez pergunte como se pode existir sem pensar, como se pode manter a mente em branco. Ter a mente em branco é estar num estado de estupor, de idiotice, e a nossa reação instintiva é rejeitá-lo. Mas a mente quieta, que não se deixa distrair pelo próprio pensamento, a mente aberta, pode observar o problema de maneira direta e muito simples. E essa capacidade de observar o problema sem distração é a única solução. Mas, para isso, é necessário que a mente esteja tranquila, silenciosa.

Essa mente não é um resultado, não é o produto final de uma prática qualquer, de meditação, de controle. Não acontece por meio de alguma forma de disciplina, compulsão ou sublimação, mas vem sem que o eu faça qualquer esforço, vem quando compreendo o processo total do pensamento, quando vejo um fato sem nenhuma distração. Nesse estado de tranquilidade da mente, quando ela está realmente quieta, é que existe amor. E é só o amor que pode resolver todos os problemas humanos.

XVI
Tempo e transformação

Eu gostaria de falar um pouco sobre o que é o tempo, porque penso que a riqueza, a beleza e o significado daquilo que é atemporal, que é verdadeiro, só podem ser experimentados quando compreendemos o processo total do tempo. Afinal, estamos procurando, cada um à sua maneira, um senso de felicidade, de enriquecimento. Uma vida que tem significado, que tem a riqueza da verdadeira felicidade, não é do tempo. Como o amor, uma vida assim é atemporal, e para compreendermos aquilo que é atemporal precisamos compreender o tempo. Não devemos utilizar o tempo como um meio de alcançar, perceber, captar o atemporal. E é isso que estamos tentando fazer; estamos desperdiçando tempo na tentativa de captar o atemporal, então é importante esclarecer o que entendemos por tempo, porque penso que podemos nos libertar dele. É preciso compreender o tempo como um todo, não em partes.

É interessante observar que a maior parte de nossa vida é gasta com o tempo, não o tempo no sentido de sequência cronológica, de minutos, horas, dias, meses e anos, mas no sentido de memória psicológica. Vivemos pelo tempo, somos resultado do tempo. A nossa mente é produto de tempos passados, e o presente é meramente a passagem do passado para o futuro. Nossa mente, nossas atividades, nosso ser se alicerçam no tempo. Sem o tempo, não podemos pensar, porque o pensamento é resultado do tempo, produto do que passou, e não há pensamento sem memória. Memória é tempo, pois há dois tipos de tempo: o cronológico e o psicológico. Há o tempo como o ontem pelo relógio e como o ontem pela memória. Não podemos rejeitar o tempo cronológico, seria absurdo, viveríamos perdendo o trem. Mas existe, realmente, um tempo separado do cronológico? É óbvio que existe o tempo como o ontem, mas existirá o tempo da maneira como a mente o vê? Existe tempo fora da mente? O tempo psicológico, claro, é produto da mente. Sem o fundamento do pensamento não há tempo; sendo o tempo apenas memória, é o ontem em conjunção com o hoje que molda o amanhã. Isto é, a lembrança da experiência do passado como reação ao presente cria o futuro, que ainda é o processo do pensamento, o trabalho da mente. O processo do pensamento causa avanço psicológico no tempo, mas isso será real, tão real quanto o tempo cronológico? Podemos usar o tempo que é da mente como um meio de compreender o eterno, o atemporal? Como eu disse, a felicidade não é do passado, não é produto do tempo; a felicidade está sempre no presente, um estado atemporal. Não sei se você já notou que, quando experimenta um êxtase, uma alegria criativa, como uma súbita nuvem luminosa entre nuvens escuras, nesse momento não existe o tempo; há apenas o presente imediato. A mente, depois dessa experiência no presente, lembra-se dela e quer lhe dar continuidade, então junta mais e mais partes de si mesma, criando, assim, o tempo. Dessa maneira, o tempo é criado pelo "mais", o tempo é aquisição e também separação, o que ainda é uma aquisição da mente. Nesse sentido, apenas disciplinar a mente no tempo, condicionar o pensamento na moldura do tempo, que é a memória, não basta para revelar aquilo que é atemporal.

A transformação é uma questão de tempo? Muitos de nós estamos acostumados a pensar que o tempo é necessário para a transformação; por exemplo: sou uma coisa, e para mudar o que sou, transformando-me no que devo ser, preciso de tempo. Sou ganancioso, produzo os resultados da ganância, confusão, antagonismo, conflito e infortúnio. Pensamos que o tempo é necessário para promover uma transformação, criando um estado de não ganância. Isso quer dizer que consideramos o tempo um meio de desenvolvermos algo maior, de nos tornarmos alguma coisa. Digamos que sejamos violentos, gananciosos, invejosos, rancorosos, cruéis, exaltados. Para transformar o que é, o tempo é necessário? Em primeiro lugar, por que queremos mudar o que é, ou causar uma transformação? Por quê? Porque o que somos não nos satisfaz, cria conflito, distúrbios e, por não gostarmos dessa situação, queremos algo melhor, mais nobre, mais idealista. Assim, desejamos uma transformação porque estamos experimentando sofrimento, desconforto e conflito. O conflito é superado pelo tempo? Quando dizemos que é, ainda estamos em conflito. Podemos dizer que levaremos 20 dias ou 20 anos para nos livrarmos do conflito, para mudar o que somos, mas, durante esse tempo, continuaremos em conflito, de maneira que o tempo não causa transformação. Quando usamos o tempo como meio de adquirir uma qualidade ou uma virtude, estamos simplesmente adiando ou evitando o que é. Penso que é importante compreender isso. Ganância e violência causam dor e tumulto no mundo de nosso relacionamento com outrem, que é a sociedade. E, por estarmos cônscios desse estado de perturbação, que podemos chamar de ganância ou violência, dizemos a nós mesmos que vamos sair dele com o tempo, que praticaremos a não violência, a não inveja, que praticaremos a paz. Bem, queremos praticar a não violência porque a violência é um estado de perturbação, conflito, e acreditamos que, com o tempo, chegaremos à não violência e venceremos o conflito. O que está, na verdade, acontecendo? Por estarmos numa situação de conflito, queremos alcançar um estado em que não haja conflito. Esse estado de não conflito é resultado do tempo? É óbvio que não, porque, enquanto estamos alcançando um estado de não violência, ainda estamos sendo violentos e, em consequência, ainda em conflito.

Pode um conflito ser dominado em um período de tempo, ou seja, em alguns dias, alguns anos, uma vida inteira? Esse é o problema. O que acontece quando dizemos que vamos praticar a não violência durante certo período? A própria prática indica que estamos em conflito, não é? Não precisaríamos praticar se não estivéssemos resistindo ao conflito. Dizemos que a resistência ao conflito é necessária quando queremos dominá-lo, e que, para essa resistência, precisamos de tempo. Mas a própria resistência ao conflito é, ela mesma, uma forma de conflito. Estamos gastando nossa energia, resistindo ao conflito na forma do que chamamos de ganância, inveja ou violência, e a mente continua em conflito, por isso é necessário que vejamos a falsidade desse modo de depender do tempo para vencer a violência e nos livrarmos do conflito.

Para que se compreenda qualquer coisa, um problema humano ou científico, o que é essencial? Uma mente quieta, que tenha a intenção de compreender, não uma mente que está tentando se concentrar, o que é um esforço de resistência. Se quero realmente entender alguma coisa, minha mente entra imediatamente em um estado de tranquilidade e silêncio. Quando você ouve música, ou olha um quadro que lhe provoca emoção, qual é o estado de sua mente? De tranquilidade, não é? Quando ouvimos música a mente fica paralisada, não vagueando de um lado para o outro. Do mesmo modo, quando queremos compreender alguma coisa, não mais dependemos do tempo; simplesmente nos confrontamos com o que é, com o conflito. Então, no mesmo instante, a mente fica paralisada, em silêncio. Quando não dependemos do tempo como um meio de transformar o que é, porque vemos a falsidade desse processo, confrontamo-nos com o que é e, como estamos interessados em compreendê-lo, nossa mente se aquieta. Nesse estado de alerta, mas passivo, da mente, surge a compreensão. Enquanto a mente está em conflito, culpando, resistindo, condenando, não pode haver compreensão. Se quero compreendê-lo, não posso condená-lo, isso é óbvio. É essa mente calma, silenciosa, que promove uma transformação. Quando a mente deixa de resistir, de evitar ou culpar o que é, mas se mantém passivamente alerta, é nessa passividade que vemos acontecer uma transformação.

A revolução só é possível agora, não no futuro. A regeneração é hoje, não amanhã. Se você fizer uma experiência com o que estou dizendo, verá acontecer uma imediata regeneração, uma renovação, porque a mente fica quieta quando está interessada, quando tem a intenção de compreender. A dificuldade, para a maioria de nós, é que não temos a intenção de compreender, porque temos medo de que essa compreensão cause uma ação revolucionária em nossa vida, então resistimos. É o mecanismo de defesa que começa a funcionar quando usamos o tempo ou um ideal como um meio de transformação gradual.

Desse modo, a regeneração só é possível no presente, não no passado, nem no futuro. Um homem que confia no tempo como um meio de alcançar a felicidade, de compreender a verdade ou Deus, está apenas enganando a si próprio, está vivendo na ignorância e, portanto, em conflito. Um homem que percebe que o tempo não é o caminho que o tirará da dificuldade, que não se deixa envolver pelo que é falso, naturalmente tem a intenção de compreender, e sua mente aquieta-se espontaneamente, sem ser compelida. Só quando a mente está silenciosa, tranquila, quando não está procurando resposta alguma, solução alguma, quando não está resistindo, é que pode haver uma regeneração, porque, então, essa mente é capaz de tomar consciência do que é verdadeiro. E é a verdade que nos liberta, não o nosso esforço para nos libertarmos.

PARTE DOIS

Para os Jovens

I

Eu me pergunto se alguma vez já pensamos no que significa educação. Por que vamos para a escola, por que aprendemos várias matérias, por que fazemos provas e competimos pelas melhores notas? O que significa aquilo que denominamos educação, e a que ela se destina? Esta é, na verdade, uma pergunta muito importante não somente para os estudantes, mas também para os pais, professores e para todos que amam esta Terra. Por que enfrentamos a luta para recebermos uma educação? Será apenas para sermos aprovados nas provas e conseguir um emprego? Ou será a função da educação nos preparar ainda jovens para compreender todo o processo da vida? Ter um emprego e ganhar o próprio sustento é necessário — mas será tudo? Recebemos educação somente com esse fim? Certamente, a vida não é apenas o emprego, a ocupação; ela é algo extraordinariamente amplo e profundo, é o grande mistério, o vasto reino no qual funcionamos como seres humanos. Se simplesmente nos capacitarmos para ganhar um sustento, perderemos todo o objetivo da vida; e compreender a vida é muito mais importante do que apenas nos prepararmos para os exames e nos tornarmos especialistas em matemática, física ou naquilo que desejarmos.

Portanto, independentemente de sermos professores ou alunos, não será importante nos perguntarmos por que estamos educando ou sendo educados? E qual o significado da vida? A vida não é algo extraordinário? Os pássaros, as flores, as árvores crescendo, os céus, as estrelas, os rios e os peixes que vivem ali — tudo isso é vida. A vida é pobre e é rica; é a batalha constante entre grupos, raças e nações; a vida é meditação; é o que chamamos de religião, bem como as coisas sutis e ocultas da mente — invejas, ambições, paixões, medos, realizações e ansiedades. Tudo isso e muito mais. Mas geralmente nos preparamos para compreender somente um pequeno pedaço dela. Somos aprovados em certos exames, conseguimos um emprego, nos casamos, temos filhos e ficamos cada vez mais parecidos com máquinas. Permanecemos assustados, ansiosos, amedrontados com a vida. Portanto, será função da educação nos ajudar a resolver todo o processo da vida, ou meramente nos preparar para uma vocação, para o melhor emprego que pudermos alcançar?

O que acontecerá com todos nós quando nos tornarmos homens e mulheres? Já se perguntaram o que irão fazer quando se tornarem adultos? Com toda probabilidade se casarão, e antes de se darem conta de onde estão já serão pais e mães, e então ficarão atados a um emprego ou ao lar, no qual, aos poucos, definharão. Será nisso em que consistirá a *sua* vida? Já se fizeram esta pergunta? Não deveriam fazê-la? Se sua família for rica, você terá uma posição bastante satisfatória garantida, seu pai poderá conseguir um bom emprego para você, ou ficará rico por meio do casamento, mas também haverá decadência e deterioração. Compreendem?

Certamente, a educação não tem significado, a menos que ela os auxilie a compreender a vasta expansão da vida com todas as suas sutilezas, com a sua extraordinária beleza, tristezas e alegrias. Poderão obter diplomas, acrescentar títulos ao nome e ter um bom emprego. Mas e depois? Qual o objetivo se durante o processo sua mente ficar embotada, esgotada, limitada? Portanto, enquanto são jovens, não deveriam descobrir o que é a vida? E não será a verdadeira função da educação cultivar em vocês a inteligência que os auxiliará a descobrir a resposta para todas essas questões? Vocês sabem o que é a inteligência? Certamente, é a capacidade de pensar livremente, sem medo, sem uma fórmula, para que comecem a descobrir o que é real, o que é verdadeiro; mas se estiverem amedrontados, nunca serão inteligentes. Qualquer forma de ambição, espiritual ou mundana, gera ansiedade, medo. Portanto, não ajuda a formar uma mente clara, simples, direta e, portanto, inteligente.

É realmente muito importante, enquanto são jovens, que vocês vivam em um ambiente onde não haja medo. Muitos de nós, quando envelhecemos, nos sentimos amedrontados; temos medo de viver, medo de perder o emprego, da tradição, do que os vizinhos, esposa ou marido vão dizer, medo da morte. A maioria de nós sofre de algum tipo de medo, e onde existe medo não há inteligência. E não será possível para todos nós, ainda na juventude, viver não em um ambiente onde exista medo, e sim em uma atmosfera de liberdade — não somente para fazer o que queremos, mas para compreender todo o processo da vida? A vida é realmente muito bela, não é essa coisa feia na qual a transformamos; e vocês poderão apreciar sua riqueza, sua profundidade, seu encanto extraordinário. Somente quando se revoltarem contra tudo — contra a religião estabelecida, contra a tradição, a atual sociedade apodrecida — é que poderão, como seres humanos, descobrir o que é verdadeiro. Não imitar, mas descobrir — *isso* é educação, não é? É muito fácil se conformar com o que a sociedade, seus pais e professores dizem a vocês. É uma forma segura e fácil de existir, mas isto não é viver, porque aí existe medo, decadência, morte. Viver é descobrir por si mesmo o que é verdadeiro, e vocês só podem fazê-lo quando há liberdade, quando existe uma revolução interna contínua dentro de vocês.

Mas vocês não são encorajados a fazer isso; ninguém diz a vocês para questionar, para descobrir o que é Deus, porque se se rebelarem, representarão um perigo para tudo o que é falso. Seus pais e a sociedade desejam que vocês vivam com segurança, e vocês também desejam viver seguros. Viver com segurança geralmente significa viver uma imitação e, portanto, no medo. Certamente, a função da educação é ajudar cada um de nós a viver livremente e sem medo, não é? E criar uma atmosfera na qual não existe medo requer de vocês muita reflexão, bem como do professor e do educador.

Vocês sabem o que isso significa? Que seria extraordinário criar uma atmosfera na qual não existe medo. E nós *devemos* criá-la, porque estamos vendo o mundo aprisionado em uma sucessão de guerras; ele é guiado pelos políticos, que estão sempre buscando o poder; é um mundo de advogados, policiais e soldados, de homens e mulheres ambiciosos, todos desejando determinada posição e lutando entre si para consegui-la. Então, temos os chamados santos, os gurus religiosos com seus seguidores; eles também desejam o poder, uma posição, aqui ou na próxima vida. É um mundo ruim, completamente confuso, no qual os comunistas lutam contra os capitalistas, o socialista resiste a ambos e todos estão contra alguém, batalhando para chegar a um lugar seguro, a uma posição de poder ou de conforto. O mundo é dilacerado por crenças conflitantes, por distinções de castas e classes, por nacionalidades separatistas, por todas as formas de estupidez e crueldade — este é o mundo no qual vocês estão sendo educados para se adaptarem. São encorajados a se ajustar à estrutura desta sociedade desastrosa; seus pais querem que vocês façam isso, e vocês também desejam se acomodar.

Então, será a função da educação apenas ajudá-los a se conformar com o padrão da ordem social apodrecida, ou dar liberdade a vocês — a liberdade completa para crescer e criar uma sociedade diferente, um mundo novo? Queremos ter essa liberdade não no futuro, mas agora, senão poderemos ser todos destruídos. Precisamos criar imediatamente uma atmosfera de liberdade para que vocês possam viver e descobrir o que consideram verdadeiro, para que se tornem inteligentes e sejam capazes de encarar o mundo e compreendê-lo. Não somente se conformar, mas permanecer interna, profunda e psicologicamente em constante revolta; porque são somente aqueles que estão em constante revolta que descobrem o que é verdadeiro, não o homem que se conforma, que segue alguma tradição. Será somente quando estiverem em questionamento, observação e aprendizado contínuos que descobrirão a verdade, Deus, o amor. E vocês não podem questionar, observar, aprender, não poderão estar profundamente conscientes se estiverem com medo. Portanto, a função da educação é certamente erradicar, tanto no interior como no exterior, o medo que destrói o pensamento, o relacionamento humano e o amor.

II

Talvez possamos abordar a questão do medo por outro ângulo. O medo faz coisas extraordinárias à maioria de nós. Ele cria todos os tipos de ilusões e problemas. Até que penetremos profundamente nele e realmente o entendamos, o medo sempre distorcerá nossas ações. O medo deturpa nossas ideias e torna o caminho da vida tortuoso; ele cria barreiras entre pessoas e destrói o amor. Portanto, quanto mais entendermos o medo, mais nos libertaremos dele, e maior será nosso contato com tudo que existe em torno de nós. Atualmente, nossos contatos vitais com o mundo são muito poucos, não? Mas se pudermos nos libertar do medo, poderemos ampliar nossas conexões, entendimento profundo, solidariedade real, consideração amorosa, e será enorme a extensão de nosso horizonte. Então, vamos ver se podemos falar sobre medo de um ponto de vista diferente.

Eu me pergunto se vocês perceberam que a maioria de nós quer algum tipo de segurança psicológica. Queremos segurança, alguém em quem nos apoiar. Como uma criança pequena segura a mão da mãe, nós queremos alguma coisa em que nos segurar; queremos alguém para nos amar. Sem um senso de segurança, sem uma garantia mental, nos sentimos perdidos, não? Estamos acostumados a nos apoiarmos nos outros, dependermos de outros para nos ajudar e orientar, e sem esse suporte nos sentimos confusos, com medo, não sabemos como pensar, como agir. No momento em que somos deixados por nossa conta, nos sentimos solitários, inseguros, desprotegidos. Disso surge o medo, não é?

Então, queremos algo que nos dê a sensação de segurança, e temos muitos tipos de garantias. Nós temos proteções internas e externas. Quando fechamos as janelas e portas de nossa casa e permanecemos dentro dela, nos sentimos muito seguros e protegidos, sem ameaças. Mas a vida não é assim. A vida está constantemente batendo à nossa porta, tentando escancarar nossas janelas para que possamos ver mais. E se, devido ao nosso medo, fecharmos as portas, aferrolharmos todas as janelas, a batida só se tornará mais forte. Quanto mais intimamente nos agarrarmos à segurança, em qualquer forma, mais a vida virá e nos empurrará. Quanto mais medo tivermos e nos enclausurarmos, maior será nosso sofrimento, porque a vida não nos deixará em paz. Queremos nos sentir seguros, mas a vida diz que não podemos sê-lo; e, então, nossa luta começa. Buscamos segurança na sociedade, na tradição, em nosso relacionamento com nosso pai e nossa mãe, com nossas mulheres ou maridos; mas a vida sempre consegue abrir caminho através das paredes de nossa segurança.

Também buscamos segurança ou conforto nas ideias, não é? Vocês já observaram como as ideias tomam forma e como a mente se prende a elas? Vocês têm uma ideia de algo bonito que viram quando saíram para uma caminhada, e a mente volta a essa ideia, essa memória. Vocês leem um livro e têm uma ideia à qual se agarram. Portanto, vocês precisam ver como as ideias surgem e como elas se tornam um meio de conforto, de segurança interior, algo para a mente se agarrar.

Vocês algum dia pensaram sobre essa questão das ideias? Se um de vocês tem uma ideia e eu tenho uma ideia, e cada um de nós pensa que sua própria ideia é melhor que a do outro, nós lutamos, não é? Eu tento convencê-lo e você tenta me convencer. O mundo todo está baseado em ideias e no conflito entre elas. E se vocês percebem isso, descobrirão que simplesmente se agarrar a uma ideia não tem significado algum. Mas já observaram como seu pai, sua mãe, seus professores, seus tios e tias, todos se agarram firmemente àquilo que eles pensam?

Agora, como uma ideia toma forma? Como vocês têm uma ideia? Quando vocês têm a ideia de sair para uma caminhada, por exemplo, como ela aparece? É muito interessante descobrir. Se vocês observarem, verão como uma ideia desse tipo surge e como a mente se prende a ela, empurrando tudo mais para o lado. A ideia de sair para uma caminhada é a resposta a uma sensação, não é? Vocês já saíram para caminhadas antes, e isso deixou uma sensação ou sentimento agradável; vocês querem fazer isso novamente, assim, a ideia é criada e, em seguida, posta em ação. Quando vocês veem um belo carro, há uma sensação, não é? A sensação vem da própria ação de olhar o carro. O ver cria a sensação. Da sensação nasce a ideia "eu quero aquele carro, ele é meu carro" e a ideia, então, se torna muito dominadora.

Nós buscamos segurança nas posses e nos relacionamentos exteriores, e também nas ideias ou crenças interiores. Acredito em Deus, em rituais, acredito que deva me casar de uma determinada maneira, acredito em reencarnação, na vida depois da morte, e assim por diante. Essas crenças são todas criadas pelos meus desejos, por meus preconceitos, e me agarro a essas crenças. Tenho seguranças externas, e também seguranças internas;

remova-as ou questione-as e eu ficarei com medo; vou afastá-lo, lutarei com você se ameaçar minha segurança.

Agora, existe isso de segurança? Vocês entendem? Nós temos ideias sobre segurança. Podemos nos sentir seguros com nossos pais ou em um emprego. O modo como pensamos, o modo como vivemos, o modo como olhamos para as coisas — com tudo isso nós podemos nos sentir satisfeitos. A maioria de nós se sente muito contente em ficar enclausurada em ideias seguras. Mas podemos realmente estar seguros e protegidos, por mais garantias internas e externas que possamos ter? Aparentemente, o banco pode falir amanhã, o pai ou a mãe pode morrer, pode haver uma revolução. E existe qualquer segurança nas ideias? Gostamos de pensar que estamos seguros em nossas ideias, em nossas crenças, em nossos preconceitos; mas estamos? Elas são paredes ilusórias; são simplesmente conceitos, sensações. Gostamos de acreditar que existe um Deus que está cuidando de nós ou que da próxima vez vamos nascer mais ricos ou mais nobres do que somos agora. Isso pode ocorrer ou não. Então, devemos entender que não existe segurança na vida.

Vendo tudo isso, uma pessoa realmente atenta começa a libertar-se de todo tipo de segurança, interna ou externa. Isso é extremamente difícil, porque significa que você está sozinho — sozinho no sentido de que você não é dependente. No momento que você depende, há medo; e onde há medo, não há amor. Quando você ama, você não está sozinho. O sentido de solidão surge somente quando você está temeroso de ficar sozinho e de não saber o que fazer. Quando você é controlado por ideias, isolado por crenças, o medo é inevitável; e quando você tem medo, fica totalmente cego.

Então, os professores e os pais, juntos, têm que resolver esse problema do medo. Mas infelizmente seus pais têm medo do que vocês poderão fazer se não se casarem ou se não tiverem um emprego. Eles têm medo de vocês errarem ou do que as pessoas poderão dizer, e por causa desse medo eles querem que vocês façam as coisas certas. O medo deles está envolto no que eles chamam de amor. Eles querem cuidar de vocês, portanto, vocês precisam fazer isso ou aquilo. Mas se vocês olharem por trás da parede da suposta afeição e consideração deles, descobrirão que há medo, por sua segurança, por sua respeitabilidade; e vocês também terão medo, porque dependeram de outras pessoas por tanto tempo.

É por isso que vocês devem, desde a mais tenra idade, começar a questionar e a destruir esses sentimentos de medo, para que não sejam isolados por eles e não fiquem fechados em ideias, em tradições, em hábitos, mas sejam homens livres, com vitalidade criativa.

III

Não é extremamente importante, enquanto somos jovens, sermos amados e também sabermos o que significa amar? Mas tenho a impressão que a maioria de nós não ama nem é amado. E acho que é essencial, enquanto somos jovens, entrarmos nesse problema de forma muito séria e entendê-lo; pois aí talvez possamos ser bastante sensíveis para sentirmos amor, para conhecermos sua qualidade, seu perfume, para que quando ficarmos mais velhos isso não seja inteiramente destruído. Então, vamos considerar essa questão.

O que significa amar? Isso é um ideal, algo distante, inatingível? Ou o amor pode ser sentido por cada um de nós em momentos esporádicos do dia? Ter a capacidade da compaixão, do entendimento, de ajudar alguém naturalmente, sem qualquer motivo, de ser espontaneamente bondoso, de cuidar de uma planta ou de um cão, de ser solidário com o aldeão, generoso com seu amigo, com seu vizinho — não é isso que queremos dizer por amor? O amor não é um estado em que não existe sentimento de ressentimento e sim de uma benevolência permanente? E não é possível, enquanto somos jovens, sentirmos isso?

Enquanto somos jovens, muitos de nós experimentam esse sentimento — uma súbita compaixão cordial pelo aldeão, por um cachorro, por aqueles que são pequenos ou indefesos. E isso não deveria ser constantemente assim? Vocês não deveriam sempre dedicar parte do dia para ajudar os outros, para cuidar de uma árvore ou jardim, para ajudar na casa, para que, quando chegarem à maturidade, saibam o que significa ser naturalmente atencioso, sem imposição, sem motivação? Vocês não deveriam ter essa capacidade de afeição verdadeira?

A afeição verdadeira não deve ser induzida a existir artificialmente, vocês têm que senti-la; e seus tutores, seus pais, seus professores também precisam senti-la. A maioria não tem afeição verdadeira; está preocupada demais com suas realizações, seus anseios, seu conhecimento, seu sucesso. Eles dão importância tão colossal ao que fizeram e ao que querem fazer que isso no fim acaba os destruindo.

Por isso é muito importante, enquanto vocês são jovens, que ajudem a cuidar de seus quartos, de árvores que vocês mesmos tenham plantado, ou prestar ajuda a algum amigo doente, para que haja um sutil sentimento de solidariedade, de preocupação, de generosidade — a generosidade verdadeira, a que não é somente da mente e que faz com que vocês queiram compartilhar com alguém o que quer que vocês tenham, por menor que isso seja. Se vocês não tiverem esse sentimento de amor, de generosidade, de bondade, de cortesia, enquanto forem jovens, será muito difícil tê-lo quando forem mais velhos; mas se vocês começarem a sentir isso agora, então talvez consigam despertar isso em outras pessoas.

Ser solidário e ter afeição implica libertação do medo, não é? Mas vejam, é muito difícil crescer neste mundo sem medo.

As pessoas mais velhas nunca pensaram sobre esse problema do medo, ou só pensaram nisso de forma abstrata, sem ação prática na existência diária. Vocês ainda são muito jovens, estão observando, indagando, aprendendo, mas se não virem e entenderem o que causa o medo, se tornarão iguais a eles. Como uma erva daninha escondida, o medo crescerá, se espalhará e deformará suas mentes. Vocês devem, portanto, estar conscientes de tudo o que está acontecendo em torno de vocês e dentro de si mesmos — como os professores falam, como seus pais se comportam e como vocês reagem — para que essa questão do medo seja percebida e entendida.

A maioria das pessoas adultas pensa que ter algum tipo de disciplina é necessário. Vocês sabem o que é disciplina? É um processo de fazer vocês realizarem algo que vocês não querem. Onde há disciplina, há medo. Então, disciplina não é o caminho do amor. É por isso que a disciplina a qualquer preço deve ser evitada — disciplina como coerção, oposição, compulsão, forçando vocês a fazerem algo que realmente não entendem ou persuadindo vocês a fazê-lo em troca de uma recompensa. Se vocês não entenderem algo, não o façam, e não sejam forçados a fazê-lo. Peçam uma explicação. Não sejam apenas obstinados, mas tentem descobrir a verdade da questão para que nenhum medo esteja envolvido e suas mentes se tornem bastante flexíveis.

Quando vocês não entendem e são simplesmente forçados pela autoridade do adulto, estão reprimindo suas próprias mentes, e aí aparece o medo; e esse medo lhes perseguirá como uma sombra pela vida toda. É por isso que é tão importante não ser disciplinado com qualquer tipo de pensamento ou padrão de ação. Mas a maioria das pessoas mais velhas só consegue pensar a partir dessa lógica. Elas querem forçá-los a fazer algo para o suposto bem de vocês. Esse processo destrói a sensibilidade, a capacidade de entender e, portanto, o amor em vocês. Recusarem-se a ser coagidos ou forçados é muito difícil, porque o mundo em torno de nós é muito forte; mas se nós simplesmente cedermos e fizermos as coisas sem entender, cairemos no hábito da desatenção e, assim, será ainda mais difícil escaparmos disso.

Então vocês devem ter autoridade e disciplina na escola? Ou vocês devem ser estimulados pelos professores a discutirem essas questões, entrarem nelas, entendê-las, para que quando forem adultos e saírem para o mundo, sejam indivíduos maduros e capazes de enfrentar de forma inteligente os problemas do mundo? Vocês não poderão ter essa inteligência profunda se houver qualquer tipo de medo. O medo apenas os torna insensíveis, ele reprime a iniciativa, destrói aquela chama que chamamos de solidariedade, generosidade, afeição, amor. Então, não permitam ser disciplinados para um padrão de ação, mas descubram — o que significa que vocês precisam ter o tempo para perguntar, para indagar. E os professores também precisam ter tempo. Se não houver essa disponibilidade, então, deverá ser criada. O medo é uma fonte de corrupção, é o início da degeneração, e estar livre do medo é mais importante que qualquer prova ou qualquer diploma acadêmico.

IV

Temos discutido como é essencial ter amor, e vimos que ninguém pode adquiri-lo ou comprá-lo, mas sem amor todos os nossos planos de uma ordem social perfeita na qual não existe exploração, arregimentação, não terão significado, e acredito que é muito importante que essa compreensão seja atingida na juventude.

Para onde formos no mundo, não importa o lugar, vemos que a sociedade está em estado perpétuo de conflito. Existe sempre o poderoso, o rico, o próspero, de um lado, e os trabalhadores, do outro, e todos competem com inveja, cada qual deseja a melhor posição, o salário maior, mais poder, mais prestígio. Nisso consiste o mundo, e, em consequência, sempre há guerra — tanto dentro quanto fora da gente.

Mas se desejarmos fazer uma revolução completa na ordem social, o que primeiro precisaremos compreender é nosso instinto de ter o poder. A maioria de nós o deseja de uma forma ou de outra. É possível ver que, por meio da riqueza e do poder, somos capazes de viajar para outros locais, nos associar a pessoas importantes e nos tornar famosos; ou, no sonho, em realizar uma sociedade perfeita. Achamos que conseguiremos o que é bom por meio do poder, porém a própria busca — do poder para nós mesmos, para o país, para uma ideologia — é maléfica, destrutiva, porque o poder, inevitavelmente, criará opositores, e sempre haverá conflito.

Não seria correto, então, que a educação, à medida que vocês se tornam adultos, os auxiliasse a perceber a importância de criar um mundo no qual não existe conflito, seja interno ou externo, no qual vocês não brigarão com o vizinho ou com qualquer grupo em virtude do impulso da ambição, e no qual o desejo pela posição e poder tenha cessado completamente? E é possível criar uma sociedade na qual não exista conflito? A sociedade é a relação entre mim e vocês, e se nosso relacionamento é baseado na ambição, cada um de nós desejando ser mais poderoso que o outro, então, obviamente, estaremos sempre em conflito. A causa do conflito pode ser removida? Podemos todos nos educar para não sermos competitivos, para não nos compararmos com os outros, para não desejarmos esta ou aquela posição — resumindo, para não termos ambição?

Quando vocês saem da escola com os pais, quando leem os jornais ou conversam com as pessoas, devem ter notado que quase todos querem realizar uma mudança no mundo. Não notaram também que essas mesmas pessoas estão sempre em conflito entre si ou com os outros — a respeito de ideias, propriedades, raça, classe ou religião? Os pais, vizinhos, ministros e burocratas não são sempre ambiciosos, lutando por uma posição melhor e, portanto, sempre em conflito com alguém? Certamente, apenas quando toda essa competitividade for eliminada é que teremos uma sociedade pacífica na qual todos nós poderemos viver felizes e ser criativos.

Mas como fazer isso? Os regulamentos, a legislação ou o treinamento da mente para não sermos ambiciosos afastará a ambição? Externamente, vocês podem ser treinados; socialmente, podem parar de competir com os outros; porém, internamente, ainda continuam ambiciosos, não é? É possível varrer por completo a ambição que vem trazendo tanta miséria para os seres humanos? Talvez não tenham pensado nisso antes porque ninguém falou com vocês assim, mas agora que alguém os está alertando, não gostariam de descobrir se é possível vivermos neste mundo com riqueza, plenitude, sermos felizes, criativos, sem o impulso destrutivo da ambição, sem competição? Não gostariam de saber como viver de modo que sua vida não destrua uma outra nem lance uma sombra em seu caminho?

Vejam, achamos que se trata de um sonho utópico que nunca poderá ser realmente realizado; mas não estou falando de uma utopia, o que seria uma tolice. Poderemos eu e você — que somos pessoas simples, comuns — viver criativamente neste mundo sem o impulso da ambição, que se revela de várias formas como o desejo de poder, de posição? Vocês encontrarão a resposta correta quando amarem aquilo que estão fazendo. Se são engenheiros somente porque precisam de uma forma de sustento, ou porque seu pai ou a sociedade esperam isso de vocês, tem-se uma outra maneira de compulsão; e compulsão, sob qualquer forma, gera contradição, conflito. Porém, se realmente gostam de ser engenheiros ou cientistas, ou se podem plantar uma árvore, pintar um quadro, escrever um poema, não para obter o reconhecimento, mas somente porque gostam, verão então que nunca competirão com o outro. Acho que esta é a verdadeira chave: amar aquilo que fazem.

Mas, enquanto são jovens, muitas vezes é difícil saber o que gostam de fazer, porque querem experimentar tudo. Querem ser engenheiros, maquinistas, pilotos de avião voando pelos céus, ou talvez desejem ser um orador famoso, ou político. Podem sonhar ser um artista, químico, poeta ou carpinteiro. Podem querer trabalhar com a mente ou fazer coisas com as mãos. Vocês realmente amam uma dessas coisas ou o interesse por elas é apenas uma reação às pressões sociais? Como poderão descobrir? E não será o verdadeiro propósito da educação *auxiliá-los* na descoberta para que, quando se tornarem adultos, possam dedicar a mente, o coração e o corpo inteiro àquilo que realmente amam fazer?

Descobrir aquilo que gostam de fazer exige muita inteligência, porque, se temerem não ser capazes de ganhar o sustento ou não se ajustar a essa sociedade infectada, nunca descobrirão. Mas se não tiverem medo, ao se recusarem a ser empurrados para a vala da tradição pelos pais, pelos professores, pelas exigências superficiais da sociedade, então haverá a possibilidade de descobrirem o que realmente gostam. Para isso, não pode haver o medo de não sobreviver.

Porém, muitos de nós temos medo. Dizemos: "O que acontecerá comigo se eu não fizer o que os meus pais me dizem, se eu não me ajustar a essa sociedade?" Assustados, agimos como nos é dito, e nisso não há amor, somente contradição, que consiste em um dos fatores que origina a ambição destrutiva.

Logo, é função básica da educação auxiliá-los na descoberta do que realmente gostam de fazer, para que possam dedicar a mente e o coração inteiros, porque é isso que cria a dignidade humana, que elimina a mediocridade, a pequena mentalidade burguesa. Por isso, é muito importante ter os professores certos, a atmosfera correta para que vocês possam crescer com o amor que se expressa naquilo que fazem. Sem amor, os exames, o conhecimento, as capacidades, a posição e as posses são somente cinzas, sem significado; sem amor, seus atos trarão mais guerras, mais ódio, mais danos, mais destruição.

Tudo isso pode não ter nenhum significado para vocês, porque externamente ainda são muito jovens, mas espero que inspire seus professores e também vocês em algum ponto interno.

V

NÃO ACHO QUE entenderemos o complexo problema do amor até que tenhamos entendido o também complexo problema que chamamos de mente. Vocês já perceberam que quando somos muito jovens fazemos muitas perguntas? Temos curiosidade de saber sobre tudo e vemos muito mais coisas do que as pessoas mais velhas veem. Se estivermos atentos, observaremos coisas que as pessoas mais velhas nem sequer notarão. A mente, quando somos jovens, é muito mais alerta, muito mais curiosa. É por isso que aprendemos com tanta facilidade matemática, geografia ou o que quer que seja. Quando ficamos mais velhos, a mente se torna cada vez mais cristalizada, pesada, insensível. Vocês já perceberam como a maioria das pessoas mais velhas é preconceituosa? Suas mentes não são abertas; elas abordam tudo sob um ponto de vista fixo. Vocês são jovens agora, mas se não forem muito atentos suas mentes também ficarão assim.

Então, não é extremamente importante entender a mente e ver se, em vez de se tornarem gradualmente enfadanhos, vocês podem ser flexíveis, adaptáveis, proativos, de profunda pesquisa e compreensão em cada departamento da vida? Não devem conhecer os padrões de comportamento da mente para entender o amor? Porque é a mente que destrói o amor. As pessoas são simplesmente espertas, astutas, não sabem o que é o amor, porque suas mentes, embora aguçadas, são superficiais. Elas vivem na superfície, e o amor não é algo que exista na superfície.

O que é a mente? Não me refiro apenas ao cérebro, ao organismo físico que reage a estímulos através de respostas nervosas variadas e sobre o qual qualquer fisiologista poderá lhes explicar. Nós vamos entender o que é a mente. A mente que diz "eu penso", "é meu", "estou magoado", "estou com ciúmes", "eu amo", "eu odeio", "eu sou indiano", "eu sou muçulmano", "eu creio nisso e não creio naquilo", "eu sei e você não sabe", "eu respeito", "eu desprezo", "eu quero", "eu não quero" — o que é isso? A não ser que vocês comecem agora a entender e se tornar inteiramente familiarizados com o processo total de pensar que é chamado de mente, a não ser que vocês estejam completamente conscientes desse processo, gradualmente, à medida que forem envelhecendo, se tornarão duros, cristalizados, insensíveis, fixados em determinado padrão de pensamento.

O que é isso que chamamos de mente? É o modo como nós pensamos, não é? Estou falando da *sua* mente, não da mente de outra pessoa qualquer — o modo como você pensa e sente, o modo como você olha para as árvores, para os pescadores, o modo como você considera outras pessoas. Sua mente, conforme você envelhece, se fixa em um determinado padrão. Você quer algo, anseia por isso, deseja ser ou tornar-se algo, e esse desejo define um padrão, ou seja, sua mente cria um padrão e fica presa nele. Seu desejo cristaliza sua mente.

Digamos, por exemplo, que você queira ser um homem muito rico. O desejo de ser rico cria um padrão, e seu pensamento fica preso nele. Você só consegue pensar nisso, e não consegue ir além. Portanto, sua mente lentamente se cristaliza, ela endurece, se torna insensível. Ou, se você acredita em algo — em Deus, no comunismo, em um determinado sistema político —, essa mesma crença define o padrão, porque ele é o resultado de seu desejo, e seu desejo fortalece os muros do padrão. Gradualmente, sua mente se torna incapaz de ajuste rápido, de penetração profunda, de clareza real, porque você está preso no labirinto de seus próprios desejos.

Assim, até que comecemos a investigar esse processo que chamamos de mente, até que estejamos familiarizados com nosso próprio modo de pensar, e o entendamos, não poderemos descobrir o que é o amor. Não poderá haver amor enquanto nossas mentes desejarem certas coisas do amor ou exigirem que ele seja de certo modo. Quando imaginamos como o amor deve ser, gradualmente criamos um padrão de ação com relação ao amor; mas isso não é amor, é simplesmente nossa ideia do que deve ser o amor.

Digamos, por exemplo, que eu possuo minha mulher, ou marido, como você possui um vestido ou um casaco. Se alguém tomar seu casaco, você ficará ansioso, irritado, zangado. Por quê? Porque você considera o casaco sua propriedade; você o possui, e pela posse dele se sente enriquecido, não é? Pela posse de muitas roupas você se sente enriquecido, não só fisicamente, como interiormente. E quando alguém pega seu casaco, você se sente irritado, porque interiormente está sendo privado daquele sentimento de riqueza, daquele sentido de posse.

Agora, o sentimento de posse cria uma barreira com relação ao amor, não é? Se eu possuir você, se for seu dono, isso é amor?

Eu possuo você como eu possuo um carro, um casaco, um vestido, porque, no possuir, eu me sinto muito gratificado, e dependo desse sentimento; isso é muito importante para mim interiormente. Esse senso de possuir alguém, essa dependência emocional do outro, é o que chamamos de amor; mas se você examinar isso, descobrirá que, por trás da palavra "amor", a mente está sentindo satisfação no possuir.

Portanto, no desejar, no querer, a mente cria um padrão, e nesse padrão ela fica presa; e, então, ela se esgota, se torna insensível, estúpida, desatenta. A mente é o centro desse sentimento de posse, o sentimento do "eu" e do "meu": "eu possuo algo", "eu sou um homem importante", "eu sou um homem insignificante", "eu estou ofendido", "eu estou lisonjeado", "eu sou inteligente", "eu sou muito bonito", "eu quero ser alguém", "eu sou o filho, ou a filha, de alguém". Esse sentimento do "eu" e do "meu" é o próprio cerne da mente, é a própria mente. Quanto mais a mente tem esse sentimento de ser alguém, de ser grande, muito inteligente ou muito estúpida, e assim por diante, mais ela constrói paredes em torno de si mesma e se torna enclausurada, insensível. Depois ela sofre, pois naquela clausura, inevitavelmente, há dor. Como é sofrimento, a mente diz "o que vou fazer?" Mas em vez de remover as paredes que a enclausuram por meio da conscientização, do pensamento cuidadoso, da compreensão do processo no qual eles são criados, ela luta para encontrar alguma outra coisa no exterior com a qual se enclausurar novamente. Então, a mente gradualmente se torna uma barreira para o amor; e sem entender o que é a mente, que é compreender os padrões de comportamento de nosso próprio pensamento — a fonte interior a partir da qual há ação —, não temos como descobrir o que é o amor.

A mente também não é um instrumento de comparação? Você sabe o que significa comparar. Você diz "isso é melhor do que aquilo"; você se compara com alguém que é mais bonito ou menos inteligente. Há comparação quando você diz "eu me lembro de um rio que vi há um ano e ele é ainda mais bonito do que esse". Você se compara com um santo ou um herói, com o supremo ideal. Esse julgamento comparativo torna a mente insensível; ele não estimula a mente, ele não torna a mente abrangente, inclusiva. Quando você está constantemente comparando, o que acontece? Quando você vê o pôr do sol e imediatamente o compara com um pôr do sol anterior, ou quando você diz "essa montanha é linda, mas eu vi uma montanha ainda mais bonita dois anos atrás", você não está realmente olhando para a beleza que está diante de você. Assim, a comparação o impede de ver totalmente. Se, ao olhar para você, eu digo "eu conheço uma pessoa muito mais agradável", não estou realmente olhando para você, estou? Minha mente está ocupada com alguma outra coisa. Para realmente olhar um pôr do sol, não pode haver comparação. Para realmente olhar para você, não posso compará-lo com outra pessoa. Somente quando olho para você completamente, sem julgamento comparativo, é que posso entender você. Quando o comparo com outro, eu não o entendo; simplesmente julgo, digo que você é isso ou aquilo. Então, a estupidez surge quando há comparação, porque, ao comparar você com alguém mais, há uma falta de dignidade humana. Mas quando olho para você sem comparar, meu único interesse é entender você, e nesse próprio interesse, que não é comparativo, há inteligência, há dignidade humana.

Enquanto a mente está comparando, não há amor; e a mente está sempre comparando, ponderando, julgando, não é? Está sempre olhando para descobrir onde está o ponto negativo; então, não há amor. Quando a mãe e o pai amam seus filhos, eles não comparam um filho com o outro. Mas você se compara com alguém melhor, mais nobre, mais rico. Você está o tempo todo preocupado consigo mesmo em relação a outra pessoa, então cria em si mesmo uma falta de amor. Desse modo, a mente se torna cada vez mais comparadora, cada vez mais possessiva, mais dependente, assim estabelecendo um padrão no qual ela fica presa. Como ela não consegue olhar para qualquer coisa de forma nova, como se fosse a primeira vez, ela destrói o perfume da vida, que é o amor.

VI

QUANDO SOMOS JOVENS, temos curiosidade em saber tudo sobre todas as coisas: por que o sol brilha, o que são as estrelas, tudo em relação à lua e ao mundo em torno de nós. Mas quando ficamos mais velhos, o conhecimento se torna uma simples coleção de informações, sem qualquer sentimento. Nos tornamos especialistas, sabemos muito sobre esse ou aquele assunto, e temos pouco interesse nas coisas em torno de nós, o mendigo na rua, o homem rico que passa em seu carro. Se quisermos saber por que existe riqueza e pobreza no mundo, encontraremos uma explicação. Há uma explicação para tudo, e a explicação parece satisfazer a maioria de nós. O mesmo é válido para a religião. Ficamos satisfeitos com as explicações, e chamamos de conhecimento a explicação satisfatória de tudo. E é isso que queremos dizer por educação? Estamos aprendendo a descobrir ou estamos simplesmente pedindo explicações, definições, conclusões, para tranquilizar nossas mentes para que não precisemos indagar mais?

As pessoas mais velhas podem ter explicado tudo para nós, e dessa maneira nosso interesse foi enfraquecido. À medida que envelhecemos, a vida se torna mais complexa e muito difícil. Existem tantas coisas para conhecer, há tanta infelicidade e sofrimento, e; vendo toda essa complexidade, pensamos resolvê-la explicando tudo satisfatoriamente. Alguém morre, e isso é explicado; então, o sofrimento é amortecido pela explicação. Talvez nos rebelemos contra a ideia de guerra quando somos jovens, mas conforme ficamos mais velhos, aceitamos a explicação da guerra, e nossas mentes se tornam insensíveis.

Quando somos jovens, o mais importante não é ficar satisfeito com explicações, mas descobrir como ser inteligente e, assim, descobrir a verdade das coisas; e não podemos ser inteligentes se não formos livres. Dizem que a liberdade vem somente quando somos velhos e sábios, mas certamente é necessário haver liberdade enquanto ainda somos muitos jovens — não liberdade para fazermos o que gostamos, mas liberdade para entendermos muito intimamente nossos próprios instintos e anseios. É necessário haver uma liberdade em que não haja medo, mas não se consegue ficar livre do medo por meio de uma explicação. Estamos cientes da morte e do medo da morte. Ao explicar a morte, podemos saber o que é morrer ou ficarmos livres do medo da morte?

Conforme envelhecemos, é importante ter a capacidade de pensar de forma muito simples. O que é simplicidade? Quem é uma pessoa simples? Um homem que viva a vida de um ermitão, que tenha poucas posses, será realmente simples? A simplicidade não é algo inteiramente diferente? Simplicidade é da mente e do coração. A maioria de nós é muito complexa, temos muitos desejos e vontades. Por exemplo, você quer passar nas provas, quer conseguir um bom emprego, tem ideais e quer desenvolver um bom caráter e assim por diante. A mente tem muitas exigências;

e isso produz simplicidade? Não é muito importante descobrir isso?

Uma mente complexa não pode descobrir a verdade de algo, ela não pode descobrir o que é real — e é essa a nossa dificuldade. Desde a infância somos treinados para nos adaptarmos, e não sabemos como reduzir a complexidade para simplicidade. Somente a mente muito simples e direta é que pode encontrar o real, a verdade. Sabemos cada vez mais, porém nossas mentes nunca são simples; e somente a mente simples é que é criativa.

Quando você pinta um quadro de uma árvore, o que é que está pintando? Você está simplesmente pintando a árvore como ela é, com as folhas, os galhos, o tronco, completa em cada detalhe, ou está pintando pelo sentimento que a árvore despertou em você? Se a árvore lhe diz algo e você pinta a partir daquela experiência interior, embora seu sentimento possa ser muito complexo, o quadro que você pintar será o resultado de uma grande simplicidade. Quando você é jovem, é necessário manter a mente muito simples, não contaminada, embora possa ter todas as informações que quiser.

VII

GOSTARIA DE DISCUTIR com vocês o problema da liberdade. É bastante complexo e necessita de estudo e compreensão. Ouvimos falar muito sobre liberdade. Liberdade religiosa e liberdade para fazermos aquilo que gostaríamos. Trabalhos sobre o tema foram escritos por especialistas, mas acho que podemos abordá-lo de modo bem simples e direto, e talvez isso nos aproxime da solução verdadeira.

Pergunto-me se vocês já pararam para observar a luminosidade maravilhosa no horizonte quando o sol se põe, com uma lua tímida e jovem despontando sobre as árvores. Muitas vezes, nesse momento, o rio fica bem calmo, e tudo fica refletido em sua superfície: a ponte, o trem que passa sobre ela, a lua suave, e depois, quando escurece mais, as estrelas. Tudo é muito bonito. E para observar, ver, dedicar toda a sua atenção a algo belo, sua mente deve estar livre de preocupações, não é? Não deve estar ocupada com problemas, dúvidas, especulações. É somente quando a mente está bem calma que vocês podem realmente observar, pois então ela estará sensível à beleza extraordinária; e talvez aqui esteja uma chave para o nosso problema da liberdade.

O que significa ser livre? A liberdade é fazer aquilo que é bom para vocês, ir aonde desejarem, pensar o que quiserem? Isso vocês já fazem. Ter meramente independência, isso significa liberdade? Muitas pessoas no mundo são independentes, porém bem poucas são livres. Liberdade implica grande inteligência, não é? Ser livre é também ser inteligente, mas a inteligência não ocorre simplesmente com o desejo de ser livre; ela existe somente quando vocês começam a compreender todo o seu ambiente, as influências sociais, religiosas, geracionais e tradicionais que os atacam continuamente. Porém, compreender as várias influências — dos pais, do governo, da sociedade, da cultura à qual vocês pertencem, das crenças, dos deuses e superstições, da tradição à qual vocês se conformam sem se dar conta — e ficar livre delas requer uma sagacidade profunda. Mas vocês geralmente desistem disso porque, no íntimo, têm medo. Temem não conseguir uma boa posição na vida; têm medo do que o seu sacerdote dirá; temem não seguir a tradição, não fazer a coisa certa. Mas a liberdade é, na verdade, um estado da mente no qual não existe medo ou compulsão, nem necessidade de se sentir seguro.

A maioria de nós não deseja estar seguro? Não queremos ouvir que somos pessoas maravilhosas, como nossa aparência é bela ou que inteligência extraordinária temos? Pois queremos adicionar títulos aos nossos nomes. Todo esse tipo de coisa nos dá autoconfiança, um sentido de importância. Todos desejamos ser pessoas famosas — e no momento que desejamos *ser* alguma coisa, não somos mais livres.

Por favor, assimilem isto, pois esta é a chave verdadeira para compreender o problema da liberdade. Seja neste mundo de políticos, de poder, posição e autoridade, ou no chamado mundo espiritual, no qual vocês aspiram ser virtuosos, nobres, santos, no momento em que desejam ser alguém, não são mais livres. E o homem ou a mulher que vir o absurdo de todas essas coisas — e cujo coração é, portanto, inocente e não é movido pelo desejo de ser alguém — é livre. Se vocês entenderam a simplicidade disso, verão também sua extraordinária beleza e profundidade.

Afinal, as provas e testes têm esse propósito — dar a vocês uma posição, fazer de vocês uma pessoa. Títulos, posição e conhecimento os encorajam a ser alguém. Já notaram que seus pais e professores lhes dizem que devem aspirar a algo na vida, que devem ter o sucesso do seu tio ou do seu avô? Ou que vocês devem seguir o exemplo de algum herói, ser como um dos Mestres ou santos? Portanto, nunca estão livres. Se vocês se orientarem pelo exemplo de um Mestre, de um santo, professor, parente, ou se optarem por uma tradição em particular, tudo implicará em uma demanda da sua parte em *ser* alguma coisa. E somente quando vocês compreenderem realmente esse fato é que haverá liberdade.

A função da educação, então, é ajudá-los desde a infância a não imitar ninguém, mas sim a ser vocês mesmos o tempo todo. E isso não é algo fácil de ser feito. Se são feios ou bonitos, invejosos ou ciumentos, sejam sempre o que são, porém com consciência. Ser vocês mesmos é muito difícil, porque se consideram desprezíveis, e pensam que se pudessem simplesmente transformar o que são em algo nobre seria maravilhoso; mas isso nunca acontece. Porém, se olharem para o que realmente são e compreenderem isso, então ocorrerá, nessa compreensão, uma transformação. Portanto, a liberdade não está em tentar ser algo diferente, em fazer aquilo que gostariam, em seguir um exemplo da tradição, de seus pais, do seu guru, mas em compreender o que vocês são a cada momento.

Vejam, vocês não são educados para isso; a educação que recebem os encoraja a se tornarem determinado ser — e isso não é a compreensão de si próprios. O seu "ser" é algo muito complexo; não é meramente a entidade que vai à escola, que discute, que joga, que tem medo, mas é também algo oculto, que não está óbvio. É formado não apenas de todos os seus pensamentos, mas também de todas as coisas que foram incutidas em sua mente pelas outras pessoas, pelos livros, pelos jornais, pelos seus líderes; e só será possível compreender tudo isso quando vocês não desejarem ser alguém, quando vocês não imitarem, quando vocês não seguirem — o que significa, na realidade, quando se revoltarem contra toda tradição de tentar se tornar algo. Esta é a única revolução legítima, que conduz à liberdade extraordinária. Cultivar essa liberdade é a verdadeira função da educação.

Pais, professores e seus desejos querem que vocês se identifiquem com alguma coisa para serem felizes em segurança. Mas, para serem inteligentes, vocês não devem transpor todas as influências que os escravizam e os esmagam?

A esperança de um mundo novo está naqueles de vocês que começam a ver o que é falso e se revoltam contra isso, não verbalmente mas através da ação. E é por isso que vocês devem buscar o tipo certo de educação, pois somente quando crescerem em liberdade poderão criar um mundo novo, não baseado na tradição ou moldado de acordo com a idiosincrasia de algum filósofo ou idealista. E não pode haver liberdade enquanto vocês estiverem apenas tentando se tornar alguém ou imitando um exemplo nobre.

VIII

TALVEZ ALGUNS DE vocês não tenham compreendido completamente o que tenho falado sobre liberdade, mas, como destaquei, é muito importante nos expormos a novas ideias, a algo com o qual vocês não estão acostumados. É bom ver o que é belo, porém vocês devem também observar as coisas feias da vida, devem estar atentos a tudo. Da mesma maneira, precisam estar receptivos às coisas que não compreendem bem, pois quanto mais pensarem e ponderarem sobre assuntos que parecem conflituosos para vocês, maior será sua capacidade de enriquecer a vida.

Não sei se algum de vocês notou, no início da manhã, a luz do sol sobre as águas. Como a luz é extraordinariamente suave e como as águas escuras dançam, e a estrela da manhã aparece sobre as árvores, a única estrela no céu. Já observaram? Ou estão tão ocupados, tão atarefados com a rotina diária que se esquecem ou nunca viram a rica beleza da Terra — na qual todos nós vivemos? Não importa se somos comunistas ou capitalistas, hindus ou budistas, muçulmanos ou cristãos, se somos cegos, coxos, ou se estamos bem e felizes, a Terra é nossa. Compreendem? É a nossa Terra, não a de outra pessoa; não é somente a Terra do homem rico, não pertence exclusivamente a regentes poderosos, à nobreza, mas é a nossa Terra — sua e minha. Somos zés-ninguém, mas também vivemos aqui, e todos temos de viver juntos. É o mundo do pobre e também do rico, dos incultos e também dos eruditos; é o *nosso* mundo, e penso que é muito importante ter esse sentimento e amar a Terra, não só ocasionalmente, em uma manhã pacífica, mas o tempo todo. Somente podemos sentir que é nosso mundo, e amá-lo, quando compreendemos o que é a liberdade.

A liberdade não existe no momento atual, não sabemos o que ela significa. Gostaríamos de ser livres mas, se vocês notarem, todos — professor, pais, advogado, policial, soldado, político, comerciante — estão fazendo algo em seu pequenino universo para evitar a liberdade. Ser livre não é apenas fazer o que queremos, ou romper com circunstâncias externas que nos cerceiam, mas compreender todo o problema da dependência. Sabem o que é dependência? Vocês são dependentes dos pais, não são? Dependem dos seus professores, do cozinheiro, do carteiro, do homem que fornece o leite e de outros. Esse tipo de dependência é fácil de ser compreendido. Mas existe um outro, bem mais profundo, que é preciso compreender antes de podermos ser livres: a dependência do outro para a nossa felicidade. Sabem o que significa depender de alguém para ter felicidade? Não é a mera dependência física a mais limitante, mas a interna, psicológica, da qual vocês acreditam que venha a chamada felicidade, pois quando são dependentes de alguém assim, tornam-se escravos. Se, quando envelhecerem, dependerem emocionalmente dos pais, da esposa ou do marido, de um guru ou de alguma ideia, já existe um início de sujeição. Nós não compreendemos o processo — embora a maioria de nós, especialmente quando somos jovens, deseje ser livre.

Para consegui-lo, precisamos nos revoltar contra toda dependência interna, e não podemos fazê-lo se não compreendemos por que somos dependentes. Até rompermos totalmente com a dependência interna, nunca poderemos ser livres, pois somente na compreensão pode haver liberdade. E esta não é simplesmente uma reação. Sabem o que significa reação? Se eu disser algo que ofenda vocês, se xingá-los e deixá-los zangados comigo, temos uma reação — nascida da dependência; e a independência consiste em outra reação. Mas a liberdade não é uma reação, e até que compreendamos o conceito de reação, para irmos além dela, nunca seremos livres.

Sabem o que significa amar alguém? Sabem o que significa amar uma árvore, um pássaro, um animal de estimação a ponto de cuidarem dele, alimentá-lo, acarinhá-lo, embora não recebam nada em troca, ele não lhes ofereça proteção nem os siga ou dependa de vocês? A maioria de nós não ama assim. Não sabemos o que isso significa porque o nosso amor é sempre cercado de ansiedade, ciúme, medo — o que implica que, no íntimo, dependemos do outro, queremos ser amados. Não somente amamos, mas pedimos algo em troca; e já nesse pedido nos tornamos dependentes.

Portanto, liberdade e amor andam juntos. O amor não é uma reação. Se eu amo você porque você me ama, trata-se simplesmente de comércio, algo a ser comprado no mercado; não é amor. Amar não é pedir algo em troca, nem mesmo sentir que você está dando algo — e é somente nesse tipo de amor que podemos encontrar liberdade. Mas, vejam, vocês não são educados com essa finalidade. Recebem instrução no campo da matemática, da química, da geografia, da história, e acaba aí, porque a única preocupação dos seus pais é auxiliá-los para que consigam um bom emprego e tenham sucesso na vida. Se têm dinheiro, eles os mandam para outro país e, como a maioria, seu único propósito é que vocês enriqueçam e tenham uma posição respeitável na sociedade; e quanto mais vocês enriquecem, mais miséria causam aos outros, porque, para obter sucesso, vocês têm que competir, ser implacáveis. Por esse motivo os pais enviam os filhos para as escolas onde existe ambição, competição, onde não há amor, e é por isso que uma sociedade como a nossa vem continuamente decaindo e está em constante rivalidade; mesmo que políticos, juízes e supostos homens nobres falem sobre paz, tudo isso não tem nenhum siginificado.

Então, vocês e eu precisamos compreender o problema da liberdade. Precisamos descobrir por nós mesmos o que significa amar porque, se não amarmos, nunca poderemos ser ponderados, atentos, nunca seremos solícitos. Sabem o que significa ser solícito? Quando vocês veem uma pedra pontiaguda no caminho por onde passam várias pessoas com pés descalços, vocês a retiram, não porque lhe pediram, mas porque se preocupam com o próximo — não importa quem seja, e vocês talvez nunca cheguem a conhecê-lo. Plantar uma árvore e cuidar dela, observar um rio e desfrutar da totalidade da Terra, olhar um pássaro e perceber a beleza do seu voo, ter sensibilidade e estar receptivo ao extraordinário movimento chamado vida — para tudo isso é preciso haver liberdade; e para ser livre você precisa amar. Sem amor não há liberdade; ela é apenas uma ideia que não tem nenhum valor. Por esse motivo, somente para aqueles que compreendem e rompem com a dependência interior e que, portanto, sabem o que é o amor é que pode haver liberdade; e apenas eles formarão uma nova civilização, um mundo diferente.

IX

Entre tantas coisas na vida, já consideraram por que muitos de nós somos um pouco descuidados — com nossas roupas, nossas maneiras, nossos pensamentos, em como fazemos as coisas? Por que somos tão pouco meticulosos e temos tão pouca consideração pelos outros? E o que ordenará tudo, colocará em ordem nosso vestir, nossos pensamentos, nossa fala, nosso caminhar, nosso modo de tratar os menos afortunados? O que permitirá essa ordem curiosa, que chega sem compulsão, sem planejamento, sem raciocínio deliberado? Já consideraram isso? Sabem o que quero dizer com ordem? É sentar calmamente, sem estresse, comer elegantemente, sem pressa, ser vagaroso, embora preciso, ser claro no pensamento, permanecendo expansivo. O que traz essa ordem à vida? É um ponto realmente importante, e acho que, se alguém puder ter conhecimento para descobrir o fator que produz a ordem, isso será muito significativo.

Certamente, a ordem existe somente por meio da virtude; pois, se não forem virtuosos, não apenas nas coisas pequenas, mas em todas, sua vida será caótica, não é? Ser virtuoso tem pouco significado em si mesmo, mas ao sermos virtuosos teremos precisão em nosso pensamento, ordem em todo o nosso ser, e é essa a função da virtude.

E o que acontece quando um homem tenta *se tornar* virtuoso, quando se disciplina para ser gentil, eficiente, amável, atencioso, quando ele tenta não machucar as pessoas, quando gasta energia tentando estabelecer a ordem na luta para ser bom? Os esforços conduzem somente à respeitabilidade, que traz a mediocridade da mente; portanto, ele não é virtuoso.

Já observaram de perto uma flor? Como ela é surpreendentemente definida com todas as pétalas; existe uma suavidade extraordinária, um perfume, um encanto nela. Mas quando um homem *tenta* ser ordenado, a vida pode ser bem-definida, mas perde aquela qualidade da gentileza que acontece somente quando, como com a flor, não existe esforço. Logo, nossa dificuldade é ser preciso, claro e expansivo sem esforço.

Vejam, o *esforço*, para ser ordenado ou ordeiro, traz uma influência limitadora. Se eu tentar deliberadamente ser ordenado em meu quarto, se tenho o cuidado de colocar tudo no lugar, se cuido sempre de mim, se estou ciente de onde piso, o que acontece? Torno-me intoleravelmente desagradável para mim e para os outros. Serei uma pessoa cansativa que está sempre tentando ser alguma coisa, cujos pensamentos são cuidadosamente arrumados, que escolhe um pensamento em detrimento de outro. Pode se tratar de alguém muito ordeiro, limpo, pode usar as palavras com precisão, pode ser muito atencioso e prestativo, mas perdeu a alegria criativa de viver.

Então, qual é o problema? Como é possível ter a alegria criativa de viver, ser expansivo em seus sentimentos, amplo em seu pensamento, e ainda preciso, claro e ordeiro em sua vida?

Acho que muitos de nós não somos assim, porque nunca sentimos nada com intensidade, nunca entregamos nossos corações e mentes completamente. Lembro-me de observar dois esquilos avermelhados, com caudas longas e peludas e uma bela pelagem, perseguindo um ao outro para cima e para baixo em uma árvore alta, por cerca de dez minutos, ininterruptamente — somente pela alegria de viver. Mas vocês e eu não poderemos conhecer essa alegria se não sentirmos as coisas profundamente, se não houver paixão em nossas vidas — não se trata da paixão em fazer o bem ou realizar alguma mudança, mas a de sentir as coisas com intensidade. E nós podemos ter essa paixão vital somente quando existe uma revolução total em nosso pensamento, em todo o nosso ser.

Já notaram como poucos de nós têm sentimentos mais profundos sobre algo? Já se rebelaram contra os professores ou os pais, não somente por não gostarem de algo, mas por terem um sentimento ardente de que não querem fazer determinada coisa? Se sentirem profunda e ardentemente algo, verão que esse sentimento traz, de uma forma curiosa, uma nova ordem para a vida.

A ordem, a arrumação, a clareza de pensamento não são muito importantes em si, porém se tornam valiosos para o homem sensível, que sente com profundidade, que se encontra em perpétuo estado de revolução interna. Se vocês sentirem com intensidade as dificuldades do pobre, do mendigo que recebe a sujeira no rosto quando o carro do rico passa, se vocês forem extraordinariamente receptivos, sensíveis a tudo, então a própria sensitividade trará ordem, virtude — e acho extremamente importante que tanto o educador quanto o aluno entendam isto.

Neste país, infelizmente, assim como em todo o mundo, somos pouco curiosos, não temos sentimentos profundos sobre nada.

Muitos somos intelectuais — no sentido superficial de ser bem talentoso, cheio de palavras e teorias sobre o que é certo e o que é errado, sobre como deveríamos pensar, o que deveríamos fazer. Mentalmente somos bastante desenvolvidos, porém, no íntimo, há pouca substância ou significado; e é a substância interna que provoca a ação verdadeira — ou seja, não agir de acordo com uma ideia.

Esse é o motivo de vocês terem sentimentos bem fortes — de paixão, de raiva — e observá-los, brincar com eles, descobrir a verdade deles, pois se apenas os suprimirem e disserem "Não devo ficar zangado, não devo me sentir apaixonado porque é errado", verão que a mente, aos poucos, ficará encerrada em uma ideia e, portanto, bem rasa. Vocês podem ser bastante talentosos, ter conhecimento enciclopédico, mas se não houver a vitalidade do sentimento forte e profundo, sua compreensão será como uma flor sem perfume.

É muito importante que vocês compreendam todas essas coisas ainda jovens, porque, então, quando amadurecerem, serão verdadeiros revolucionários — não de acordo com alguma ideologia, teoria ou livro, mas no sentido total da palavra, como seres humanos integrados em que não haja parte alguma que possa ser contaminada pelo velho. Então, a mente será renovada, inocente, e, portanto, capaz de uma criatividade extraordinária. Mas se não compreenderem o significado dos fatos, a vida se tornará insípida, pois serão esmagados pela sociedade, pela sua família, pela sua esposa ou pelo seu marido, pelas teorias, pelas organizações religiosas ou políticas. Por isso é tão urgente que recebam a melhor educação — que significa que vocês precisam ter professores que possam ajudá-los a romper a crosta da chamada civilização e serem não máquinas repetidoras, mas indivíduos que realmente têm uma canção interna e que são, portanto, seres humanos criativos e felizes.

X

Já se sentaram em completo silêncio sem se mexer? Tentem, sentem-se com as costas retas e observem o que a mente faz. Não tentem controlá-la, não digam que ela não deve pular de um pensamento para outro, de um interesse para outro, mas somente conscientizem-se de como a mente vagueia. Não façam nada a respeito, mas observem como se estivessem na margem de um rio olhando a água passar. Nela há muita coisa — peixes, folhas, animais mortos —, mas está sempre viva, em movimento, e a mente é idêntica. É uma inquietação incessante, pulando de um ponto para outro como uma borboleta.

Quando vocês ouvem uma música, como agem? Podem gostar da pessoa que está cantando, ela pode ter um rosto bonito, e vocês podem acompanhar o significado da letra; porém, por trás de tudo isso, quando ouvem a música, estão ouvindo os tons e o silêncio entre eles, não é? Da mesma maneira, sentem-se em silêncio, sem ficar irrequietos, sem mover as mãos ou até mesmo os dedos dos pés, e simplesmente observem a mente. É divertido.

Se tentarem como algo divertido, verão que a mente começa a se estabilizar sem que você se esforce para controlá-la. Não existe um censor, juiz ou avaliador, e quando a mente fica assim tranquila por si só, espontaneamente estabilizada, descobriremos o que é ser alegre. Sabem o que é a alegria? É rir, se deliciar com algo ou por algo, provar da satisfação de viver, sorrir, olhar direto no rosto do outro sem qualquer sensação de medo.

Já olharam realmente no rosto de alguém? Já olharam o rosto do professor, dos pais, do superior, do empregado, do pobre trabalhador braçal e viram o que acontece? A maioria de nós teme olhar diretamente no rosto do outro, e os outros não desejam que nós os encaremos desta maneira porque também estão assustados. Ninguém deseja se revelar; estamos todos em guarda, escondendo-nos por trás de várias camadas de angústia, sofrimento, anseios, esperança, e são bem poucos os que podem olhar vocês diretamente no rosto e sorrir. E é muito importante sorrir, ser feliz, porque sem uma canção no coração a vida se torna insípida. Pode-se ir de um templo a outro, trocar de marido ou de esposa, ou encontrar um novo professor ou guru, mas se não houver alegria interna a vida terá pouco significado. E descobrir a satisfação interna não é fácil, porque a maioria de nós está apenas superficialmente descontente.

Sabem o que significa estar descontente? É muito difícil compreender esse sentimento porque a maioria de nós canaliza esse sentimento em uma certa direção, ocultando-o. A única preocupação que temos é nos estabelecermos em uma posição segura, com interesses e prestígio bem-estabelecidos, para não sermos perturbados. Acontece nos lares e também nas escolas. Os professores não querem ser perturbados e por isso seguem a velha rotina. Porque, no momento que alguém se sentir realmente descontente e começar a inquirir, questionar, haverá distúrbios. E somente por intermédio do verdadeiro descontentamento é que surge a iniciativa.

Sabem o que é a iniciativa? Vocês têm iniciativa quando iniciam ou começam algo sem serem acionados. Não é preciso algo muito grande ou extraordinário — isso pode surgir mais tarde; mas existe a centelha da iniciativa quando você planta uma árvore sem ser solicitado, quando é espontaneamente gentil, quando sorri para um homem que está carregando algo pesado, quando tira uma pedra do caminho ou afaga um animal na rua. Esse é um pequeno início de uma tremenda iniciativa que vocês devem ter se desejam conhecer esta coisa maravilhosa chamada criatividade. Ela possui suas raízes na iniciativa, que acontece somente quando existe um profundo descontentamento.

Não tenham receio do descontentamento, podem nutri-lo até que a centelha se torne uma chama e vocês permaneçam descontentes com tudo — os empregos, as famílias, a busca tradicional por dinheiro, posição, poder —, para que realmente comecem a pensar, descobrir. E quando estiverem mais velhos descobrirão que manter o espírito de descontentamento é muito difícil. Terão filhos para cuidar e deverão considerar as exigências em seus empregos, a opinião dos vizinhos, da sociedade fechando-se sobre vocês, e logo começarão a perder a chama do descontentamento. Quando se sentem descontentes, vocês ligam o rádio, vão a um guru, fazem um *puja*, vão ao clube, bebem, saem em busca de mulheres — qualquer coisa para encobrir a chama. Mas, observem, sem a chama do descontentamento nunca terão iniciativa, que é o início da criatividade. Para descobrir o que é verdadeiro vocês precisam se revoltar contra a ordem estabelecida, e quanto mais dinheiro seus pais tiverem e mais seguros os professores estiverem em seus empregos, menos eles desejarão se revoltar.

A criatividade não é apenas uma questão para pintar quadros ou escrever poemas — o que também é bom, mas de pouca valia. O importante é estar totalmente descontente, pois esse é o início da iniciativa, que se torna criatividade quando amadurece. E esse é o único caminho para descobrir o que é verdadeiro, o que é Deus, porque o estado criativo é Deus.

Por isso é preciso haver o total descontentamento — mas com alegria. Compreenderam? É preciso estar totalmente descontente, mas não para resmungar, e sim agir com alegria, leveza, com amor. A maioria das pessoas que está descontente é terrivelmente aborrecida; estão sempre se queixando que algo não está certo, ou desejando estar em uma posição melhor, ou buscando circunstâncias para serem diferentes, porque seu descontentamento é bem superficial. E aqueles que não estão descontentes já estão mortos.

Se puderem se rebelar ainda jovens, e enquanto amadurecerem mantiverem o descontentamento vivo com a energia da satisfação e do grande afeto, então a chama terá um significado extraordinário, porque ela construirá, criará, montará coisas novas. Para isso é preciso receber a educação correta, que não é do tipo que apenas os prepara para conseguir um emprego, ou subir a ladeira do sucesso, mas a que os ajuda a pensar e ceder espaço — não o de um quarto maior, ou um telhado mais elevado, mas para a mente crescer e não ficar limitada por qualquer crença ou medo.

XI

Muitos de nós nos apegamos a alguma pequena parte da vida e pensamos que a partir dela descobriremos o todo. Sem deixar a sala, esperamos explorar toda a extensão e largura do rio e perceber a riqueza dos campos verdes ao longo das margens. Vivemos em uma pequena sala, pintamos uma pequena tela, achando que agarramos a vida pela mão, ou que compreendemos o significado da morte; mas não é o caso. Para fazer isso, precisamos deixar a sala. E é extraordinariamente difícil ir para o lado de fora, deixar a sala com sua janela estreita e ver tudo como é de fato, sem julgar, sem condenar, sem dizer "Isto eu gosto e aquilo eu não gosto", porque muitos de nós pensam que por meio da parte entenderemos o todo. Com um único raio não construímos a roda, não é? É preciso vários raios, e também um eixo e uma coroa para fazer o que chamamos de roda, e precisamos ver a roda inteira para compreendê-la. Da mesma maneira, precisamos perceber todo o processo da vida se quisermos realmente compreendê-la.

Espero que estejam acompanhando tudo, porque a educação deveria ajudá-los a compreender toda a vida e não somente prepará-los para conseguir um emprego e prosseguir da maneira usual com o casamento, os filhos, a renda, os *pujas* e os pequenos bens. Mas realizar o tipo certo de educação requer muita inteligência e insight, e por isso é tão importante para o próprio educador ser culto e compreender todo o processo da vida e não apenas ensiná-los de acordo com alguma fórmula, nova ou velha.

A vida é um mistério extraordinário — não o dos livros, aqueles de que as pessoas falam, mas o que é preciso descobrir por si mesmo — e, por isso, é um assunto tão imenso que vocês devem compreender o pouco, o limitado, o diminuto e o que está além dele.

Se não começarem a entender a vida ainda jovens, crescerão internamente de maneira abominável; serão tolos, vazios no íntimo, embora externamente talvez tenham dinheiro, desfilem em carros de luxo, sejam arrogantes. Por isso é muito importante deixar sua pequena sala e perceber toda a expansão dos céus. Mas não conseguirão esse feito se não tiverem amor — não o corporal ou o divino, mas somente amor, aquele que se sente pelos pássaros, árvores, flores, pelos professores, pelos pais e, depois dos pais, pela humanidade.

Não seria uma grande tragédia se vocês não descobrissem o que é amar? Se não souberem amar agora, nunca saberão, porque, quando amadurecerem, o que chamamos de amor se tornará algo muito feio — uma posse, uma forma de comércio a ser comprado e vendido. Mas se começarem agora a ter amor em seu coração, se amarem a árvore que plantam, o animal desprotegido que alimentam, durante o processo de amadurecimento vocês não permanecerão na pequena sala de janela estreita e, sim, a deixarão e amarão toda a vida.

O amor é real, não é emocional, algo a ser reivindicado; não é um sentimento. O amor não possui sentimentalismo sobre qualquer coisa. E é um assunto muito grave e importante que vocês devem conhecer enquanto são jovens. Seus pais e professores talvez não saibam amar, e por isso criaram um mundo terrível, uma sociedade que está perpetuamente em guerra interna e com as outras sociedades. Suas religiões, suas filosofias e ideologias são falsas porque elas não têm amor. Percebem somente uma parte; olham por uma janela estreita através da qual a vista pode ser agradável e extensa, mas não abrange toda a expansão da vida. Sem esta sensação de amor intenso vocês nunca terão a percepção do todo; portanto, permanecerão sempre miseráveis, e no final de suas vidas não terão nada além de cinzas, um monte de palavras vazias.

XII

IMAGINO QUE SEJA muito difícil, depois de deixar a escola, encontrar a felicidade. Quando vocês saírem daqui, enfrentarão problemas excepcionais, o problema da guerra, os problemas dos relacionamentos pessoais, os problemas dos cidadãos, o problema da religião e os constantes conflitos da sociedade, e tenho a impressão que seria uma educação falsa a que não os preparasse para enfrentar esses problemas, e resultasse em um mundo verdadeiro e mais feliz. Certamente é função da educação, especialmente em uma escola onde vocês podem se expressar de forma criativa, ajudar os alunos a não ficarem presos a essas influências sociais e ambientais que estreitarão suas mentes e, portanto, limitarão seus pontos de vista e sua felicidade. Aqueles que estão prestes a entrar para a faculdade deveriam conhecer os vários problemas que afetam todos nós. É muito importante, especialmente no mundo que irão enfrentar, ter inteligência bastante clara, e essa inteligência não é adquirida por influências externas ou por meio de livros. Ela surge, eu penso, quando se está consciente desses problemas e se é capaz de enfrentá-los, não em um sentido pessoal ou limitado — como um norte-americano, um hindu ou um comunista —, mas como um ser humano capaz de arcar com a responsabilidade de ver o verdadeiro valor das coisas e não interpretá-las de acordo com alguma ideologia ou padrão de pensamento particular.

Não é importante que a educação deva preparar cada um de nós para entender e enfrentar nossos problemas, e não simplesmente nos dar conhecimento ou treinamento tecnológico? Porque, sabem, a vida não é tão fácil assim. Vocês podem ter vivido um período feliz, um período criativo, um período em que amadureceram; mas quando saírem da escola, as coisas começarão a acontecer e os envolverão; vocês serão limitados não só pelos relacionamentos pessoais, mas pelas influências sociais, por seus próprios medos, e pela inevitável ambição de serem bem-sucedidos.

Acho que ser ambicioso é uma maldição. A ambição é uma forma de autointeresse, de autoenvolvimento, e, portanto, gera mediocridade. Viver em um mundo que está cheio de ambição sem ser ambicioso significa, realmente, amar alguma coisa por ela mesma sem buscar uma recompensa, um resultado; e isso é muito difícil, pois o mundo todo, todos os seus amigos, seus familiares, todos estão lutando para serem bem-sucedidos, para se realizarem, para se tornarem alguém. Mas entender isso e se libertar, fazer algo que você realmente ame — não importa o que seja ou o quanto seja modesto e sem reconhecimento —, *isso* eu acho que desperta o espírito de grandeza que nunca busca aprovação, recompensa, que faz as coisas por elas mesmas e, assim, possui a força e a capacidade para não ser apanhado pela influência da mediocridade.

Acho que é muito importante perceber isso enquanto vocês são jovens; porque as revistas, os jornais, a televisão e o rádio estão constantemente enfatizando a importância do sucesso, estimulando a ambição e a competitividade, que geram a mediocridade. Quando você é ambicioso, está simplesmente ajustando-se a um padrão particular da sociedade, quer na América, na Rússia ou na Índia, e, portanto, está vivendo em um nível superficial.

Quando vocês saírem da escola e ingressarem na universidade, e depois enfrentarem o mundo, o que me parece importante é não capitularem, não se curvarem às várias influências, mas conhecê-las e entendê-las como elas são, e perceber sua verdadeira significância e seu valor, com uma disposição calma, mas de grande força interior, que não crie mais discórdia no mundo.

Então, penso que uma escola verdadeira, por meio de seus alunos, deve levar uma bênção; para o mundo. Pois o mundo precisa de uma bênção; ele está em um estado horrível, e a bênção só pode surgir quando nós não estamos buscando poder, quando não estamos tentando realizar nossas ambições e temos uma clara compreensão dos enormes problemas com os quais nos defrontamos. Isso exige grande inteligência, o que significa uma mente que não pense de acordo com qualquer padrão, mas que seja livre e, portanto, capaz de ver aquilo que é verdadeiro e pôr de lado aquilo que é falso.

XIII

Estou certo de que em algum momento vivenciamos um grande senso de tranquilidade e beleza chegando a nós vindo dos campos verdes, do sol se pondo, das águas paradas, dos picos cobertos de neve. Mas o que é a beleza? Será apenas a apreciação que sentimos ou será algo separado da percepção? Se você tiver bom gosto para as roupas, se usar as cores harmoniosamente, se tiver maneiras dignas, se falar com tranquilidade e se mantiver ereto, tudo isso contribui para a beleza, não é? Mas isto é somente a expressão externa de um estado interno, como um poema que vocês escrevem ou um quadro que pintam. Podem olhar para o campo verdejante refletido no rio e não experimentar a sensação da beleza, somente passam por ele. Se, como pescadores, virem as andorinhas voando sobre as águas, isso provavelmente terá pouco significado para vocês. Porém, se estiverem conscientes da beleza extraordinária de uma experiência dessas, o que acontecerá em seu interior lhes fará dizer: "Que beleza!" O que forma esse sentido interno de beleza? Existe a beleza da forma externa: roupas bonitas, belos quadros, móveis atraentes ou nenhuma mobília e paredes nuas, bem-proporcionadas, janelas com formato perfeito e outros aspectos. Não estou me referindo simplesmente a isso, mas ao que colabora para formar a beleza interna.

Certamente, para existir beleza interna é preciso haver um abandono completo; a sensação de não ser aprisionado, de não haver restrição, nenhuma defesa, nenhuma resistência. Mas o abandono se torna caótico se não houver austeridade. E nós sabemos o que significa ser austero, ficar satisfeito com pouco e não pensar em termos de "mais"? É preciso haver abandono com uma profunda austeridade interna — que é extraordinariamente simples porque a mente não está adquirindo, ganhando nem pensando em termos de "mais". É a simplicidade nascida do abandono com austeridade que forma o estado da beleza criativa. E se não houver amor, vocês não poderão ser simples, não poderão ser austeros. Podem falar sobre simplicidade e austeridade, porém sem amor existe apenas uma forma de compulsão e, portanto, nenhum abandono. Somente aquele que ama abandona a si mesmo, esquece de si mesmo completamente e consegue criar o estado de beleza criativa.

A beleza inclui, obviamente, a beleza da forma. Porém, sem a beleza interna, a mera apreciação sensual da beleza da forma conduz à degradação, à desintegração. Existe a beleza interna somente quando vocês sentem o amor verdadeiro pelas pessoas e por todas as coisas da Terra; e com esse amor vem junto um tremendo sentido de consideração, de atenção, de paciência. Vocês podem ter uma técnica perfeita como cantor ou poeta, podem saber pintar ou unir as palavras, porém sem a beleza criativa interior seu talento terá muito pouco significado.

Infelizmente, muitos de nós estão se tornando meros técnicos. Somos aprovados em exames, adquirimos esta ou aquela técnica para ganhar o sustento, mas adquirir determinada técnica ou desenvolver certa capacidade sem prestar atenção ao estado interior traz feiura e caos para o mundo. Se despertarmos a beleza criativa internamente, ela se expressará externamente, e então haverá ordem. Porém, esse processo é muito mais difícil que adquirir uma técnica, porque significa abandonar a nós mesmos completamente, ficar sem medo, sem restrição, sem resistência, sem defesa. E só podemos nos abandonar assim quando existe austeridade, um senso de grande simplicidade interna. Externamente, podemos ser simples, podemos ter poucas roupas e ficar satisfeitos com apenas uma refeição ao dia, mas isso não é austeridade. Existe austeridade quando a mente é capaz de ter experiência infinita — quando possui experiência e, mesmo assim, permanece bem simples. Mas esse estado só pode existir quando a mente não mais está pensando em termos de "mais", em termos de ter ou se tornar algo com o tempo.

O que estou falando pode ser difícil para vocês entenderem, mas é realmente muito importante. Vejam, os técnicos não são criativos, e existe cada vez mais técnicos no mundo, pessoas que sabem o que fazer e como fazer, mas que não são criadores. Na América existem máquinas de calcular capazes de resolver em poucos minutos problemas matemáticos que um homem precisaria trabalhar dez horas por dia por 100 anos para resolver. Essas máquinas extraordinárias estão sendo desenvolvidas. Porém, elas nunca serão criativas — e os seres humanos estão se tornando cada vez mais parecidos com máquinas. Mesmo quando se rebelam, a rebelião fica restrita aos limites da máquina, não havendo, portanto, nenhuma rebelião.

Por isso, é muito importante descobrir o que é ser criativo. Vocês podem sê-lo somente quando houver o abandono — que significa, na verdade, quando não houver um senso de compulsão, nenhum medo de não ser, de não ganhar, de não chegar. Então, haverá grande austeridade, simplicidade, e com isso haverá amor. Essa totalidade é a beleza, o sentido de criatividade.

XIV

JÁ SE SENTARAM em silêncio, com os olhos fechados, e observaram o movimento do pensamento? Já viram a mente trabalhando — ou, melhor, já se observaram em operação somente para ver como são seus pensamentos, seus sentimentos, como vocês observam as árvores, as flores, os pássaros, as pessoas, como respondem a uma sugestão ou reagem a uma nova ideia? Já fizeram isso? Se não o fizeram, estão perdendo. Saber como sua mente funciona é o propósito básico da educação. Se vocês não souberem como sua mente reage, se não estiverem conscientes de suas próprias atividades, vocês nunca descobrirão o que é a sociedade. Podem ler livros de sociologia, estudar ciências sociais, mas se não souberem como a própria mente trabalha não poderão realmente compreender o que é a sociedade, porque a mente é parte da sociedade; ela *é* a sociedade. Suas reações, crenças, ida ao templo, as roupas que usam, as coisas que fazem e não fazem e aquilo que pensam — a sociedade é formada por tudo isso; é a réplica do que está se passando em sua própria mente. Por isso, a mente não está separada da sociedade, não é distinta da cultura, da religião, das várias divisões em classes, das ambições e conflitos de muitos. Tudo isso é a sociedade, e vocês são parte dela. Não existe "você" separado da sociedade.

Mas a sociedade está sempre tentando controlar, moldar o pensamento do jovem. Desde o momento em que vocês nasceram e começaram a armazenar impressões, seu pai e sua mãe estão constantemente lhes dizendo o que fazer e o que não fazer, em que acreditar e em que não acreditar; dizem que existe um Deus, ou que não existe um Deus, porém o Estado e algum ditador é seu profeta. Desde a infância essas coisas são despejadas sobre vocês, o que significa que a mente — que é muito jovem, impressionável, questionadora, curiosa em saber, desejando descobrir — é gradualmente aprisionada, condicionada, moldada de forma que vocês se ajustem ao padrão de uma sociedade em particular e não se tornem revolucionários. Como o hábito do pensamento compartilhado já está estabelecido em vocês, mesmo que se "revoltem", será dentro de um padrão. Como prisioneiros se revoltando para conseguir um alimento melhor, mais conveniências — porém sempre dentro da prisão. Quando buscam Deus, ou tentam descobrir qual é o governo certo, será sempre dentro do padrão da sociedade que diz: "Isto é verdadeiro e isso é falso; isto é bom e isso é mau; este é o líder certo e esses são os santos". Então sua revolta, igual à suposta revolução realizada pela ambição ou por pessoas bem astutas, é sempre limitada pelo passado. Isso não é revolta, não é revolução; é apenas uma atividade ampliada, uma luta mais valente dentro de um padrão. A verdadeira revolta, a verdadeira revolução, é se afastar do padrão e questionar fora dela.

Vejam, todos os reformadores — não importa *quem* eles são — estão simplesmente preocupados em melhorar as condições dentro da prisão. Eles nunca lhes dizem para não se conformarem, nunca falam "Rompam as paredes da tradição e da autoridade, sacudam o condicionamento que prende a mente". Isso é educação real, e não requer apenas que vocês sejam aprovados nos exames para os quais se prepararam, ou escrevam algo que aprenderam de cor, mas para lhes ajudar a ver as paredes da prisão na qual a mente está presa. A sociedade influencia todos nós, molda constantemente nosso pensamento, e sua pressão externa é gradualmente traduzida ao interior; porém, embora penetre profundamente, ela ainda pertence ao lado de fora, e não existe esse interior enquanto vocês não romperem com o condicionamento. Vocês precisam saber o que estão pensando, e se o fazem como hindu, muçulmano ou cristão, ou seja, em termos da religião à qual vocês pertencem. Tudo isso é o padrão da sociedade, e, a menos que estejam conscientes desse padrão e que rompam com ele, ainda permanecerão como prisioneiros, embora possam pensar que estão livres.

Porém, vejam, muitos de nós estaremos concentrados com a revolta dentro da prisão: queremos uma comida melhor, uma luz mais clara, uma janela maior para que possamos ver um pouco mais do céu. Estamos preocupados se os párias entrarão ou não no templo; queremos romper com essa casta em particular, e nesse rompimento criamos outra, uma "superior"; por isso, permanecemos prisioneiros, e não existe liberdade na prisão. A liberdade está fora das paredes, fora do padrão da sociedade; mas para ser livre desse padrão vocês precisam compreender todo o conteúdo, que é compreender a própria mente. Foi a mente quem criou a atual civilização, a tradição ligada à cultura ou à sociedade; e sem compreender a própria mente, meramente revolta-se como comunista, socialista, isto ou aquilo possui bem pouco significado. Por isso é muito importante ter autoconhecimento, estar consciente de todas as suas atividades, pensamentos e sentimentos; e isso é educação, não é? Porque, quando estamos totalmente conscientes de nós mesmos, nossa mente se torna muito sensível, bem alerta.

Tentem isso — não algum dia em um futuro distante, mas amanhã ou esta tarde. Se houver pessoas demais na sala, se sua casa estiver cheia de gente, saia e sente-se sob uma árvore ou à margem de um rio e observe em silêncio como a sua mente funciona. Não a corrija, não diga: "Isto é certo, isso é errado", mas simplesmente assista, como a um filme. Quando vão ao cinema, vocês não participam do filme; atores e atrizes participam, vocês somente observam. Da mesma maneira, observem como a mente funciona. É realmente muito interessante, bem mais do que qualquer filme, porque ela é o resíduo do mundo inteiro e contém tudo que os seres humanos vivenciaram. Compreendem? Sua mente é a humanidade, e quando vocês percebem isso experimentam imensa compaixão. E da compreensão surge um grande amor; e então vocês se darão conta, quando virem as coisas do amor, da beleza que existe.

XV

DISCUTIMOS A QUESTÃO da revolta dentro da prisão: como todos os reformadores, idealistas e os que estão incessantemente ativos na produção de certos resultados estão sempre se revoltando dentro das paredes do próprio condicionamento, dentro dos muros da própria estrutura social, dentro do padrão cultural da civilização, que é uma expressão da vontade coletiva de vários. Penso que agora seria válido se pudéssemos considerar o que é a confiança e como ela surge.

Por meio da iniciativa surge a confiança; porém, a iniciativa dentro de um padrão traz somente *auto*confiança, que é inteiramente diferente da confiança fora do ser. Sabem o que significa ter confiança? Se vocês fazem uma coisa com as próprias mãos, se plantam uma árvore e a veem crescer, se pintam um quadro, ou escrevem um poema, ou, quando estão mais velhos, constroem uma ponte ou realizam extremamente bem algum trabalho administrativo, isso lhes dá confiança de que são capazes de fazer algo. Mas, vejam, a confiança como a conhecemos agora está sempre dentro da prisão, aquela que a sociedade — seja comunista, hindu ou cristã — construiu em torno de nós. A iniciativa dentro da prisão cria certa confiança, porque vocês sentem que podem fazer coisas: podem projetar um motor, ser um médico muito bom, um excelente cientista etc. Mas o sentimento de confiança que chega com a capacidade de ser bem-sucedido — dentro da estrutura social, ou para reformá-la, clarear mais, decorar o interior da prisão — é realmente *auto*confiança; vocês sabem fazer algo, e se sentem importantes ao realizá-lo. Porém, quando pela investigação, pela compreensão, vocês rompem com a estrutura social da qual são parte integrante, surge um tipo totalmente diferente de confiança, sem o senso de autoimportância; e, se conseguimos compreender a diferença entre elas — a autoconfiança e a confiança sem o eu —, acredito que terá um grande significado em nossa vida.

Quando vocês praticam um esporte muito bem, como badminton, críquete ou futebol, têm um senso de confiança, não é assim? Ele lhes dá o sentimento de que são muito bons nele. Se vocês são rápidos em resolver problemas de matemática, isso também produz um sentimento de autoafirmação. Quando a confiança surge da ação dentro da estrutura social, ela sempre vem com uma estranha arrogância, não é? A confiança de um homem que consegue fazer coisas, que é capaz de atingir resultados, é sempre colorida pela arrogância do ser, o sentimento do "Fui eu que fiz". Então, no próprio ato de atingir um resultado, de realizar uma reforma social dentro da prisão, existe a arrogância do ser, o sentimento de que fui *eu* que fiz, esse *meu* ideal é importante, esse *meu* grupo teve sucesso. O senso de "meu" sempre vem com a confiança que se expressa dentro da prisão social.

Já notaram como os idealistas são arrogantes? Os líderes políticos que conseguem certos resultados, que realizam grandes reformas — já notaram como são cheios de si mesmos, incensados pelos seus ideais e realizações? Em sua autoestima, eles são muito importantes. Leiam alguns dos discursos políticos, vejam algumas dessas pessoas que se intitulam reformadores e verão que no próprio processo de reforma eles estão cultivando o próprio ego; as reformas, embora extensas, ainda ocorrem dentro da prisão, sendo, portanto, destrutivas e, finalmente, conduzindo a mais miséria e conflito para o homem.

Mas, se conseguem ver, por meio de toda a estrutura social, o padrão cultural da vontade coletiva que chamamos de civilização — se conseguem compreender e se afastam dela, rompem as paredes da prisão de sua sociedade particular, seja hindu, comunista ou cristã —, então vocês sentem que surge uma confiança que não é maculada pelo sentido de arrogância. É a confiança da inocência. É como a confiança de uma criança que é tão completamente inocente que tentará qualquer coisa. É essa confiança inocente que formará uma nova civilização, mas que não pode existir enquanto vocês permanecerem dentro do padrão social.

Por favor, ouçam isso com muito cuidado. O orador não é, de forma alguma, importante; o fundamental é que vocês compreendam a verdade do que está sendo dito. Afinal, educação é isso, não é? A função da educação não é fazê-los se ajustar ao padrão social; pelo contrário, é auxiliá-los a compreender inteira, profunda, totalmente, e, portanto, romper com o padrão social para que possam ser indivíduos sem a arrogância do ser; e vocês terão confiança porque serão realmente inocentes.

Não é uma grande tragédia que muitos de nós estejamos somente preocupados de que maneira nos ajustarmos à sociedade ou em como reformá-la? Já notaram que a maioria das perguntas que fizeram reflete essa atitude? Vocês, na verdade, querem dizer: "Como posso me ajustar à sociedade? O que dirão meus pais, e o que acontecerá comigo se eu não me ajustar?" Essa atitude destrói qualquer confiança, qualquer iniciativa que tenham. E vocês deixam a escola, a faculdade, como autômatos, talvez altamente eficientes, porém sem qualquer chama criativa. Por isso é tão importante compreender a sociedade, o ambiente no qual se vive e, nesse próprio processo de compreensão, romper com ela.

Vejam, trata-se de um problema que ocorre no mundo inteiro. O homem está buscando uma resposta nova, um novo acesso à vida, porque as atitudes antigas estão decadentes, seja na Europa, na Rússia ou aqui. A vida é um desafio contínuo, e simplesmente tentar realizar uma ordem econômica melhor não é a resposta completa a esse desafio, que é sempre novo; e quando culturas, povos, civilizações são incapazes de responder totalmente ao desafio do novo, são destruídos.

A menos que sejam adequadamente educados, a menos que tenham a extraordinária confiança da inocência, vocês estarão no caminho inevitável de serem absorvidos pelo coletivo e se perderem na mediocridade. Acrescentarão títulos após o nome, se casarão, terão filhos, e será o fim de vocês.

Vejam, muitos de nós temos medo. Os pais, os educadores, os governos e as religiões temem o fato de vocês se tornarem indivíduos integrais, porque todos desejam que permaneçam seguramente dentro da prisão das influências ambientais e culturais. Mas são somente os indivíduos que rompem com o padrão social, quando o compreendem — e que não estão, portanto, limitados pelo condicionamento das próprias mentes —, que podem realizar uma nova civilização, não aqueles que apenas se conformam ou que resistem a um padrão particular porque são moldados por outro. A busca por Deus ou pela verdade não está dentro da prisão, mas na compreensão da prisão e no rompimento de suas paredes — e o próprio movimento em direção à liberdade cria uma nova cultura, um mundo diferente.

XVI

A CHUVA CAINDO sobre a Terra seca é uma coisa extraordinária, não é? Ela lava as folhas, a terra é refrescada. E acho que todos devemos lavar e deixar as nossas mentes completamente limpas, assim como as árvores são lavadas pela chuva, porque elas ficam muito sobrecarregadas com a poeira de vários séculos, que chamamos de conhecimento, experiência. Se vocês e eu lavássemos a mente todos os dias, deixando-a livre das reminiscências de ontem, cada um de nós teria uma mente aberta, capaz de lidar com os vários problemas da existência.

Um dos grandes problemas que está perturbando o mundo é o que chamamos de igualdade. Em certo sentido, não existe essa igualdade, porque todos nós temos várias capacidades diferentes; porém, estamos discutindo a igualdade do ponto de vista de que todas as pessoas deveriam ser tratadas igualmente. Na escola, por exemplo, os diretores, os professores e os monitores são meramente empregos, funções; contudo, junto com certos empregos e funções vem o que chamamos de status, que é respeitado porque implica em poder, prestígio, significa estar em uma posição de destacar pessoas, distribuir os indivíduos, dar emprego aos amigos e membros da família. Então, com a função, vem o status. Mas se conseguirmos remover a ideia de status, poder, posição, prestígio e de distribuir benefícios aos outros, a função teria um significado bem diferente e mais simples, não é? Dessa forma, se as pessoas fossem governantes, primeiros-ministros, cozinheiros ou meros professores, todos seriam tratados com o mesmo respeito, porque todos estariam realizando uma função diferente, porém necessária na sociedade.

Sabem o que aconteceria, especialmente em uma escola, se pudéssemos retirar da função todo o sentido de poder, de posição, prestígio, o sentimento de "Eu sou o chefe, eu sou importante"? Todos estaríamos vivendo em uma atmosfera bem diferente, não? Não haveria autoridade no sentido de alto e baixo, grande homem e pequeno homem, e existiria, portanto, liberdade. E é muito importante que possamos criar esse tipo de atmosfera na escola: de liberdade, na qual existe amor, na qual se sente um tremendo senso de confiança, porque, vejam, a confiança existe quando nos sentimos completamente à vontade, seguros. Vocês se sentem seguros na própria casa se seu pai, sua mãe e sua avó estão constantemente lhes dizendo o que fazer, de maneira que vocês, aos poucos, perdem toda a confiança para realizar algo por si mesmos? Quando crescerem, vocês deverão ser capazes de discutir, de descobrir se aquilo que pensam é verdadeiro e se apegar a isso. Deverão ser capazes de defender algo que sentem que é correto, mesmo que traga dor, sofrimento, perda de dinheiro e todo o restante; e para isso vocês devem se sentir, enquanto são jovens, completamente seguros e à vontade.

A maioria das pessoas jovens não se sente segura porque tem medo. Temem os mais velhos, os professores, os pais; por isso, nunca se sentem realmente à vontade em casa. Mas quando sentem, acontece uma coisa muito estranha. Quando podem ir para o quarto, trancar a porta e ficar a sós consigo mesmos, sem serem notados, sem ninguém lhes dizer o que fazer, se sentem inteiramente seguras; e, então, começam a florescer, a compreender, a desabrochar. Ajudá-las a desabrochar é função da escola. E se ela não fizer isto, não é uma escola.

Quando se sentem à vontade em um lugar — seguros, não derrotados, não compelidos a fazer isto ou aquilo —, quando se sentem felizes, completamente relaxados, então não estão fazendo travessuras. Quando estão de fato felizes, não querem machucar ninguém, não querem destruir nada. Mas fazer o aluno se sentir completamente feliz é difícil demais, porque ele vem para a escola com a ideia de que o diretor, os professores e os monitores irão lhe dizer o que fazer, cerceando-o, e por isso existe o medo.

A maioria de vocês vem de lares ou de escolas nas quais foram ensinados a respeitar o status. O pai e a mãe têm status, o diretor tem status, por isso vocês chegam com medo, respeitando o status. Mas devemos criar na escola uma atmosfera verdadeira de liberdade, e isso só pode ocorrer quando existe a função sem status, ou seja, um sentimento de igualdade. A verdadeira preocupação da educação correta é ajudá-los a ser seres humanos vivos, sensíveis, que não sentem medo e que não têm o senso falso do respeito em relação ao do status.

XVII

OUTRO DIA VI um cadáver sendo conduzido para a cremação. Estava enrolado em um pano de cor magenta brilhante e balançava no ritmo dos quatro mortais que o estavam transportando. Pergunto-me qual a impressão que um cadáver causa nas pessoas. Já se perguntaram por que ocorre a deterioração? Vocês compram um novo motor e em poucos anos está gasto. O corpo também desgasta, e vocês não se pesquisam um pouco mais para descobrir por que a mente deteriora? Mais cedo ou mais tarde ocorrerá a morte do corpo, porém muitos de nós possuímos mentes que já estão mortas. A deterioração já começou a acontecer; e por que a mente deteriora? O corpo deteriora porque o estamos usando constantemente, e o organismo físico se desgasta. Doenças, acidentes, velhice, alimentação ruim, hereditariedade — são os fatores que causam a deterioração e a morte do corpo. Mas por que a mente se deteriora, fica velha, pesada, entorpecida?

Ao verem um corpo morto, já se perguntaram a respeito? Embora nossos corpos devam morrer, por que a mente se deteriora? Essa pergunta já ocorreu a vocês? Pois a mente se *deteriora* — vemos não somente nas pessoas idosas, mas também nos jovens. Vemos nos jovens como a mente já está se tornando entorpecida, pesada, insensível, e se pudermos descobrir por que a mente se deteriora, então talvez descobriremos alguma coisa realmente indestrutível. Poderemos compreender o que é a vida eterna, a vida sem fim, não ligada ao tempo, a vida que é incorruptível, que não decai como o corpo que é levado aos *ghats*,* cremado e tem seus restos lançados ao rio.

Mas por que a mente se deteriora? Já pensaram nisso? Sendo ainda bem jovens — e se ainda não estão entorpecidos pela sociedade, pelos pais, pelas circunstâncias —, vocês possuem uma mente receptiva, inquiridora, curiosa. Desejam saber por que as estrelas existem, por que os pássaros morrem, por que as folhas caem, como o avião consegue voar; querem saber tantas coisas! Porém, essa necessidade vital de questionar, de descobrir, logo decresce, não é? É abafada pelo medo, pelo peso da tradição, pela nossa própria incapacidade de encarar essa coisa extraordinária chamada vida. Já notaram a rapidez com que a vivacidade é destruída por uma palavra áspera, por um gesto de descrédito, pelo medo de uma prova ou pela ameaça de um pai — isso significa que a sensibilidade já está sendo deixada de lado e a mente entorpeceu?

Outra causa do entorpecimento é a imitação. Vocês são moldados para imitar a tradição. O peso do passado os impulsiona para se conformarem, seguir a linha, e por meio do conformismo a mente se sente segura, a salvo, assim estabelecendo-se em

---

* Na Índia, crematórios situados às margens de um rio. (*N. do E.*)

uma trilha bem-oleada para que possa deslizar suavemente sem ser perturbada, sem um arrepio de dúvida. Observem as pessoas adultas à sua volta e verão que suas mentes não querem ser perturbadas. Querem a paz, mesmo que seja a paz da morte; porém, a verdadeira paz é algo inteiramente diferente.

Quando a mente segue pela trilha, em um padrão, já notaram que ela é sempre acionada pelo desejo de segurança? Por isso segue um ideal, um exemplo, um guru. Deseja estar a salvo, sem perturbações, e por isso ela imita. Quando vocês leem nos livros de história a respeito de líderes, santos, guerreiros, não sentem vontade de copiá-los? Não que não existam grandes seres no mundo, mas o instinto é imitar as grandes pessoas, tornar-se como elas, e esse é um dos fatores da deterioração, porque a mente se estabelece dentro de um molde.

Além disso, a sociedade não deseja indivíduos que estejam alertas, atentos, revolucionários, porque não se ajustarão ao padrão social estabelecido e podem rompê-lo. Logo, a sociedade busca manter a mente em seu padrão, e por esse motivo a educação que recebem tenta encorajá-los a imitar, seguir, se conformar.

E a mente pode parar de imitar? Ou seja, pode deixar de formar hábitos? E a mente, que já está aprisionada ao hábito, consegue ficar livre dele?

A mente é o resultado do hábito, não é? É o resultado da tradição, do tempo — tempo é repetição, a continuidade do passado. E pode a mente, a *sua* mente, parar de pensar em termos do que foi — e do que será, que é na verdade uma projeção do que tem sido? Pode a mente se libertar dos hábitos e parar de criar outros? Se vocês se aprofundarem nesse problema, descobrirão que ela pode. E quando a mente se renova, sem se conformar com novos padrões, hábitos, sem novamente cair na trilha da imitação, então ela permanecerá receptiva, jovem, inocente; portanto, capaz de uma compreensão infinita.

Para essa mente não existe morte, porque não existe mais um processo de acumulação. É o processo de acumulação que cria o hábito, a imitação, e para a mente que acumula ocorre a deterioração, a morte. Mas a mente que não acumula, que não reúne, que está agonizando a cada dia, a cada minuto — para ela não existe a morte. Está num estado de espaço infinito.

Então a mente precisa morrer para tudo o que reuniu — todos os hábitos, as virtudes imitadas, todas as coisas sobre as quais se apoiou pelo sentimento de segurança. Então, não ficará mais presa na trama do próprio ato de pensar. Ao morrer a cada momento para o passado, a mente se renovará e, portanto, nunca se deteriorará ou caminhará na onda da escuridão.

XVIII

NÃO SEI SE notaram em suas caminhadas um pequeno lago comprido e estreito ao lado do rio. Alguns pescadores devem tê-lo cavado, e ele não é ligado ao rio. O rio corre constante, profundo e largo, mas o lago está coberto com espuma porque não está ligado à vida do rio, e não há peixes nele. É um lago estagnado, e o rio fundo, cheio de vida e força, corre rápido ao seu lado.

Vocês acham que os seres humanos também são assim? Eles cavam um pequeno lago para si próprios, distante da corrente rápida da vida, e nesse pequeno lago estacionam, morrem; e à estagnação, à decadência, damos o nome de existência. Ou seja, todos desejamos um estado de permanência, temos certa aspiração de durar para sempre, queremos os prazeres infindáveis. Cavamos um pequeno buraco e levantamos barricadas para nossas famílias e para nós mesmos, com nossas ambições, nossas culturas, nosso medos, nossos deuses, nossas várias formas de adoração, e lá morremos, deixando passar a vida — que é impermanente, que muda constantemente, que é tão rápida, que tem profundidades enormes, bem como extraordinária vitalidade e beleza.

Já notaram que, ao se sentarem em silêncio na margem do rio, ouvem a canção dele — o marulhar da água, o som da correnteza passando? Existe sempre um sentido de movimento, um movimento extraordinário para o mais amplo e mais profundo. Mas no pequeno lago não há nenhum movimento, a água é estagnada. E, se observarem, verão que isso é o que muitos de nós queremos: pequenos lagos estagnados da existência, fora da vida. Dizemos que nossa existência-lago é certa e inventamos uma filosofia para justificá-la. Desenvolvemos teorias sociais, políticas, econômicas e religiosas para apoiá-la e não queremos ser perturbados porque, vejam, o que buscamos é um senso de permanência.

Sabem o que quer dizer buscar a permanência? Significa desejar que o aprazível continue indefinidamente e que aquilo que não é agradável termine o mais rapidamente possível. Desejamos que nosso nome seja conhecido e continue a existir por intermédio da família, da propriedade. Desejamos um senso de permanência em nossos relacionamentos, em nossas atividades, o que significa que estamos buscando uma vida duradoura, contínua, no lago estagnado; não queremos que ocorra qualquer mudança real. Por isso, construímos uma sociedade que nos garanta a permanência da propriedade, do nome, da fama.

Mas, vejam, a vida não é bem assim; ela não é permanente. Como as folhas que caem de uma árvore, todas as coisas são impermanentes, nada perdura; existe sempre a mudança e a morte. Já notaram como é bela uma árvore contra o céu, com os galhos desfolhados? Todo os galhos estão delineados, e em sua nudez existe um poema, uma canção. Cada folha se foi e ela está aguardando pela primavera. Quando esta chega novamente, enche a árvore com a música de várias folhas, que na devida estação cairão e serão levadas; assim é a vida.

Mas não queremos nada desse tipo. Apegamo-nos aos filhos, às tradições, à sociedade, aos nomes e pequenas virtudes porque desejamos a permanência. Por isso, temos medo de morrer. Tememos perder as coisas que conhecemos. Mas a vida não é o que gostaríamos que ela fosse; a vida não é, de modo algum, permanente. Pássaros morrem, a neve derrete, as árvores são destruídas pelas tempestades ou são cortadas. Mas nós queremos que tudo que nos traz satisfação seja permanente; desejamos que nossa posição, a autoridade que temos sobre as pessoas, perdure. Recusamo-nos a aceitar a vida como ela é de fato.

O fato é que a vida é como o rio: move-se interminavelmente, sempre buscando, explorando, empurrando, cobrindo as margens, penetrando em cada fissura com sua água. Mas vejam: a mente não permite que isso aconteça com ela. A mente vê que é perigoso, arriscado viver em um estado de impermanência, insegurança; por isso, constrói uma parede em torno de si: a parede da tradição, da religião organizada, das teorias políticas e sociais. Família, nome, propriedade, as pequenas virtudes que temos cultivado — tudo isso está dentro das paredes, longe da vida. A vida é movimento, não é permanente, e tenta incessantemente penetrar, romper as paredes por trás das quais existe confusão e miséria. Os deuses dentro das paredes são falsos, e os escritos e filosofias não têm significado, porque a vida está além deles.

Então, a mente não tem paredes, não é afligida pelas próprias aquisições, acúmulos, pelo próprio conhecimento; uma mente que vive sem um tempo definido, sem segurança — para essa mente a vida é algo extraordinário. A mente é a própria vida, porque a vida não tem local de repouso. Porém, muitos de nós desejam um local desses. Desejamos uma pequena casa, um nome, uma posição, e dizemos que essas coisas são muito importantes. Exigimos a permanência e criamos uma cultura baseada nessa exigência, inventando deuses que não são deuses, mas somente uma projeção dos nossos próprios desejos.

Uma mente que está buscando uma permanência logo fica estagnada; como aquele lago próximo ao rio, logo torna-se repleta de corrupção, de decadência. Apenas a mente que não tem paredes, nem posição segura, nem barreiras, nem local de repouso, que está se movendo junto com a vida, sempre empurrando, explorando, explodindo, apenas essa mente pode ser feliz, eternamente nova, porque é criativa por si mesma.

Compreendem o que estou dizendo? Deveriam, porque tudo isso é parte da verdadeira educação, e quando vocês compreenderem toda a sua vida será transformada, o relacionamento com o mundo, com o vizinho, com a esposa ou marido terá um significado totalmente diferente. Então, não tentarão preencher a si mesmos com outras coisas, vendo que a busca da realização é somente um convite para a tristeza e a miséria. Por isso, devem perguntar aos professores sobre tudo isso e discutir entre vocês. Se compreenderem, terão começado a perceber a verdade extraordinária do que é a vida, e nessa percepção existe grande beleza e amor — o florescer da bondade. Porém, os esforços de uma mente que está buscando o lago da segurança, da permanência, poderá levar somente à corrupção e à escuridão. Uma vez estabelecida no lago, a mente teme se aventurar, buscar, explorar; mas a verdade, Deus, a realidade, ou como desejarem chamar, está além do lago.

Sabem o que é religião? Não está no canto, na realização dos *pujas* ou de qualquer ritual, não está na adoração de deuses de estanho ou de imagens de pedra, não está nos templos e nas igrejas, não está na leitura da Bíblia ou do *Gita*, não está na repetição de um nome sagrado ou em seguir alguma outra superstição inventada pelos homens. Nada disso é religião.

Religião é a sensação de bondade, aquele amor que é como o rio, movendo-se interminavelmente. Nesse estado vocês descobrirão um momento em que não há mais nenhuma busca; e o término da busca é o começo de algo totalmente diferente. A busca por Deus, pela verdade, pela sensação de estar completamente bem — não o cultivo da bondade, da humildade, mas a busca de algo além das invenções e truques da mente, o que significa ter a sensação por aquele algo, vivendo nele, sendo ele: *isso* é religião. Mas vocês só poderão fazê-lo quando deixarem o lago que cavaram para si e entrarem no rio da vida. Então, a vida mostrará uma maneira surpreendente de cuidar de vocês, porque não haverá restrições de sua parte. A vida os levará para onde quiserem, porque vocês são parte dela; então, não haverá problema de segurança, nem do que as pessoas dizem ou não, e essa é a beleza da vida.

XIX

GOSTARIA DE SABER quantos de vocês notaram o arco-íris na tarde de ontem. Formou-se sobre a água e surgiu de repente. Foi belo ver, experimentar um grande senso de alegria, a consciência da vastidão e da beleza da Terra. Para comunicar essa alegria, é preciso conhecer as palavras, o ritmo e a beleza da linguagem correta, não é? Porém, o mais importante é o próprio sentimento, o êxtase que vem junto com a apreciação profunda de algo adorável; e tal sentimento não pode ser despertado apenas pelo simples cultivo do conhecimento ou da memória.

Vejam, precisamos ter conhecimento para nos comunicarmos, falarmos uns com os outros sobre algum assunto, e para cultivar o conhecimento é preciso haver memória. Sem conhecimento vocês não podem pilotar um avião, não podem construir grandes estradas, cuidar das árvores, dos animais e realizar várias outras atividades que um homem civilizado deve fazer. Gerar eletricidade, trabalhar nas várias ciências, ajudar a humanidade por meio da medicina — para tudo isso vocês precisam ter conhecimento, informação, memória, e para tais assuntos é necessário receber a melhor instrução possível. Esse é o motivo por que é tão importante que vocês tenham professores de primeira linha, a fim de lhes dar a informação correta que os auxilie a cultivar um conhecimento integral sobre vários temas.

Mas vejam: embora o conhecimento seja necessário em um nível, em outro ele se torna um impedimento. Existe muito conhecimento disponível a respeito da existência física, e ele aumenta sempre. É essencial utilizá-lo para o benefício do homem. Mas não existe um outro tipo de conhecimento que no nível psicológico torna-se um impedimento para a descoberta do que é verdadeiro? Afinal, o conhecimento é uma forma de tradição, não é? E tradição é o cultivo da memória. A tradição em assuntos mecânicos é essencial, mas quando é utilizada como um meio de guiar internamente o homem, torna-se um impedimento para descobrir coisas maiores.

Confiamos no saber, na memória das coisas mecânicas e em nossa vida diária. Sem ele não seríamos capazes de dirigir um carro ou de fazer várias coisas. Mas ele também é um impedimento quando se torna uma tradição, uma crença que guia a mente, a psique, o ser interior; e também divide o homem. Já notaram como as pessoas no mundo inteiro são divididas em grupos, chamando a si mesmas de hindus, muçulmanos, budistas, cristãos etc.? O que as divide? Não é a investigação da ciência, não é o conhecimento da agricultura, de como construir pontes ou pilotar aviões a jato. O que as divide é a tradição: as crenças que condicionam a mente em determinada maneira.

Por isso o saber é um obstáculo quando se torna uma tradição que molda ou condiciona a mente em determinado padrão, porque ele não somente divide as pessoas e cria inimigos, mas também impede a descoberta profunda do que é verdade, vida, Deus. Para descobrir o que é Deus, a mente precisa estar livre de toda a tradição, de todo o acúmulo, de todo o conhecimento que é utilizado como segurança psicológica.

A função da educação é dar ao aluno um conhecimento abundante em vários campos do desenvolvimento humano e, ao mesmo tempo, libertar a mente de toda tradição, para torná-lo capaz de investigar, resolver, descobrir. De outra maneira, a mente se torna mecânica, oprimida pela máquina do conhecimento. A menos que se liberte continuamente dos acúmulos da tradição, a mente é incapaz de descobrir o Supremo, o que é eterno; mas é claro que se deve adquirir cada vez mais saber e informação para poder lidar com as coisas que o homem precisa e deve produzir.

Portanto, o conhecimento, que é o cultivo da memória, é útil e necessário até certo ponto, mas em outro nível torna-se um estorvo. Reconhecer a diferença — ver quando ele é destrutivo e deve ser rejeitado e em que situação é essencial e deve ser executado tão amplamente quanto possível — é o começo da inteligência.

Mas o que está acontecendo na educação no momento atual? Vocês recebem vários tipos de conhecimento, não é? Quando forem para a universidade, serão engenheiros, médicos ou advogados, farão mestrado em matemática ou alguma outra área do saber, poderão estudar ciências domésticas e aprender como cuidar da casa, como cozinhar, e outros assuntos, mas ninguém os auxilia a se livrarem de todas as tradições, para que desde o início a mente esteja receptiva, viva e, portanto, capaz de descobrir algo totalmente novo o tempo todo. As filosofias, teorias e crenças que adquirem nos livros, e que se tornam a sua tradição, são realmente um impedimento para a mente, porque ela as utiliza como um meio para a própria segurança psicológica, ficando, então, condicionada por elas. Por isso é tão necessário libertar a mente de toda a tradição e, ao mesmo tempo, cultivar o conhecimento, a técnica; essa é a função da educação.

O difícil é libertar a mente do saber para que ela possa descobrir o novo a todo momento. Um grande matemático menciona ter trabalhado em um problema por alguns dias sem encontrar a solução. Uma manhã, enquanto fazia a costumeira caminhada, ele viu a resposta. O que acontecera? Sua mente, permanecendo em silêncio, estava livre para ver o problema, e o próprio problema revelou a resposta. A pessoa tem a informação sobre o problema, mas a mente deve estar livre dele para encontrar a resposta.

Muitos de nós aprendemos os fatos, reunimos informação ou conhecimento, mas a mente nunca aprende como se aquietar, como se livrar de todas as tormentas da vida, do solo no qual os problemas lançam suas raízes. Unimo-nos a sociedades, aderimos a algumas filosofias, dedicamo-nos a uma crença, porém tudo é inteiramente inútil, porque não resolve os nossos problemas humanos. Pelo contrário, traz maior sofrimento, maior tristeza. O necessário não é uma filosofia ou crença, mas que a mente esteja livre para investigar, descobrir e ser criativa.

Vocês se concentram para serem aprovados nas provas, reúnem muita informação e anotam tudo para conseguir uma boa nota, esperando encontrar um emprego e se casar; e chega? Vocês adquiriram conhecimento, técnica, mas a mente não está livre, e vocês se tornam escravos do sistema existente — o que na verdade significa que não são seres humanos criativos. Podem ter filhos, pintar alguns quadros ou escrever um ou outro poema, mas certamente sem criatividade. Primeiro deve haver liberdade da mente, para que ocorra a criatividade, que pode ser expressada depois pela técnica. Mas a técnica é inútil sem uma mente criativa, sem a criatividade extraordinária que acompanha a descoberta do que é verdadeiro. Infelizmente, muitos de nós não conhecemos a criatividade porque sobrecarregamos nossas mentes com o conhecimento, tradição, memória, com o que Shankara, Buda, Marx ou outros disseram. Porém, se a mente estiver livre para descobrir o que é verdadeiro, então vocês descobrirão uma riqueza abundante e incorruptível, na qual existe grande alegria. Então todos os relacionamentos — com pessoas, ideias e coisas — terão um significado diferente.

XX

AQUELE CAMPO VERDE com flores amarelo-mostarda e com o regato atravessando-o é algo belo de ser visto, não acham? Ontem à noite fiquei olhando para ele, e quando vemos a extraordinária beleza e calma de uma paisagem rural, invariavelmente nos perguntamos o que é a beleza. Existe uma resposta imediata para o que é belo e também para o que é feio, para o prazer e para a dor, e colocamos esse sentimento em palavras dizendo "Isto é belo" ou "Isto é feio". Mas o que importa não é o prazer ou a dor; pelo contrário, é estar em comunhão com todas as coisas, ser sensível tanto ao feio quanto ao belo.

E o que é beleza? É uma das perguntas mais fundamentais, não é superficial; portanto, não a coloquem de lado. Compreender o que é a beleza — sentir aquela bondade que chega quando a mente e o coração estão em comunhão com algo belo, sem qualquer impedimento, de modo que a pessoa se sinta completamente bem —, certamente isso é de grande significado na vida. E até que conheçamos essa resposta à beleza, nossas vidas serão fúteis. É possível estar rodeado por grande beleza, por montanhas, campos e rios, mas se não formos sensíveis a tudo isso, estaremos como mortos.

Você jovens, adultos e idosos, devem se perguntar: o que é a beleza? Limpeza, o capricho de uma roupa, um sorriso, um gesto gracioso, o ritmo do andar, uma flor no cabelo, boas maneiras, clareza na fala, atenção, consideração pelos outros, pontualidade — tudo isso faz parte da beleza, mas está somente na superfície, não é? E é somente isso que forma a beleza ou existe algo bem mais profundo?

Existe a beleza da forma, do projeto, da vida. Já observaram o belo formato de uma árvore com todas as folhas ou a delicadeza extraordinária de galhos desfolhados com o céu ao fundo? Essas coisas são belas de serem vistas, porém são todas expressões superficiais de algo bem mais profundo. Então, o que é que chamamos de beleza?

Vocês podem ter um belo rosto, feições bem-delineadas, se vestir com bom gosto e ter boas maneiras, podem pintar bem ou escrever sobre a beleza de uma paisagem, mas sem o senso interior da bondade todos os complementos externos da beleza conduzirão a uma vida bastante superficial, sofisticada; uma vida sem muito significado.

Por isso precisamos descobrir o que é realmente a beleza, não é? Vejam, não estou dizendo que devemos evitar as expressões externas da beleza. Todos devemos ter boas maneiras, estar fisicamente limpos e bem-vestidos, sem ostentação, ser pontuais, claros em nossa fala e todas as outras coisas. Elas são necessárias e criam uma atmosfera agradável, mas em si mesmas elas não têm muito significado.

É a beleza interna que traz a graça — gentileza requintada com a forma e o movimento externos. Em que consiste a beleza interna sem a qual a vida se torna fútil? Já pensaram nisso? Provavelmente não. Vocês estão muito ocupados, as mentes estão muito atarefadas com estudos, jogos, conversas, em rir e implicar uns com os outros. Mas ajudar vocês a descobrir o que é a beleza interna, sem a qual a forma e o movimento externos possuem pouca relevância, é uma das funções da educação correta; e a apreciação profunda da beleza é parte essencial da própria vida.

Uma mente fútil consegue apreciar a beleza? Pode falar sobre beleza, mas conseguirá vivenciar o crescer de uma imensa alegria ao olhar algo que é realmente belo? Quando a mente está somente preocupada consigo mesma e com suas atividades, ela não é bonita; não importa o que fizer, ela permanecerá sem atrativos, limitada e, portanto, incapaz de saber o que é a beleza. Bem, a mente que não está preocupada consigo mesma, que está livre da ambição, que não está presa nos próprios desejos ou impulsionada pela busca por sucesso não é fútil, e floresce na bondade. Compreendem? É a bondade interior que traz a beleza, mesmo para um rosto considerado feio. Onde existe a bondade interna, o rosto feio é transformado, pois a bondade interna é realmente um sentimento religioso profundo.

Sabem o que é ser religioso? Não está ligado aos sinos dos templos, embora eles soem bonito à distância, nem aos *pujas*, nem às cerimônias dos sacerdotes e todo o restante de uma ritualística sem propósito. Ser religioso é ser sensível à realidade. O seu ser total — corpo, mente e coração — é sensível à beleza e à feiura, ao burrico preso a um poste, à pobreza e à sujeira da cidade, ao riso e às lágrimas, a tudo de vocês. Da sensibilidade pelo todo da existência brota a bondade, o amor; e sem ela não existe beleza, embora vocês possam ter talento, andar bem-vestidos, escrupulosamente limpos e dirigindo um carro de luxo.

O amor é algo extraordinário, não é? Vocês não conseguem amar se estiverem pensando em si mesmos — o que não significa que devam estar pensando a respeito de outra pessoa. O amor *é*, não possui objeto. A mente que ama é realmente religiosa, porque está no movimento da realidade, da verdade, de Deus, e é apenas essa mente que pode conhecer o que é a beleza. Aquela que não está presa a qualquer filosofia, que não está enclausurada em qualquer sistema ou crença, que não é impulsionada pela sua própria ambição, sendo, portanto, sensível, alerta e atenta — essa mente possui beleza.

É muito importante, enquanto são jovens, que vocês aprendam a ser asseados e limpos, a se sentar bem, sem movimentos inquietos, a ter boas maneiras à mesa e serem atenciosos, pontuais; porém, tudo isso, embora necessário, é superficial, e se cultivarem somente o superficial, sem compreenderem o lado mais profundo, nunca conhecerão o verdadeiro significado da beleza. A mente que não pertence a nenhuma nação, grupo ou sociedade, que não possui autoridade, que não é motivada pela ambição ou tolhida pelo medo, está sempre florindo no amor e na bondade. Porque é no movimento da realidade que se conhece o que é a beleza; e ao sermos sensíveis tanto à feiura quanto à beleza, nossa mente será criativa, com uma compreensão ilimitada.

XXI

UM HOMEM COM vestes de *sannyasi* costumava, todas as manhãs, colher flores em um jardim próximo. As mãos e os olhos buscavam ansiosos pelas flores, e ele apanhava todas que conseguia alcançar. Evidentemente, ele as oferecia a alguma imagem morta, algo feito de pedra. As flores eram lindas, suaves, recém-abertas ao sol da manhã, e ele não as colhia com gentileza, mas as arrancava, perversamente tirando-as do jardim. O deus que ele cultuava exigia muitas flores — muitas coisas vivas para uma imagem de pedra, morta.

Outro dia vi alguns meninos apanhando flores. Não iam oferecê-las a nenhum deus; conversavam e, sem pensar, rasgavam as flores e as atiravam a esmo. Já se observaram agindo assim? Pergunto-me por que fazem isso. Enquanto caminham, quebram um galho, tiram folhas e jogam fora. Já notaram em vocês alguma ação impensada como essas? Os adultos agem assim e têm a própria maneira de expressar a brutalidade interna, o desrespeito terrível pelas coisas vivas. Eles falam sobre inocência, embora tudo o que façam seja destrutivo.

É compreensível que vocês colham uma flor ou duas para colocarem no cabelo, ou para dar a alguém que amem, mas por que apenas dilacerá-las? Os adultos são terríveis em sua ambição, chacinam-se em suas guerras e se corrompem pelo dinheiro. Possuem suas próprias formas de atos horrendos, e aparentemente os jovens aqui, como em outros lugares, estão seguindo os mesmos passos.

Outro dia eu estava caminhando com um dos rapazes, e encontramos uma pedra no caminho. Quando a retirei, ele perguntou: "Por que fez isso?" O que essa pergunta indica? Falta de consideração, de respeito? Vocês devem mostrar respeito não pelo medo, não é? Prontamente se levantam quando uma pessoa mais velha entra na sala, mas isso não é respeito, é medo, porque se realmente sentissem respeito retirariam a pedra do caminho, não destruiriam as flores, cuidariam das árvores e ajudariam a manter o jardim. Adultos ou jovens, não costumamos dar o devido valor às coisas. Por quê? Será porque não sabemos o que é o amor?

Compreendem o que é o amor simples? Não a complexidade do amor sexual, não o amor de Deus, mas somente o amor, ser carinhoso, realmente gentil na abordagem de todas as coisas. Em casa vocês nem sempre recebem o amor simples, pois seus pais são muito ocupados; em casa talvez não haja a verdadeira afeição, o carinho, então vocês chegam aqui tendo vivenciado a insensibilidade e se comportam como os outros. E como é possível despertar a sensibilidade? Não que seja preciso haver regras contra tirar flores, pois quando são meramente restringidos pelas regras existe medo. Mas como desenvolver a sensibilidade que os alerte para que não causem danos a pessoas, animais e flores?

Estão interessados nesse assunto? Deveriam estar. Se não estão interessados em serem sensíveis, daria no mesmo se estivessem mortos — e a maioria das pessoas está. Embora tenha três refeições por dia, empregos, filhos, dirija seus carros, use roupas sofisticadas, muita gente age como se estivesse morta.

Sabem em que consiste ser sensível? Significa, certamente, ter sentimentos ternos pelas coisas: ver um animal sofrendo e fazer algo para aliviar sua dor, tirar uma pedra do caminho porque muitos pés descalços passarão por ali, recolher um prego na estrada porque poderá furar o pneu de alguém. Ser sensível é ter compaixão pelas pessoas, pelos pássaros, pelas flores, pelas árvores — não porque são suas, mas porque estão conscientes da beleza extraordinária das coisas. E como a sensibilidade pode ser despertada?

No momento em que forem profundamente sensíveis, vocês naturalmente não arrancarão as flores; haverá um desejo espontâneo de não destruir, de não prejudicar, o que significa ter o verdadeiro respeito, amor. Amar é a coisa mais importante na vida. Mas o que entendemos por amor? Quando vocês amam alguém porque aquela pessoa ama vocês, certamente isso não é amor. Amar é ter um sentimento extraordinário de afeto sem pedir nada em troca. Podem ser muito espertos, serem aprovados em tudo, fazer doutorado e atingir uma posição elevada, mas se não tiverem sensibilidade e o sentimento de amor simples o coração será vazio, e vocês permanecerão infelizes pelo resto da vida.

Por isso é muito importante que o coração esteja preenchido com o afeto, pois assim vocês não destruirão, não serão cruéis, e não haverá mais guerras. Serão seres humanos felizes, e por estarem felizes não rezarão, não *buscarão* a Deus, pois essa própria felicidade é Deus.

E como surge o amor? Certamente, ele deve começar com o educador, o professor. Se, além de passar informações sobre matemática, geografia ou história, o professor tiver o sentimento de amor em seu coração e falar sobre ele; se retirar espontaneamente a pedra do caminho e não permitir que o empregado faça todo o trabalho "sujo"; se, na conversa, no trabalho, na função que exerce, quando come, quando está com vocês ou sozinho, ele sente essa coisa estranha e a destaca com frequência para vocês — então vocês também saberão o que é amar.

Vocês podem ter a pele clara, um rosto bonito, usar um belo sári ou ser um grande atleta, mas sem amor no coração serão seres humanos feios além do aceitável; quando amam, seu rosto pode ser grosseiro ou belo, mas será radiante. Amar é a maior coisa na vida, e é muito importante falar sobre o amor, senti-lo, nutri-lo, valorizá-lo, senão ele logo se dissipará, pois o mundo é brutal. Se enquanto jovens vocês não sentem o amor, se não olham com amor para as pessoas, os animais, as flores, quando crescerem descobrirão que sua vida é vazia; serão pessoas solitárias, e as sombras escuras do medo os seguirão sempre. Mas no momento em que tiverem no coração essa coisa extraordinária chamada amor e sentirem a profundidade, o prazer, o êxtase dele, descobrirão que para vocês o mundo se transforma.

XXII

Um dos nossos problemas mais difíceis é o que chamamos de disciplina, e é realmente muito complexo. Vejam, a sociedade acha que ela deve controlar ou disciplinar o cidadão, moldar sua mente segundo certos padrões religiosos, sociais, morais e econômicos.

Mas essa disciplina toda é necessária? Por favor, ouçam com cuidado e não digam "sim" ou "não" imediatamente. Muita gente acha, especialmente quando ainda é jovem, que não deve haver disciplina alguma, que se deve poder fazer tudo o que se queira, e acha que isso é liberdade. Mas simplesmente dizer que nós devemos ou não ter disciplina, que devemos ser livres etc. tem muito pouco significado sem a compreensão de todo o problema da disciplina.

O atleta dedicado está se disciplinando o tempo inteiro, não é? Sua alegria em competir e a própria necessidade de se manter em forma o faz ir cedo para a cama, não fumar, comer bem e, em geral, observar as regras para uma boa saúde. A disciplina não é uma imposição ou um conflito, mas um resultado natural da sua alegria pelo atletismo.

Mas a disciplina aumenta ou diminui a energia humana? Os seres humanos no mundo inteiro, em todas as religiões, em todas as escolas de filosofia, impõem a disciplina da mente, o que implica controle, resistência, ajuste, supressão; é necessário tudo isso? Se a disciplina aumenta a produção da energia humana, então vale o esforço e existe um significado; mas se ela meramente reprime a energia humana, ela é prejudicial, destrutiva. Todos temos energia, e a questão é se essa energia, por meio da disciplina, pode se tornar vital, rica e abundante, ou se destrói qualquer energia que tivermos. Acho que esse é o ponto central da questão.

Muitos seres humanos não possuem grande quantidade de energia, e o pouco que conseguem reter logo é sufocado e destruído pelos controles, ameaças e tabus da sociedade a que pertencem no meio daquilo que denominam educação; portanto, eles se tornam cidadãos sem vitalidade, imitadores daquela sociedade. E a disciplina fornece mais energia para o indivíduo que tem pouca para começar? Ela torna a vida rica e plena de vitalidade?

Quando vocês são muito jovens, como agora, estão cheios de energia, não é? Querem brincar, correr, conversar; não conseguem ficar parados, estão cheios de vida. Então, o que acontece? À medida que vocês vão se tornando adultos, professores começam a cercear a energia, podando-a, dirigindo-a para vários moldes; e quando finalmente vocês se tornam adultos, homens e mulheres, a pouca energia que restou logo é sufocada pela sociedade, que diz que devem ser cidadãos ajustados e se comportar de determinada maneira. Pela chamada educação e compulsão da sociedade, a energia abundante que vocês trazem quando são jovens é gradualmente destruída.

E essa energia que vocês possuem agora pode se tornar mais vital por meio da disciplina? Se vocês tiverem somente um pouco de energia, a disciplina poderá aumentá-la? Se conseguirem, então a disciplina possui um significado; mas se ela, na verdade, destruir a energia existente, então, obviamente, deve ser deixada de lado.

Em que consiste a energia que todos temos? Ela é o pensamento, o sentimento; é o interesse, o entusiasmo, a ganância, a paixão, a luxúria, a ambição, o ódio. Pintar quadros, inventar máquinas, construir pontes, fazer estradas, cultivar os campos, jogar, escrever poemas, cantar, dançar, ir ao templo, adorar — tudo é expressão da energia; e a energia cria também a ilusão, o engano, a miséria. As qualidades mais refinadas e mais destrutivas são igualmente expressões da energia humana. Mas, vejam, o processo de controlar ou disciplinar a energia, deixá-la ir em uma direção e restringir outra torna-se meramente uma conveniência social; a mente é moldada de acordo com o padrão de uma determinada cultura e, portanto, a energia é gradualmente dissipada.

Portanto, nosso problema é: pode a energia, que em algum grau todos nós possuímos, ser aumentada, ter mais vitalidade — e se assim for, para fazer o quê? Para que é essa energia? O propósito da energia é fazer a guerra? É inventar aviões a jato e inúmeras outras máquinas, buscar um guru, ser aprovado na escola, ter filhos, preocupar-se interminavelmente com este ou aquele problema? Ou a energia pode ser utilizada de maneira diferente, para que todas as nossas atividades tenham um significado em relação a algo que as transcende? Certamente, se a mente humana, que é capaz dessa energia surpreendente, não estiver buscando a realidade ou Deus, então toda a expressão da sua energia se torna um meio de destruição e miséria. Buscar a realidade requer uma energia imensa; e se o homem não fizer isso, ele a dissipa de maneiras que criam o engano, e então a sociedade terá de controlá-lo. Mas é possível liberar a energia na busca de Deus ou da verdade e, no processo da descoberta do que é a verdade, ser um cidadão que compreende os aspectos fundamentais da vida e a quem a sociedade não pode destruir? Estão seguindo o raciocínio, ou está um pouco complexo demais?

Vejam, o homem é energia, e se o homem não buscar a verdade, a energia se torna destrutiva; portanto, a sociedade controla e molda o indivíduo, o que sufoca sua energia. É o que acontece com a maioria dos adultos em todo o mundo. E talvez vocês tenham notado outro fato interessante e bem simples: no momento em que vocês realmente desejarem alguma coisa, terão energia para fazê-lo. O que acontece quando estão ansiosos para disputar um jogo? A energia chega imediatamente, não é? Ela se torna um meio de controle pessoal, então vocês não precisam da disciplina externa. Na busca pela realidade, a energia cria a própria disciplina. O homem que está buscando espontaneamente a realidade torna-se o tipo correto de cidadão, o que não está de acordo com o padrão de qualquer sociedade ou governo em particular.

Portanto, os alunos, bem como os professores, devem trabalhar juntos para produzir a liberação dessa enorme energia para descobrir a realidade, Deus ou a verdade. Na própria busca haverá disciplina, e então vocês serão um ser humano legítimo, um indivíduo completo, e não apenas um indiano ou parse limitado pela sua sociedade e pela cultura. Se, em vez de cercear a sua energia, como está fazendo agora, a escola pudesse ajudar o aluno a despertá-la na busca da verdade, então vocês descobririam que a disciplina tem um significado bem diferente.

Por que será que em casa, na sala de aula e na hospedaria sempre lhes dizem o que devem fazer e deixar de fazer? Certamente é porque pais e professores, como o restante da sociedade, não perceberam que o homem existe para somente um propósito: encontrar a realidade ou Deus. E mesmo um pequeno grupo de educadores deve compreender e dedicar toda a atenção a essa busca e criar um novo tipo de educação e uma sociedade diferente.

Vocês não notam como a maioria das pessoas à sua volta possui pouca energia, incluindo pais e professores? Eles estão morrendo lentamente, mesmo quando seus corpos ainda não são velhos. Por quê? Porque eles têm sido derrotados pela submissão à sociedade. Vejam, sem compreender seu propósito fundamental que é libertar essa coisa extraordinária chamada mente, com sua capacidade de criar submarinos atômicos e aviões a jato, que escreve a poesia e a prosa mais surpreendentes, que pode tornar o mundo mais belo e também destruí-lo, a energia se torna destrutiva; e então a sociedade diz: "Precisamos moldar e controlar a energia do indivíduo".

Então, a mim parece que a função da educação é liberar a energia na busca do bem, da verdade ou Deus, o que por sua vez faz do indivíduo um ser humano verdadeiro e, portanto, um tipo correto de cidadão. Porém, a mera disciplina, sem a compreensão total de tudo isso, não possui significado, é algo nocivo. A menos que cada um de nós seja educado de modo que, ao deixarmos a escola e entrarmos no mundo, estejamos plenos de vitalidade e inteligência, plenos de energia para descobrir o que é verdadeiro, seremos meramente absorvidos pela sociedade. Seremos sufocados, destruídos, e ficaremos infelizes e miseráveis pelo restante de nossas vidas. Assim como um rio cria as margens que o delimitam, a energia que busca a verdade produz a própria disciplina sem qualquer forma de imposição, assim como o rio, que encontrará a própria liberdade.

XXIII

JÁ SE PERGUNTARAM por que quando as pessoas amadurecem elas parecem perder toda a alegria na vida? Atualmente, a maioria de vocês, que são jovens, é razoavelmente feliz; tem problemas pequenos, provas com que se preocupar, mas, apesar dessas atribulações, há em sua vida certa alegria, não é? Existe uma aceitação espontânea e fácil da vida, uma visão leve e feliz das coisas. E por que quando amadurecemos parecemos perder essa insinuação alegre de algo além, de algo de maior significado? Por que tantos de nós, quando entramos na chamada maturidade, nos tornamos apáticos, insensíveis à beleza, à imensidão do céu e à maravilhosa Terra?

Sabem, quando nos fazemos esta pergunta surgem várias explicações na mente. Estamos muito preocupados conosco — esta é uma delas. Lutamos para ser alguém, para atingir e manter certa posição; temos filhos e outras responsabilidades e precisamos ganhar dinheiro. Todas estas coisas externas logo pesam sobre nós, e por isso perdemos a alegria de viver. Olhem para os rostos mais velhos à volta, vejam como a maioria é triste, como são preocupados e até doentes, como são retraídos, arredios e, às vezes, neuróticos, sem um sorriso. Não se perguntam por quê? E mesmo quando perguntamos, a maioria das pessoas parece se satisfazer com explicações simples.

Ontem à noite vi um barco subindo o rio com as velas enfunadas, dirigidas pelo vento oeste. Era um barco grande, carregado com lenha para a cidade. O sol estava se pondo, e o barco visto contra o céu era surpreendentemente belo. O barqueiro só o guiava, sem esforço, pois o vento fazia todo o trabalho. Da mesma forma, se cada um de nós pudesse compreender o problema da luta e do conflito, acredito que seríamos capazes de viver sem esforço, felizes, com um sorriso no rosto.

Penso que é o esforço que nos destrói, a luta na qual nos engajamos em quase todos os momentos de nossas vidas. Se observarem as pessoas mais velhas que estão próximas a vocês, verão que para a maioria delas a vida é uma série de batalhas com elas mesmas, com as esposas ou com os maridos, com os vizinhos, com a sociedade; e a competição incessante dissipa a energia. O homem que é alegre, realmente feliz, não é aprisionado no esforço. Não fazer esforço não significa que vocês estagnaram, que são tolos e estúpidos; pelo contrário, somente os sábios, os extraordinariamente inteligentes é que estão de fato livres do esforço da luta.

Porém, vejam, quando ouvimos falar em não fazer esforço, queremos ser assim, queremos atingir um estado no qual não teremos competição nem conflito; assim, fazemos disso nosso objetivo, nosso ideal, e lutamos por ele; e no momento em que o fazemos, perdemos a alegria de viver. Somos novamente pegos no esforço, na luta. O objeto da luta varia, mas ela é a mesma na essência. Pode-se lutar para realizar reformas sociais, para encontrar Deus ou para criar um relacionamento melhor entre as pessoas, esposas, maridos ou vizinhos; a pessoa pode se sentar na margem do Ganges, adorar aos pés de algum guru etc. Tudo é esforço, luta. Por isso o importante não é o objeto da luta, mas compreender a própria luta.

Bem, é possível à mente manter-se consciente de que em determinado momento ela não luta, estando completamente livre dessa luta contínua, e, assim, descobrir um estado de alegria no qual não existe sentido de superioridade e inferioridade?

Nossa dificuldade é que a mente se sente inferior; e é por isso que ela luta para ser, ou vir a ser, alguma coisa, ou para transpor os vários desejos contraditórios. Mas não vamos tentar dar explicações de por que a mente é preenchida com a luta. Todo homem pensante sabe por que existe luta tanto dentro quanto fora de si. Nossa inveja, ganância, ambição, competitividade, conduzindo a uma eficácia implacável — estes são, obviamente, os fatores que nos levam a lutar, seja neste ou no próximo mundo. Por isso não precisamos estudar os livros de psicologia para saber por que lutamos; e o importante é certamente descobrir se a mente pode se libertar totalmente da luta.

Afinal, quando lutamos, o conflito está entre o que somos e o que *deveríamos* ou *queríamos* ser. Bem, sem dar explicações, pode alguém entender todo esse processo de luta para que ele chegue ao fim? Como aquele barco que estava se movendo com o vento, pode a mente existir sem luta? Certamente, essa é a questão, e não como atingir um estado no qual não existe luta. O próprio esforço para atingir esse estado consiste em um processo de luta; portanto, esse estado nunca é atingido. Mas se vocês observarem a cada momento como a mente fica aprisionada na luta interminável — somente observarem o fato, sem tentar alterá-lo, sem tentar forçar sobre a mente um determinado estado que chamam de paz —, então descobrirão que ela espontaneamente deixa de lutar; e nesse estado pode aprender muito. Aprender, então, não é simplesmente o processo de reunir informação, mas a descoberta das riquezas extraordinárias que estão além do alcance da mente, e para a mente que faz essa descoberta existe alegria.

Observem a si mesmos e verão como lutam desde o amanhecer até a noite, e como a energia é gasta nessa luta. Se simplesmente explicarem por que lutam, se perderão em teorias, e a luta continuará; porém, se observarem a mente com calma e sem interpretar, se somente deixarem a mente ficar alerta sobre a própria luta, logo descobrirão que surgirá um estado no qual não existe nenhuma luta, mas um senso de alerta surpreendente. Nesse estado de vigilância não existe superior e inferior, não há o grande ou o pequeno, nem guru nenhum. Todos esses absurdos se desfazem porque a mente está totalmente desperta, e a mente que é totalmente desperta é alegre.

XXIV

UM ENTRE OS vários problemas com os quais todos nos confrontamos, e especialmente quem está sendo educado agora e logo irá enfrentar o mundo, é essa questão da reforma. Vários grupos de pessoas — socialistas, comunistas e reformadores de todos os tipos — estão preocupados em tentar fazer determinadas transformações no mundo, mudanças que são obviamente necessárias. Embora em alguns países exista um bom grau de prosperidade, no mundo todo ainda encontramos fome, inanição e milhões de pessoas necessitadas de vestimentas e lugar adequado para dormir. E como poderá ocorrer uma reforma fundamental sem que se crie mais caos, mais miséria, mais discórdia? Esse é o verdadeiro problema, não é? Se alguém ler um pouco da história e observar as tendências políticas atuais, torna-se óbvio que aquilo que chamamos de reforma, embora desejável e necessária, sempre trará em seu rastro ainda outras formas de confusão e conflito; e para neutralizar o sofrimento, mais legislação, mais repressão e impedimentos se tornarão necessários. A reforma cria novas desordens; para consertá-las são produzidas ainda outras desordens, e o círculo vicioso prosseguirá. É isso que encaramos, um processo que parece não ter fim.

E como romper com o círculo vicioso? Lembrem-se, é óbvio que uma reforma é imprescindível, mas ela será possível sem trazer ainda mais confusão? A mim me parece que se trata de um dos pontos fundamentais com o qual qualquer pessoa ponderada se preocupa. A questão não é qual tipo de modificação é necessária, ou em que nível, mas se ela é possível sem trazer outros problemas, que criarão a necessidade de uma nova reforma. E o que fazer para romper com esse processo interminável? Certamente, é função da educação — seja em uma escola pequena ou em uma grande universidade — atacar o problema, não de maneira abstrata, teórica, não apenas filosofando ou escrevendo livros a respeito, mas encarando de fato o círculo vicioso da modificação que sempre precisa de outra e que, se não for interrompido, os problemas não poderão ser solucionados.

Então, que tipo de educação, que tipo de pensamento são necessários para romper o círculo vicioso? Qual ação dará um fim ao aumento de problemas em nossas atividades? Haverá um movimento de pensamento, em alguma direção, que possa libertar o homem desse modo de vida, da modificação que sempre precisa de uma outra? Em outras palavras, haverá uma ação que não nasça da reação?

Acho que existe um modo de vida no qual não ocorre o processo de modificação que produz mais sofrimento, e esse modo pode ser chamado de religioso. A pessoa verdadeiramente religiosa não está preocupada com a reforma, nem com apenas produzir as mudanças na ordem social; pelo contrário, ela busca o que é a verdade, e essa busca exerce um efeito transformador na sociedade. Por isso, a educação deve preocupar-se, sobretudo, em auxiliar o aluno a buscar a verdade ou Deus, e não só em prepará-lo para que se adapte ao padrão de determinada sociedade.

Acho que é muito importante compreender esse processo enquanto somos jovens porque, quando amadurecemos e começamos a abrir mão de nossas pequenas diversões e distrações, nossos apetites sexuais e pequenas ambições, tornamo-nos mais cientes dos imensos problemas que existem no mundo e, então, desejamos fazer algo a respeito, queremos realizar alguma melhoria. Mas se não formos profundamente religiosos criaremos somente mais confusão, mais sofrimento; e religião não significa estar ligado a sacerdotes, igrejas, dogmas ou crenças. Nada disso é religião, mas meras conveniências sociais para nos manter dentro de um determinado padrão de pensamento e ação; são meios para explorar nossa credulidade, esperança e medo. A religião é a busca do que é a verdade, do que é Deus, e a procura requer muita energia, ampla inteligência, pensamento sutil. É na busca do imensurável que está a ação social correta, não na chamada modificação de uma determinada sociedade.

Para descobrir o que é a verdade é preciso haver muito amor e profunda consciência do relacionamento do homem com todas as coisas — o que significa que não há preocupação com o próprio progresso e realizações. A busca da verdade é a verdadeira religião, e o homem que sai ao seu encontro é o único religioso. Ele, em função de seu amor, está fora da sociedade, e sua ação sobre ela é, portanto, totalmente diferente da do indivíduo que está na sociedade e preocupado com mudanças. O reformador jamais consegue criar uma nova cultura. O importante é a busca do homem verdadeiramente religioso, pois essa procura traz a sua própria cultura e é nossa única esperança. Vejam, a tentativa de encontrar a verdade provoca uma criatividade impactante na mente, que é a verdadeira revolução, porque nesse empreendimento a mente não está contaminada pelo editos e sanções da sociedade. Livre de tudo isso, o homem religioso é capaz de descobrir o que é verdadeiro, e é a constante descoberta do que é verdadeiro que cria uma nova cultura.

É muito importante que vocês recebam o tipo certo de educação. Assim, o próprio educador deve ter sido corretamente educado, para não encarar o ensino como um mero meio de ganhar seu sustento, mas para ajudar o aluno a colocar de lado todos os dogmas e não ser amparado por nenhuma religião ou crença. As pessoas que buscam apoio em uma autoridade religiosa ou que praticam certos ideais estão todas preocupadas com a reforma social, que consiste simplesmente em decorar as paredes da prisão. Somente o homem realmente religioso é o verdadeiro revolucionário. E é função da educação ajudar a cada um de nós a ser religioso no sentido correto da palavra, pois somente nessa direção está nossa salvação.

PARTE TRÊS

Perguntas e Respostas

Pergunta: Sabemos que o sexo é uma necessidade física e psicológica inevitável, e parece ser a causa básica do caos na vida pessoal de nossa geração. Como podemos lidar com esse problema?

KRISHNAMURTI: Por que é que transformamos tudo o que tocamos em problemas? Nós fizemos de Deus um problema, fizemos do amor um problema, fizemos do relacionamento e da vida um problema e fizemos do sexo um problema. Por quê? Por que tudo que fazemos é um problema, um horror? Por que estamos sofrendo? Por que o sexo se tornou um problema? Por que nos submetemos a viver com problemas, por que não damos um fim a eles? Por que não morremos para nossos problemas em vez de carregá-los dia após dia, ano após ano? A pergunta sobre sexo é certamente relevante, mas existe uma pergunta mais importante: por que fazemos da vida um problema? Trabalhar, fazer sexo, ganhar dinheiro, pensar, sentir, vivenciar — sabe, a vida como um todo —, por que é um problema? Não é basicamente porque sempre pensamos a partir de um ponto de vista em particular, de um ponto de vista fixo? Estamos sempre pensando de um centro em direção à periferia, mas a periferia é o centro para a maioria de nós e, assim, tudo que tocamos é superficial. Mas a vida não é superficial; ela exige viver completamente, e porque estamos vivendo apenas superficialmente conhecemos apenas a reação superficial. O que quer que façamos na periferia deverá, inevitavelmente, criar um problema, e isso é nossa vida: vivemos na superfície e estamos contentes de viver lá, com todos os problemas da superfície. Os problemas existirão enquanto vivermos na superfície, na periferia, a periferia sendo o "eu" e suas sensações, que pode ser externalizada ou tornada subjetiva, que pode estar identificada com o universo, com o país ou com alguma outra coisa criada pela mente.

Enquanto vivermos dentro do campo da mente existirão complicações, existirão problemas; isso é tudo que nós conhecemos. A mente é sensação, a mente é o resultado de sensações e reações acumuladas, e tudo que ela toca está destinado a criar infelicidade, confusão, um problema interminável. A mente é a causa real de nossos problemas, a mente que está trabalhando mecanicamente noite e dia, consciente e inconscientemente. A mente é a coisa mais superficial, e temos gasto gerações, gastamos nossas vidas inteiras cultivando a mente, tornando-a cada vez mais inteligente, cada vez mais sutil, cada vez mais astuta, cada vez mais desonesta e trapaceira, tudo isso sendo evidente em todas as atividades de nossa vida. A própria natureza de nossa mente é ser desonesta, trapaceira, incapaz de enfrentar os fatos, e isso é o que causa os problemas; é isso que é o próprio problema.

O que queremos dizer com o problema do sexo? É o ato ou é o pensamento sobre o ato? Certamente não é o ato. O ato sexual não é um problema para você mais do que comer é um problema para você, mas se você *pensar* sobre comer ou qualquer outra coisa o dia todo, porque não tem outra coisa no que pensar além disso, se tornará um problema para você. O ato sexual é o problema ou é o pensamento sobre o ato? Por que você pensa sobre isso? Por que você reforça isso, que é, obviamente, o que você está fazendo? Os cinemas, as revistas, as histórias, o modo de as mulheres se vestirem, tudo está reforçando seu pensamento sobre sexo. Por que a mente reforça isso, por que a mente pensa sobre sexo, afinal? Por quê? Por que isso se tornou uma questão central em sua vida? Quando existem tantas coisas chamando e exigindo sua atenção, você dá total atenção ao pensamento do sexo. O que acontece, por que sua mente está tão ocupada com isso? Porque esse é um meio de fuga máxima, não é? É um meio de total autoesquecimento. Por enquanto, pelo menos nesse momento, você pode se esquecer de você — e não existe outro modo de se esquecer de você. Tudo mais que você fizer na vida dará ênfase ao "eu", ao ser. Seus negócios, sua religião, seus deuses, seus líderes, suas ações políticas e econômicas, suas fugas, suas atividades sociais, sua filiação a um partido e sua rejeição a outro — tudo isso estará enfatizando e fortalecendo o "eu". Ou seja, só existe esse único ato no qual não há ênfase no "eu", então ele se torna um problema, não é? Quando só existe uma coisa na sua vida, que é uma rota para a fuga máxima, para o total esquecimento de si mesmo, ainda que somente por alguns segundos, você se agarra a isso porque é o único momento em que você é feliz. Todas as outras questões que você toca se tornam um pesadelo, uma fonte de sofrimento e dor, então você se agarra à única coisa que proporciona total autoesquecimento, que você chama de felicidade. Mas quando você se agarra a isso, logo se torna um pesadelo, porque aí você quer se libertar disso, não quer ser um escravo disso. Então inventa, novamente a partir da mente, a ideia de castidade, de celibato, e tenta ser celibatário, ser casto, pela repressão, tudo isso sendo uma operação da mente para se desligar do ato. Isso novamente dá particular ênfase ao "eu" que está tentando se tornar algo, então você é enredado mais uma vez no trabalho, na dificuldade, no esforço, na dor.

O sexo se torna um problema extraordinariamente difícil e complexo enquanto você não entende a mente que pensa sobre o problema. O próprio ato jamais pode ser um problema, mas o pensamento sobre o ato cria o problema. O ato, você salvaguarda; você vive livremente ou se entrega ao casamento, desse modo fazendo de sua mulher uma prostituta, o que é aparentemente muito respeitável, e você fica satisfeito de não tocar mais no assunto. Certamente, o problema só poderá ser resolvido quando você entender o processo todo e a estrutura do "eu" e do "meu": minha mulher, meu filho, minha propriedade, meu carro, minha conquista, meu sucesso; até que você entenda e resolva tudo isso, o sexo como um problema continuará. Enquanto você for ambicioso, politicamente, religiosamente ou de qualquer outra forma, enquanto você estiver enfatizando o ser, o pensador, o experienciador, ao alimentá-lo com ambição quer em nome de si mesmo como indivíduo ou em nome do país, do partido ou de uma ideia que você chama de religião — enquanto houver essa atividade de autoexpansão, você terá um problema sexual. Você estará criando, alimentando e expandindo você mesmo por um lado, e pelo outro, estará tentando se esquecer de você, se perder de si mesmo, ainda que somente por um momento. Como os dois podem existir juntos? Sua vida é uma contradição: a ênfase no "eu" e o esquecimento do "eu". O sexo não é um problema; o problema é essa contradição em sua vida; e a contradição não pode ser resolvida pela mente, porque a própria mente é uma contradição. A contradição só poderá ser entendida quando você entender totalmente o processo inteiro de sua existência diária. Ir ao cinema e ver as mulheres na tela, ler livros que estimulem o pensamento, as revistas com fotografias de mulheres seminuas, seu modo de olhar para elas, os olhares furtivos que surpreendem os seus — todas essas coisas estão estimulando a mente por meios dissimulados a enfatizar o "eu" e, ao mesmo tempo, você tenta ser bondoso, afetuoso, terno. Os dois não podem andar juntos. O homem que é ambicioso, espiritualmente ou de outro modo, jamais pode existir sem um problema, porque os problemas só cessam quando o ser é esquecido, quando o "eu" é não existente, e esse estado de não existência do ser não é um ato da vontade, não é mera reação. O sexo se torna reação; quando a mente tenta resolver o problema, ela só torna o problema mais confuso, mais perturbador, mais doloroso. O ato não é o problema, mas a mente é o problema, a mente que diz que ela precisa ser casta. A castidade não é da mente. A mente só pode reprimir suas próprias atividades, e a repressão não é castidade. A castidade não é uma virtude, a castidade não pode ser cultivada. O homem que está cultivando a humildade não é, certamente, um homem humilde; ele pode chamar seu orgulho de humildade, mas ele é um homem orgulhoso, e é por isso que busca se tornar humilde. O orgulho nunca pode se tornar humilde e a castidade não é uma coisa da mente — você não pode se tornar casto. Você só conhecerá a castidade quando houver amor, e o amor não é da mente nem uma coisa da mente.

Portanto, o problema do sexo que tortura tantas pessoas no mundo inteiro não poderá ser resolvido até que a mente seja entendida. Nós não podemos pôr um fim no pensamento, mas o pensamento chegará ao fim quando o pensador cessar, e o pensador só cessará quando houver um entendimento do processo inteiro. O medo toma forma quando há divisão entre o pensador e seu pensamento; só quando não existir o pensador é que não existirá conflito no pensamento. O que está implícito não precisa de esforço para entender. O pensador toma forma pelo pensamento; então, o pensador esforça-se para moldar, para controlar seus pensamentos ou para dar um fim a eles. O pensador é uma entidade fictícia, uma ilusão da mente. Quando há uma percepção do pensamento como um fato, então não há necessidade de pensar sobre o fato. Se existe conscientização simples e com ausência de escolha, então aquilo que está implícito no fato começa a se revelar. Portanto, o pensamento como fato acaba. Assim, você vê que os problemas que estão consumindo seus corações e mentes, os problemas de nossa estrutura social, podem ser resolvidos. Assim, o sexo não será mais um problema, ele terá seu lugar adequado, não será nem uma coisa impura nem uma coisa pura. O sexo terá seu lugar; mas quando a mente lhe dá o lugar predominante, então ele se torna um problema. A mente dá ao sexo o lugar predominante porque ela não consegue viver sem alguma felicidade e, então, o sexo se torna um problema; quando a mente entende seu processo inteiro e assim chega ao fim, é aí que o pensamento cessa; então existe criação, e é essa criação que nos faz feliz. Estar nesse estado de criação é bem-aventurança, porque é um autoesquecimento em que não existe reação como a do "eu". Essa não é uma resposta abstrata para o problema diário do sexo — é a única resposta. A mente nega o amor, e sem amor não há castidade; é porque não há amor que você faz do sexo um problema.

Pergunta: O que quer dizer por amor?

KRISHNAMURTI: Vamos descobrir ao entender o que o amor não é, porque, como o amor é o desconhecido, precisamos chegar até ele ao descartar o conhecido. O desconhecido não pode ser descoberto por uma mente que esteja cheia do conhecido. O que vamos fazer é descobrir os valores do conhecido, olhar para o conhecido e, quando isso for olhado integralmente, sem reprovação, a mente se tornará livre do conhecido; então saberemos o que é o amor. Então, precisamos abordar o amor de forma negativa, não positiva.

O que é o amor para a maioria de nós? Quando dizemos que amamos alguém, o que queremos dizer? Queremos dizer que possuímos essa pessoa. Dessa posse surge o ciúme, pois se eu perder essa pessoa, o que acontecerá? Irei me sentir vazio, perdido; portanto, eu legalizo a posse; eu prendo essa pessoa. Com o prender, com a posse dessa pessoa, vem o ciúme, vem o medo e todos os inúmeros conflitos que surgem com o possuir. Certamente essa posse não é amor, é?

Obviamente, amor não é sentimento. Ser sentimental, ser emotivo, não é amar, porque o sentimentalismo e a emoção são meras sensações. Uma pessoa religiosa que chora por Jesus ou Krishna, por seu guru ou por outra pessoa, é simplesmente sentimental, emotiva. Ela está se entregando à sensação, que é um processo do pensamento, e pensamento não é amor. O pensamento é o resultado da sensação, então a pessoa que é sentimental, que é emotiva, não pode, de modo algum, conhecer o amor. Mais uma vez, nós não somos emotivos e sentimentais? O sentimentalismo, o emocionalismo, é simplesmente uma forma de autoexpansão. Estar cheio de emoção não é obviamente amor, porque uma pessoa sentimental pode ser cruel quando seus sentimentos não obtêm resposta, quando seus sentimentos não têm um escoadouro. Uma pessoa emotiva pode ser instigada para o ódio, a guerra, a matança. Um homem que seja sentimental, cheio de lágrimas por sua religião, certamente não tem amor.

O perdão é amor? O que está envolvido no perdão? Você me insulta e eu me ofendo com isso, eu lembro disso; depois, pela compulsão ou pelo arrependimento, eu digo "eu lhe perdoo". Primeiro eu retenho, e depois eu rejeito. O que significa o quê? Eu ainda sou a figura central; sou eu que estou perdoando alguém. Enquanto houver a atitude de perdoar, serei eu o importante, não o homem que se presume tenha me insultado. Então, quando acumulo ressentimento e depois nego esse ressentimento, que você chama de perdão, isso não é amor. Um homem que ama obviamente não tem inimizade, e ele é indiferente a todas essas coisas. Compreensão, perdão, o relacionamento com possessividade, ciúme e medo — todas essas coisas não são amor. Elas são todas da mente, não é? Enquanto a mente for o árbitro não haverá amor, pois a mente arbitra somente pela possessividade, e sua arbitragem é simplesmente possessividade em formas diferentes. A mente só pode corromper o amor, ela não pode dar origem ao amor, ela não pode dar beleza. Você pode escrever um poema sobre o amor, mas isso não é amor.

Obviamente, não há amor quando não há respeito real, quando você não respeita o outro, quer ele seja seu empregado ou seu amigo. Nunca reparou que você não é respeitoso, amável, generoso com seus empregados, com as pessoas que estão supostamente "abaixo" de você? Você tem respeito por aqueles que estão acima, por seu chefe, pelo milionário, pelo homem com uma casa grande e um título, pelo homem que pode lhe dar uma posição melhor, um emprego melhor, de quem possa obter algo. Mas você chuta aqueles abaixo de você, você tem uma linguagem especial para eles. Portanto, onde não existe respeito não existe amor; onde não existe misericórdia, nenhuma piedade, nenhum perdão, não existe amor. E como a maioria de nós está nesse estado, não temos amor. Não somos nem respeitosos, nem misericordiosos, nem generosos. Somos possessivos, cheios de sentimentalismo e emoção, o que pode ser virado para qualquer direção: para matar, para abater ou para unificar acerca de alguma intenção tola e ignorante. Então, como pode haver amor?

Você só pode conhecer o amor quando todas essas coisas chegam ao fim, só quando você não possui, quando não é apenas emotivo com devoção a um objeto. Essa devoção é uma súplica buscando algo de uma forma diferente. Um homem que reza não conhece o amor. Visto que você é possessivo, visto que você busca um objetivo, um resultado pela devoção, pela oração, o que faz de você sentimental e emotivo, naturalmente, não existe amor.

Quando as coisas da mente não enchem seu coração, então há amor; e só o amor pode transformar a atual loucura e insanidade do mundo — não sistemas, nem teorias, sejam da esquerda ou da direita. Você realmente só ama quando não possui, quando não é invejoso, não é ganancioso, quando você é respeitoso, quando tem misericórdia e compaixão, quando tem consideração por sua mulher, seus filhos, seus vizinhos, seus desafortunados empregados.

O amor não pode ser considerado, o amor não pode ser cultivado, o amor não pode ser praticado. A prática do amor, a prática da fraternidade ainda está dentro do campo da mente; por conseguinte, não é amor. Quando tudo isso tiver cessado, então o amor tomará forma, então você saberá o que é amar. Portanto, o amor não é quantitativo, mas qualitativo. Você não diz "eu amo o mundo todo", mas quando sabe como amar um, você sabe como amar o todo. Como não sabemos como amar o um, nosso amor pela humanidade é fictício. Quando você ama, não existe nem o um nem os muitos, só existe amor. Somente quando houver amor todos os nossos problemas poderão ser resolvidos e, então, conheceremos sua bem-aventurança e sua felicidade.

Pergunta: Como podemos viver felizes?

KRISHNAMURTI: Você sabe quando está vivendo feliz? Você sabe quando está sofrendo, quando tem uma dor física. Quando alguém o atinge ou está zangado com você, você conhece o sofrimento. Mas você sabe quando está feliz? Você está consciente de seu corpo quando está saudável? Certamente, a felicidade é um estado do qual você não tem consciência. No momento que tem consciência de que é feliz, você deixa de ser feliz, não é? Mas a maioria sofre; e estando consciente disso, você quer escapar do sofrimento para aquilo que chama de felicidade. Você quer ser conscientemente feliz; e no momento em que é conscientemente feliz, a felicidade desaparece. Você pode dizer que está alegre? Somente depois, um momento ou uma semana mais tarde, é que você diz "como eu estava feliz, como tenho estado alegre". No momento real, você está inconsciente da felicidade, e essa é a beleza.

Pergunta: É viável para o homem se libertar de todo o sentimento de medo e ao mesmo tempo permanecer na sociedade?

KRISHNAMURTI: O que é a sociedade? Um conjunto de valores, um conjunto de regras, regulamentos e tradições, não é? Você vê essas condições pelo lado de fora e diz "posso ter um relacionamento prático com tudo isso"? Por que não? Afinal de contas, se você simplesmente se encaixar nessa estrutura de valores, estará livre? E o que quer dizer por "viável"? Quer dizer ganhar a vida? Existem muitas coisas que se pode fazer para ganhar a vida; e se você for livre, não poderá escolher o que quer fazer? Isso não é viável? Ou você consideraria viável esquecer sua liberdade e apenas se encaixar na estrutura, tornando-se um advogado, um banqueiro, um comerciante ou um varredor de ruas? Certamente, se você for livre e tiver cultivado a inteligência, descobrirá qual é a melhor coisa a fazer. Irá pôr de lado todas as tradições e fará algo que realmente ame, independentemente de seus pais e de a sociedade aprovarem ou desaprovarem. Como você será livre, haverá inteligência, e você fará algo que seja totalmente seu, agirá como um ser humano integrado.

Pergunta: Como podemos libertar nossas mentes quando vivemos em uma sociedade cheia de tradições?

KRISHNAMURTI: Primeiro você precisa ter o anseio, a necessidade de ser livre. É como o anseio do pássaro para voar ou das águas do rio para correr. Você tem esse anseio de ser livre? Se tiver, então o que acontecerá? Seus pais e a sociedade tentarão colocá-lo em um molde. Você conseguirá resistir a eles? Você achará difícil, porque terá medo. Terá medo de não conseguir um emprego, de não encontrar o marido certo ou a mulher certa; terá medo de passar fome ou de as pessoas falarem de você. Embora queira ser livre, você terá medo, então não irá resistir. Seu medo do que as pessoas poderão dizer ou do que seus pais poderão fazer o bloqueará e, assim, você será forçado a entrar no molde.

Agora, você conseguirá dizer: "Eu quero saber, e não me importo de passar fome. O que quer que aconteça, vou batalhar contra os obstáculos dessa sociedade corrompida, porque quero ser livre para descobrir?" Você conseguirá dizer isso? Enquanto tiver medo, conseguirá aguentar todos esses obstáculos, todas essas imposições?

Então, é muito importante, desde a mais tenra idade, ajudar a criança a ver as implicações do medo e se libertar dele. No momento que você tem medo, ocorre o fim da liberdade.

Pergunta: O que é a verdadeira liberdade e como se adquire isso?

KRISHNAMURTI: A verdadeira liberdade não é algo para ser adquirido, é o resultado da inteligência. Você não pode sair e comprar liberdade no mercado. Você não pode obtê-la ao ler um livro ou ao ouvir alguém falando.

Mas o que é inteligência? Pode haver inteligência quando há medo ou quando a mente está condicionada? É possível haver inteligência quando a mente é preconceituosa, quando você acha que é um ser humano maravilhoso ou quando é muito ambicioso e quer subir na escada do sucesso, mundano ou espiritual? Pode haver inteligência quando você está preocupado consigo mesmo, quando segue ou venera alguém? Certamente, a inteligência vem quando você entende toda essa idiotice e rompe com ela. Então é preciso começar; e a primeira coisa é estar consciente de que sua mente não é livre. Você precisará observar como sua mente está presa a todas essas coisas e, então, haverá o início da inteligência, que traz liberdade. Você precisará encontrar a resposta por si mesmo. De que adiantará outra pessoa ser livre quando você não o é, ou outra pessoa ter alimento quando você tem fome?

Para ser criativo, que é ter iniciativa real, precisa haver liberdade; e para haver liberdade é preciso haver inteligência. Então, você tem que investigar e descobrir o que está bloqueando a inteligência. Você precisa investigar a vida, tem que questionar os valores sociais, tudo, e não aceitar coisa alguma só porque está com medo.

Pergunta: Qual é o verdadeiro objetivo da vida?

KRISHNAMURTI: É, antes de mais nada, o que você faz dela. É o que você faz da vida.

Pergunta: No que diz respeito à realidade, deve ser algo mais. Eu não estou interessado em ter um objetivo pessoal, mas quero saber qual é o objetivo de todo mundo.

KRISHNAMURTI: Como você descobrirá? Quem irá mostrar a você? Você pode descobrir isso pela leitura? Se você ler, talvez um autor lhe ofereça um método particular, enquanto outro autor talvez lhe ofereça um método bastante diferente. Se você for até um homem que esteja sofrendo, ele lhe dirá que o objetivo da vida é ser feliz. Se você for até um homem que esteja passando fome, que não tenha tido alimentação suficiente por anos, o objetivo dele será ter a barriga cheia. Se você for até um político, o objetivo dele será se tornar um dos administradores, um dos governantes do mundo. Se você perguntar a uma jovem mulher, ela dirá "Meu objetivo é ter um bebê". Se você for até um *sannyasi*, o objetivo dele será encontrar Deus. O objetivo, o desejo subjacente das pessoas, é geralmente encontrar algo gratificante, que proporcione conforto; elas querem alguma forma de segurança, de proteção, para que não tenham dúvidas, questões, ansiedade, medo. A maioria de nós quer algo permanente ao qual possa se agarrar, não é?

Então, o objetivo geral da vida é ter algum tipo de esperança, algum tipo de segurança, algum tipo de permanência. Não diga: "É só isso?" Esse é o fato imediato, e você precisa primeiro estar totalmente familiarizado com isso. Você precisa questionar tudo isso — o que significa que precisa questionar a si mesmo. O objetivo geral da vida está dentro de você, porque você faz parte do todo. Você quer segurança, permanência, felicidade; você quer algo para se agarrar.

Agora, para descobrir se existe alguma outra coisa além disso, alguma verdade que não seja da mente, todas as ilusões da mente precisarão ser extintas; ou seja, você precisará entendê-las e colocá-las de lado. Somente aí você descobrirá aquilo que é verdadeiro, quer exista um objetivo ou não. Determinar que precisa haver um objetivo ou acreditar que haja um objetivo é simplesmente uma outra ilusão. Mas se puder questionar todos os seus conflitos, lutas, dores, vaidades, ambições, esperanças, medos, e superá-los, então você descobrirá.

Pergunta: Por que existe tristeza e infelicidade no mundo?

KRISHNAMURTI: Eu me pergunto se aquele menino sabe o significado dessas palavras. Provavelmente, ele viu um burro sobrecarregado com as pernas quase quebrando, ou um outro menino chorando, ou uma mãe batendo no filho. Talvez ele tenha visto pessoas mais velhas discutindo. E há a morte, o corpo sendo levado para ser queimado; há o mendigo; há pobreza, doença, velhice; há tristeza, não só do lado de fora, mas também dentro de nós. Ele pergunta: "Por que há tristeza?" Você também não quer saber? Você nunca se perguntou sobre a causa de sua própria tristeza? O que é tristeza, por que ela existe? Se quero algo e não consigo obtê-lo, eu me sinto infeliz; se quero mais *saris*, mais dinheiro ou se quero ser mais bonito, e não posso ter o que quero, fico infeliz.

Se quero amar uma certa pessoa e essa pessoa não me ama, mais uma vez sou infeliz. Meu pai morre, e sinto tristeza. Por quê?

Por que nos sentimos infelizes quando não conseguimos ter o que queremos? Por que devemos necessariamente ter o que queremos? Pensamos que é nosso direito, não é? Mas nós alguma vez nos perguntamos por que devemos ter o que queremos quando milhões não têm sequer aquilo que *necessitam*? E, além disso, por que nós queremos isso? Existe nossa necessidade de alimento, roupas e abrigo; mas não ficamos satisfeitos com isso. Queremos muito mais. Queremos sucesso, queremos ser respeitados, amados, considerados, queremos ser poderosos, queremos ser poetas, santos e oradores famosos, queremos ser primeiros-ministros, presidentes. Por quê? Você já investigou isso? Por que queremos tudo isso? Não que devamos ficar satisfeitos com o que somos. Eu não estou dizendo isso. Isso seria ruim, tolo. Mas por que essa constante ânsia por mais e mais e mais? Essa ânsia indica que estamos insatisfeitos, descontentes; mas com o quê? Com o que somos? Eu sou *isso*, não gosto disso, e quero ser *aquilo*. Eu acho que vou ficar muito mais bonito em um casaco novo ou um novo *sari*, então eu quero isso. Isso significa que estou insatisfeito com o que eu sou, e acho que posso escapar de meu descontentamento adquirindo mais roupas, mais poder e assim por diante. Mas a insatisfação ainda estará lá, não? Eu só a cobri com roupas, com poder, com carros.

Portanto, temos que descobrir como entender o que somos. Simplesmente nos cobrirmos com posses, com poder e posição não faz sentido, porque ainda seremos infelizes. Vendo isso, a pessoa infeliz, a pessoa que está na tristeza, não corre para gurus, ela não se esconde nas posses, no poder; pelo contrário, ela quer saber o que está por trás dessa tristeza. Se for atrás de sua própria tristeza, descobrirá que você é muito pequeno, vazio, limitado e que está lutando para se sair bem. E essa mesma luta é a causa da tristeza. Mas se você começar a entender o que realmente é, a examinar isso mais profundamente, então descobrirá que algo muito diferente acontece.

Pergunta: Se um homem está morrendo de fome e eu acho que posso ser útil a ele, isso é ambição ou amor?

KRISHNAMURTI: Ele está morrendo de fome e você o ajuda com comida. Isso é amor? Por que você quer ajudá-lo? Você não tem motivo, nem incentivo além do desejo de ajudá-lo? Você não obterá benefício algum com isso? Reflita sobre isso, não diga "sim" ou "não". Se estiver buscando algum benefício de sua atitude, politicamente ou de outro modo, algum benefício interior ou exterior, então você não o amará. Se você alimentá-lo para se tornar mais popular ou na esperança que seus amigos o ajudem a entrar para o Parlamento, então isso não será amor, não é? Mas se você o amar, você o alimentará sem qualquer motivo, sem querer nada em troca. Se você alimentá-lo e ele for mal-agradecido, você se sentirá magoado? Se for assim, você não o amará. Se ele lhe disser e a outros que você é um homem maravilhoso, e você se sentir muito lisonjeado, isso significará que você está pensando em si mesmo; e, certamente, isso não é amor. Então, a pessoa precisa estar muito atenta para descobrir se está obtendo algum tipo de benefício com sua prestimosidade, e qual é o motivo que a leva a alimentar os que têm fome.

Pergunta: O que devemos pedir a Deus?

KRISHNAMURTI: Você está muito interessado em Deus, não é? Por quê? Porque sua mente está pedindo algo, querendo alguma coisa. Então, ela está constantemente agitada. Se estou pedindo ou esperando algo de você, minha mente fica agitada, não é?

Esse menino quer saber o que ele deve pedir a Deus. Ele não sabe o que é Deus, ou o que ele realmente quer. Mas há uma sensação geral de apreensão, o sentimento de "Eu preciso pedir, eu preciso rezar, eu preciso ser protegido". A mente está sempre procurando em todos os cantos para ganhar algo; está sempre querendo, tentando agarrar, observando, pressionando, comparando, julgando e, portanto, ela nunca está quieta. Observe sua própria mente e verá o que ela está fazendo, como ela tenta se controlar, dominar, reprimir, encontrar alguma forma de satisfação, como ela está constantemente pedindo, suplicando, lutando, comparando. Chamamos uma mente como essa de muito alerta; mas ela é alerta? Certamente, uma mente alerta é uma mente quieta, não aquela que, como uma borboleta, está se movimentando por toda parte. Só uma mente quieta é que pode entender o que é Deus. Uma mente quieta nunca pede nada a Deus. Só a mente empobrecida é que suplica, que pede. O que ela pedir, jamais poderá obter, porque o que realmente quer é segurança, conforto, certeza. Se pedir algo a Deus, você nunca encontrará Deus.

Pergunta: O que é a verdadeira grandeza e como eu posso ser grande?

KRISHNAMURTI: Veja, o que é lamentável é que queremos ser grandes. Todos nós queremos ser grandes. Queremos ser um grande líder ou um primeiro-ministro, queremos ser grandes inventores, grandes escritores. Por quê? Na educação, na religião, em todos os setores da vida, temos exemplos. O grande poeta, o grande orador, o grande estadista, o grande santo, o grande herói — essas pessoas são escolhidas como exemplos, e queremos ser como elas.

Agora, quando deseja ser como outra pessoa, você cria um padrão de ação, não é? Você define uma limitação para seu pensamento, confinando-o dentro de certos limites. Então, seu pensamento já ficou cristalizado, estreito, limitado, sufocado. Por que você quer ser grande? Por que você não olha para o que é e entende isso? Veja, no momento que você quer ser como outra pessoa, há infelicidade, conflito, inveja, tristeza. Se quiser ser como o Buda, o que acontecerá? Você lutará incessantemente para atingir esse ideal. Se for burro e desejar ser inteligente, tentará abandonar o que você é e superar isso. Se for feio e quiser ser bonito, ansiará por ser bonito até morrer, ou se iludirá pensando que é bonito. Então, enquanto estiver tentando ser algo além do que você realmente é, sua mente simplesmente se esgotará. Mas se você disser "É isso que eu sou, é um fato, e vou investigar e entender isso", então poderá superar isso; pois descobrirá que o entendimento do que você é traz grande paz e contentamento, grande percepção, grande amor.

Pergunta: O amor não está baseado na atração?

KRISHNAMURTI: Suponha que você esteja atraído por uma bela mulher, ou atraída por um belo homem. Que mal tem isso? Quando se está atraído por uma mulher ou por um homem, o que geralmente acontece? Você não só quer estar com aquela pessoa, mas quer possuí-la, chamá-la de sua. Seu corpo precisa estar perto do corpo daquela pessoa. Então, o que foi que você fez? O fato é que quando está atraído, você quer possuir, não quer que aquela pessoa olhe para ninguém; e quando você considera outro ser humano como sua propriedade, isso é amor? Obviamente que não. No momento que sua mente cria uma cerca em torno daquela pessoa como "minha", não existe amor.

O fato é que nossas mentes estão fazendo isso o tempo todo. É por isso que estamos discutindo essas coisas — para ver como a mente está funcionando; e talvez, consciente de seus próprios movimentos, a mente se aquiete de bom grado.

Pergunta: O que é prece? Isso tem alguma importância na vida diária?

KRISHNAMURTI: Por que você faz uma prece? E o que é uma prece? A maioria das preces é simplesmente uma solicitação, um pedido. Você se entrega a esse tipo de prece quando sofre. Quando se sente completamente sozinho, quando está deprimido e triste, você pede ajuda a Deus; portanto, o que chama de prece é uma solicitação. A forma da prece pode variar, mas a intenção por trás dela é geralmente a mesma. Fazer uma prece, para a maioria das pessoas, é uma solicitação, uma súplica, um pedido. Você está fazendo isso? Por que você reza? Não estou dizendo que deva ou não deva rezar. Mas por que você reza? É por mais conhecimento, por mais paz? Você reza para que o mundo esteja livre do sofrimento? Existe algum outro tipo de prece? Existe uma prece que não é de fato uma prece, mas o envio de bons desejos, o envio de amor, o envio de ideias. Qual é a que você está fazendo?

Quando você reza, geralmente está pedindo a Deus ou a algum santo para encher sua tigela vazia, não é? Você não está satisfeito com o que está acontecendo, com o que é dado, e quer sua tigela cheia de acordo com seus desejos. Então, sua prece é simplesmente uma solicitação; é uma reivindicação que você espera que seja atendida, portanto não é uma prece de modo algum. Você diz para Deus: "Estou sofrendo, por favor, me agrade; por favor, me dê de volta meu irmão, meu filho. Por favor, me faça rico". Você está perpetuando suas próprias reivindicações, e isso, obviamente, não é rezar.

O natural é entender a si mesmo, ver por que está sempre pedindo alguma coisa, por que existe em você essa reivindicação, essa ânsia de suplicar. Quanto mais se conhecer pela conscientização do que você estiver pensando, do que estiver sentindo, mais descobrirá a verdade do que é; e será essa verdade que vai ajudá-lo a ser livre.

Pergunta: Por que nos orgulhamos quando obtemos sucesso?

KRISHNAMURTI: O que é o sucesso? Você já considerou o que é ser bem-sucedido como um escritor, um poeta, um pintor, como um homem de negócios ou um político? Sentir que você atingiu internamente certo controle sobre si mesmo, que os outros não têm, ou que você teve sucesso onde outros falharam; sentir que você é melhor que outra pessoa, que se tornou um homem bem-sucedido, que é respeitado, que é considerado por outros como um exemplo, o que tudo isso indica? Naturalmente, quando você tem esse sentimento, existe orgulho: eu fiz algo, eu sou importante. A sensação do "eu" é, em sua própria natureza, um sentimento de orgulho. Portanto, o orgulho aumenta com o sucesso; a pessoa está orgulhosa por ser muito importante quando comparada com outras pessoas. Essa comparação de si mesmo com outros existe também na busca do exemplo, do ideal, e lhe dá esperança, lhe dá força, propósito, ímpeto, que somente reforça o "eu", a sensação agradável que você é muito mais importante que qualquer outra pessoa; e essa sensação, esse sentimento de prazer, é o princípio do orgulho.

O orgulho traz uma grande dose de vaidade, uma arrogância egoísta. Você pode observar isso nas pessoas mais velhas e em si mesmo. Quando você passa em uma prova e sente que é um pouco mais inteligente do que outras pessoas, surge uma sensação de prazer. É o mesmo quando você supera alguém em uma discussão ou quando sente que é fisicamente muito mais forte ou bonito — imediatamente, há uma sensação de importância. Essa sensação da importância do "eu" inevitavelmente traz conflito, luta, dor, porque você tem que manter essa importância o tempo todo.

Pergunta: Como podemos nos libertar do orgulho?

KRISHNAMURTI: Se você tivesse realmente ouvido a resposta à pergunta anterior teria entendido como se libertar do orgulho e estaria livre do orgulho; mas você estava preocupado em como fazer a pergunta seguinte, não é? Então não estava ouvindo. Se estivesse realmente ouvindo o que estava sendo dito, descobriria por si mesmo a verdade disso.

Suponha que eu esteja orgulhoso porque realizei algo. Eu me tornei diretor; estive na Inglaterra ou na América; fiz grandes coisas, meu retrato apareceu nos jornais e assim por diante. Sentindo-me muito orgulhoso, digo para mim mesmo: "Como vou me libertar do orgulho?"

Agora, por que quero me libertar do orgulho? Essa é a pergunta importante, e não *como* me libertar. Qual é o motivo, qual é a razão, qual é o incentivo? Quero me libertar do orgulho porque acho que seja prejudicial para mim, doloroso, espiritualmente ruim? Se esse for o motivo, então tentar me libertar do orgulho será outra forma de orgulho, não é? Ainda estarei preocupado com realizações. Descobrindo que o orgulho é muito doloroso, ruim espiritualmente, eu digo que preciso me libertar dele. O "eu preciso me libertar" contém o mesmo motivo que o "eu preciso ter sucesso". O "eu" ainda é importante, é o centro do meu empenho para ser livre.

Então, o que importa não é como se libertar do orgulho, mas entender o "eu"; e o "eu" é muito sutil. Ele quer uma coisa este ano e outra coisa no ano que vem; e quando isso se torna doloroso, então, ele quer alguma outra coisa. Assim, enquanto esse centro do "eu" existir, se alguém for orgulhoso ou supostamente humilde, terá bem pouca importância. Serão apenas como casacos diferentes para se usar. Quando um casaco me atrair, eu o usarei; e no ano que vem, de acordo com minhas preferências, meus desejos, usarei um outro casaco.

O que você precisa entender é como esse "eu" toma forma. O "eu" toma forma pelo senso de realização em formas variadas. Isso não quer dizer que você não deva agir; mas o sentimento de que *você* está agindo, *você* está realizando, *você* precisa viver sem orgulho, precisa ser entendido. Você precisa entender a estrutura do "eu". Precisa estar consciente de seu próprio pensamento; precisa observar como trata seus empregados, sua mãe, seu pai, seu professor; você tem que estar consciente de como considera aqueles que estão acima de você e aqueles que estão abaixo de você, aqueles que você respeita e aqueles que você despreza. Tudo isso revela os comportamentos habituais do "eu". Pelo entendimento dos comportamentos habituais do "eu", há libertação do "eu". É *isso* que importa, não simplesmente como se libertar do orgulho.

Pergunta: Embora haja progresso em diferentes direções, por que não existe fraternidade?

KRISHNAMURTI: O que você quer dizer por "progresso"? Da carroça puxada por bois ao avião a jato — isso é progresso, não é? Os meios de transporte, nos tempos antigos, eram muito lentos, e agora são muito rápidos. Por meio do saneamento, por meio da nutrição e de cuidados médicos adequados, houve um grande avanço na saúde. Tudo isso é progresso científico; contudo, não estamos evoluindo ou progredindo em fraternidade.

A fraternidade é uma questão de progresso? Sabemos o que queremos dizer por "progresso". É evolução, a conquista de algo através do tempo. Os cientistas dizem que evoluímos do macaco; eles dizem que, através de milhões de anos, nós progredimos das formas mais simples de vida para a mais complexa, que é o homem. Mas a fraternidade é uma questão de progresso? É algo que pode evoluir através do tempo? Existe a unidade da família e a unidade de uma sociedade ou de uma nação particular; a partir da nação, a etapa seguinte é o internacionalismo, e depois vem a ideia de um mundo único. O conceito de um mundo único é o que chamamos de fraternidade. Mas o sentimento de fraternidade é uma questão de evolução? O sentimento de fraternidade é para ser lentamente cultivado através dos estágios da família, da comunidade, do nacionalismo, do internacionalismo e da unidade do mundo? A fraternização é amor, não é? E o amor é para ser cultivado passo a passo? O amor é uma questão de tempo? Você entende do que estou falando?

Se disser que haverá fraternidade em dez, trinta ou cem anos, o que isso indica? Indica, certamente, que eu não amo, que não me sinto fraternal. Quando digo "Eu serei fraternal, eu amarei", o fato real é que eu *não* amo, eu *não* sou fraterno. Enquanto pensar em termos de "eu serei", eu não sou. Ao passo que, se remover de minha mente esse conceito de ser fraterno no futuro, então poderei ver o que realmente sou; poderei ver que *não* sou fraternal e poderei começar a descobrir por quê.

O que é importante: ver o que eu sou ou especular sobre o que *serei*? Certamente, a coisa importante é ver o que sou, pois assim poderei lidar com isso. O que *serei* está no futuro, e o futuro é imprevisível. O fato real é que não tenho um sentimento fraterno, eu não amo; e com esse fato posso começar, posso agir nisso. Mas dizer o que alguém será no futuro é mero idealismo, e o idealista é um indivíduo que está fugindo do que *é*; ele está fugindo do fato, que só pode ser alterado no presente.

Pergunta: O que é o amor?

KRISHNAMURTI: O que é amor intrínseco? É a isso que você se refere? O que é amor sem motivo, sem incentivo? Ouça atentamente e descobrirá. Estamos examinando a pergunta, não estamos procurando pela resposta. Ao estudar matemática ou ao fazer uma pergunta, a maioria de vocês está mais preocupada em encontrar a resposta do que entender o problema. Se você estudar o problema, olhar para ele, examiná-lo, entendê-lo, descobrirá que a resposta está no problema. Então, vamos entender qual é o problema e não procurar pela resposta, seja no *Bhagavad Gita*, no Alcorão, na Bíblia ou com algum professor ou conferencista. Se conseguirmos realmente entender o problema, a resposta surgirá dele, porque a resposta não está separada do problema.

O problema é: o que é amor sem motivo? Pode existir amor sem qualquer incentivo, sem querer algo desse amor? Pode haver amor em que não exista a sensação de se sentir magoado quando o amor não for correspondido? Se eu lhe oferecer minha amizade e você se afastar, não ficarei magoado? Esse sentimento de se sentir magoado é o resultado da amizade, da generosidade, da compreensão? Certamente, enquanto eu me sentir magoado, enquanto houver medo, enquanto eu ajudá-lo esperando que você possa me ajudar — o que é chamado de serviço —, não haverá amor.

Se você entender isso, a resposta estará aí.

Pergunta: O que é religião?

KRISHNAMURTI: Você quer uma resposta minha ou quer descobrir por si mesmo? Está procurando uma resposta de alguém, por mais que ele seja grande ou idiota? Ou está realmente tentando descobrir a verdade do que é religião?

Para descobrir o que é a verdadeira religião você terá que pôr de lado tudo que atrapalha. Se tiver muitas janelas coloridas ou sujas e quiser ver a luz do sol, precisará limpá-las ou abri-las ou ir para o lado de fora. De modo semelhante, para descobrir o que é a verdadeira religião, primeiro você precisa ver o que ela *não* é, e pôr isso de lado. Então, poderá descobrir, porque aí haverá percepção direta. Então vamos ver o que não é religião.

Fazer o *puja*, executar um ritual — isso é religião? Você repete várias vezes um determinado ritual, um determinado mantra em frente a um altar ou a um ídolo. Isso pode lhe dar uma sensação de prazer, uma sensação de satisfação; mas isso é religião? Pôr o cordão sagrado, chamar a si mesmo de hindu, budista ou cristão, aceitar certas tradições, dogmas, crenças — isso tudo tem alguma coisa a ver com religião? Obviamente, não. Então, religião deve ser algo que só pode ser encontrado quando a mente entende e põe tudo isso de lado.

Religião, no verdadeiro sentido da palavra, não causa separação, não é? Mas o que acontece quando você é muçulmano e eu sou cristão ou quando eu acredito em algo e você não acredita? Nossas crenças nos separam; portanto, nossas crenças não têm nada a ver com religião. Quer acreditemos em Deus ou não, isso tem pouca significância; porque aquilo em que acreditamos ou não é determinado pelo nosso condicionamento, não é? A sociedade em torno de nós, a cultura na qual somos criados, imprime na mente certas crenças, medos e superstições que chamamos de religião; mas isso não tem nada a ver com religião. O fato de você acreditar em um caminho e eu em outro dependerá, em grande parte, de onde nascemos, se na Inglaterra, na Índia, na Rússia ou na América. Então, crença não é religião, é somente o resultado de nosso condicionamento.

Assim, existe a busca da salvação pessoal. Eu quero ser salvo; eu quero alcançar o Nirvana ou o céu; eu preciso encontrar um lugar perto de Jesus, perto de Buda, ou na mão direita de um Deus particular. Sua crença não me dá satisfação e conforto profundos, então eu tenho minha própria crença. E isso é religião? Certamente, a mente da pessoa precisa estar livre de todas essas coisas para descobrir o que é a verdadeira religião.

E a religião é meramente uma questão de fazer o bem, de servir ou ajudar os outros? Ou é algo mais? O que não quer dizer que não devamos ser generosos ou bons. Mas isso é tudo? A religião não é algo muito maior, muito mais puro, mais vasto, mais abrangente do que qualquer coisa concebida pela mente?

Então, para descobrir o que é a verdadeira religião você precisa investigar profundamente todas essas coisas e se libertar do medo. É como sair de uma casa escura para a luz do sol. Assim, você não perguntará o que é a verdadeira religião; você saberá. Haverá uma experiência direta com aquilo que é verdadeiro.

Pergunta: Se alguém é infeliz e quer ser feliz, isso é ambição?

KRISHNAMURTI: Quando você está sofrendo, quer se libertar do sofrimento. Isso não é ambição, é? Esse é o instinto natural de todas as pessoas. É o instinto natural de todos nós não termos medo, não termos dor física ou emocional. Mas nossa vida é tal que estamos constantemente sentindo dor. Eu como algo que me dá dor de barriga. Alguém me diz algo e me sinto magoado. Sou impedido de fazer alguma coisa e me sinto frustrado, triste. Sou infeliz porque meu pai ou meu filho está morto, e assim por diante. A vida está constantemente atuando sobre mim, quer eu goste disso ou não, e estou sempre me sentindo magoado, frustrado, tendo reações dolorosas. Então, o que tenho que fazer é entender todo esse processo. Mas, veja, a maioria de nós foge disso.

Quando você sofre, sofre interiormente, psicologicamente, o que você faz? Procura alguém para consolá-lo; lê um livro, liga o rádio ou faz o *puja*. Tudo isso é uma indicação de fuga do sofrimento. Se você fugir de algo, obviamente não o entenderá. Mas se olhar para seu sofrimento, observá-lo a cada momento, começará a entender o problema, e isso não será ambição. A ambição surge quando você foge do sofrimento, quando se agarra a ele, quando se opõe a ele ou quando, gradualmente, constrói teorias e esperanças em torno dele. No momento em que você foge do sofrimento, aquilo do qual você foge se torna muito importante, pois você se identifica com aquilo. Você se identifica com seu país, com sua posição, com seu Deus, e isso é uma forma de ambição.

Pergunta: A beleza é subjetiva ou objetiva?

KRISHNAMURTI: Você vê algo bonito da varanda, como o rio; ou vê uma criança maltrapilha chorando. Se você não for sensível, se não estiver consciente de tudo que acontece em torno de você, simplesmente ignorará isso, e o incidente será de muito pouco valor. Uma mulher chega carregando um fardo sobre a cabeça. Suas roupas são sujas; ela tem fome e está cansada. Você está consciente da beleza de seu andar ou é sensível ao estado físico dela? Você vê a cor do *sari* dela, por mais sujo que possa estar? Existem essas influências objetivas por toda parte à sua volta; e se você não tiver sensibilidade, nunca as apreciará, não é?

Ser sensível é estar consciente não só das coisas que são chamadas de bonitas, mas também daquilo que é chamado de feio. O rio, as plantações, as árvores ao longe, as nuvens de uma tarde — essas coisas nós chamamos de bonitas. Os aldeões sujos e mortos de fome, as pessoas esquálidas ou que têm pouca capacidade de raciocínio, pouco sentimento — tudo isso nós chamamos de feio. Agora, se você observar, verá que o que a maioria de nós faz é se agarrar ao bonito e excluir o feio. Mas não é importante ser sensível ao feio e ao belo? É a falta dessa sensibilidade que nos faz separar a vida entre o feio e o bonito. Mas se formos abertos, receptivos, sensíveis ao feio assim como ao bonito, veremos que eles são cheios de significado, e essa percepção enriquece a vida.

Então a beleza é subjetiva ou objetiva? Se você fosse cego, se fosse surdo e não pudesse ouvir música, estaria sem beleza? Ou a beleza é algo interior? Você pode não ver com seus olhos, pode não ouvir com seus ouvidos, mas se houver a experienciação desse estado de ser realmente aberto e sensível a tudo, se você estiver profundamente consciente de tudo que esteja acontecendo dentro de você, de cada pensamento, de cada sentimento — não haverá beleza também nisso? Mas, veja, pensamos que a beleza é algo que está fora de nós. É por isso que compramos quadros e os penduramos nas paredes. Queremos possuir lindos *saris*, ternos, turbantes, queremos nos cercar de belas coisas, pois temos medo de que, sem um lembrete objetivo, perderemos alguma coisa interiormente. Mas você pode dividir a vida, o processo todo da existência no subjetivo e no objetivo? Esse não é um processo unitário? Sem o exterior, não há o interior; sem o interior, não há o exterior.

Pergunta: Por que o forte subjuga o fraco?

KRISHNAMURTI: Você subjuga os fracos? Vamos descobrir. Em uma discussão ou em questões de força física, você não empurra seu irmão mais novo, aquele que é menor que você? Por quê? Porque você quer se afirmar. Quer demonstrar força, quer mostrar o quanto é melhor ou mais poderoso, então domina, empurra a criancinha para longe; você lança seu peso por toda parte. É a mesma coisa com as pessoas mais velhas. Elas são maiores que você, sabem um pouco mais pela leitura dos livros, têm posição, dinheiro, autoridade, então subjugam, empurram você para o lado; e você aceita; e depois, por sua vez, você subjugará alguém abaixo de você. Cada um quer se afirmar, dominar, mostrar que tem poder sobre os outros. A maioria de nós não quer ser um nada. Queremos ser alguém; e a demonstração de força sobre outros nos dá aquela satisfação, aquele sentimento de que somos alguém.

Pergunta: É por isso que o peixe maior engole o peixe menor?

KRISHNAMURTI: No mundo animal pode ser talvez natural para os peixes grandes viverem à custa de peixes pequenos. Isso é algo que não podemos mudar. Mas o homem grande não precisa viver à custa do homem pequeno. Se soubermos como usar nossa inteligência, poderemos parar de viver à custa uns dos outros, não só fisicamente mas também no sentido psicológico. Ver esse problema e entendê-lo, o que significa possuir inteligência, é parar de viver à custa de outros. Mas a maioria de nós quer viver assim, então tiramos proveito de alguém que seja mais fraco que nós. Liberdade não significa poder fazer tudo que se gosta. Só pode haver liberdade real quando há inteligência; e a inteligência vem pelo entendimento do relacionamento — o relacionamento entre mim e você e entre cada um de nós e outra pessoa.

Pergunta: O que é a morte?

KRISHNAMURTI: Você já viu corpos mortos sendo levados até o rio; já viu folhas mortas, árvores mortas; você sabe que as frutas secam e apodrecem. Os pássaros, que são tão cheios de vida de manhã, gorjeando por aí, chamando uns pelos outros, à noite podem estar mortos. A pessoa que está viva hoje pode ser atingida pelo desastre amanhã. Vemos tudo isso acontecer. A morte é comum a todos nós. Todos nós terminaremos desse modo. Você poderá viver por 30, 50 ou 80 anos, divertindo-se, sofrendo, tendo medo, e no final disso você não existirá mais.

O que é que chamamos de viver e o que é que chamamos de morrer? Se pudermos descobrir, se pudermos entender o que é viver, talvez possamos entender o que é morrer. Quando perdemos alguém que amamos, nos sentimos consternados, solitários; por esse motivo, dizemos que morrer não tem nada a ver com viver. Nós separamos a morte da vida. Mas a morte está separada da vida? Viver não é o processo de morrer?

Agora, o que é que chega ao fim na morte? É a vida? O que é vida? A vida é simplesmente o processo de respirar o ar e expeli-lo? Comer, odiar, amar, adquirir, possuir, comparar, ser invejoso — é isso que a maioria de nós conhece como vida. Para a maioria de nós, a vida é sofrimento, uma batalha constante de dor e prazer, esperança e frustração. E isso não pode chegar ao fim? Não deveríamos morrer? No outono, com a chegada do tempo frio, as folhas caem das árvores, mas reaparecem na primavera. De forma semelhante, não deveríamos morrer para tudo de ontem, para todas as nossas acumulações e esperanças, para todos os sucessos que reunimos? Não deveríamos morrer para tudo isso e viver novamente amanhã para que, como uma nova folha, estivéssemos novos, tenros, sensíveis? Para o homem que está constantemente morrendo não existe morte. Mas o homem que diz "Eu sou alguém e devo continuar", para ele sempre existe a morte e a escadaria de cremação; e esse homem não conhece o amor.

Pergunta: A verdade é relativa ou absoluta?

KRISHNAMURTI: Antes de mais nada, vamos olhar pelas palavras a significância da pergunta. Queremos algo absoluto, não é? O anseio humano é por algo permanente, fixo, imutável, eterno, algo que não deteriore, que não tenha morte — uma ideia, um sentimento, um estado que seja perpétuo, para que a mente possa se agarrar a ele. Devemos entender esse anseio antes de podermos entender a pergunta e respondê-la corretamente.

A mente humana quer permanência em tudo — no relacionamento, na propriedade, na virtude. Ela quer algo que não possa ser destruído. É por isso que dizemos que Deus é permanente ou que a verdade é absoluta.

Mas o que é a verdade? A verdade é algum mistério extraordinário, algo distante, inimaginável, abstrato? Ou a verdade é algo que você descobre a cada momento, a cada dia? Se puder ser acumulado, reunido pela experiência, então não será verdade, porque por trás dessa reunião estará o mesmo espírito de ganância. Se for algo muito distante que só possa ser encontrado por meio de um sistema de meditação ou pela prática de abnegação e sacrifício, novamente não será a verdade, pois isso também será um processo de ganância.

A verdade é para ser descoberta e entendida em cada ação, em cada pensamento, em cada sentimento, por mais trivial ou transitório que seja; é para ser observada em cada momento de cada dia; é para ser ouvida no que o marido e a mulher dizem, no que o jardineiro diz, no que seus amigos dizem e no processo de seu próprio ato de pensar. Seu pensar pode ser falso, ele pode ser condicionado, limitado; e descobrir que seu pensar é condicionado, limitado, é a verdade. Essa própria descoberta liberta sua mente da limitação. Se descobrir que você é ganancioso — se você *descobrir* isso e não apenas ouvir de outra pessoa —, essa descoberta será a verdade, e essa verdade exercerá uma ação sobre sua ganância.

A verdade não é algo que você possa reunir, acumular, armazenar e depois contar com ela como guia. Isso é somente outra forma de posse. E é muito difícil para a mente não adquirir, não armazenar. Quando você perceber a importância disso, descobrirá que coisa extraordinária é a verdade. A verdade é eterna, mas no momento que você a captura — como quando diz "Eu descobri a verdade, ela é minha" —, ela não é mais a verdade. Portanto, depende da mente se a verdade é "absoluta" ou eterna. Quando a mente diz "Eu quero o absoluto, algo que nunca se deteriore, que não conheça a morte", o que ela realmente quer é algo permanente para se agarrar; então, cria o permanente. Mas a mente que percebe tudo que está acontecendo dentro e fora de si mesma vê a verdade disso — essa mente é eterna; e apenas uma mente assim pode conhecer aquilo que está além dos nomes, além do permanente e do impermanente.

Pergunta: O que é consciência externa?

KRISHNAMURTI: Você não está consciente de que está sentado neste salão? Você não está consciente das árvores, da luz do sol? Não está consciente de que o corvo está grasnando, o cachorro está latindo? Você não vê a cor das flores, o movimento das folhas, as pessoas passando? Essa é a consciência externa. Quando vê o pôr do sol, as estrelas à noite, o luar sobre as águas, tudo isso é consciência externa, não é? E enquanto você está externamente consciente, está também internamente consciente de seus pensamentos e sentimentos, de seus motivos e anseios, de seus preconceitos, invejas, ganância e orgulho. Se você possui consciência externa, a consciência interna também começa a despertar e você se torna cada vez mais consciente de sua reação ao que as pessoas dizem, ao que você lê, e assim por diante. A reação externa ou resposta em seu relacionamento com outras pessoas é resultado de um estado interno de necessidade, de esperança, de ansiedade, de medo. Essa consciência externa e interna é um processo unitário que provoca total integração da compreensão humana.

Pergunta: O que é felicidade eterna e real?

KRISHNAMURTI: Quando você está completamente saudável, não está consciente do seu corpo, está? Somente quando há doença, desconforto, dor, é que você se torna consciente dele. Quando se está livre para pensar, sem resistência, não há consciência do pensar. Somente quando há atrito, bloqueio, limitação, é que começa a haver consciência de um pensador. De modo semelhante, a felicidade é algo de que você esteja consciente? No momento da alegria, você está consciente que está alegre? Somente quando está infeliz é que você deseja a felicidade; e, então, esta pergunta aparece: "O que é felicidade eterna e real?"

Você vê como a mente prega peças a si mesma. Quando você está infeliz, angustiado, em má situação etc., deseja algo eterno, uma felicidade permanente. E existe tal coisa? Em vez de perguntar sobre felicidade permanente, descubra como se libertar das doenças que estão corroendo você e criando dor, tanto física quanto psicológica. Quando você estiver livre, não haverá problema, você não perguntará se existe felicidade eterna ou o que é essa tal felicidade. É um homem preguiçoso e tolo aquele que, estando na prisão, quer saber o que é liberdade; e pessoas preguiçosas e tolas dirão a ele. Para o homem na prisão, liberdade é mera especulação. Mas se ele sair da prisão, não especulará sobre liberdade: ela estará lá.

Então, não é importante, em vez de perguntar o que é felicidade, descobrir porque somos infelizes? Por que a mente é falha? Por que é que nossos pensamentos são limitados, pequenos, mesquinhos? Se pudermos entender a limitação do pensamento, ver a verdade disso, nessa descoberta da verdade haverá libertação.

Pergunta: Por que as pessoas desejam coisas?

KRISHNAMURTI: Você não quer comida quando está com fome? Não quer roupas e uma casa para abrigá-lo? São desejos normais, não são? Pessoas saudáveis naturalmente reconhecem que precisam de certas coisas. Somente o homem doente ou desequilibrado diz "Eu não preciso de comida". É uma mente corrompida a que precisa de muitas casas ou de casa alguma para viver.

Seu corpo fica com fome porque você está gastando energia, então ele deseja mais alimento; isso é normal. Mas se você disser "Eu preciso ter o alimento mais saboroso, eu só devo ter o alimento com o qual meu paladar obtenha prazer", então a corrupção começa. Todos nós — não somente os ricos, mas todo mundo — precisamos ter alimento, roupas e abrigo; mas se essas necessidades físicas forem limitadas, controladas e disponíveis somente para alguns, então haverá corrupção; um processo antinatural terá início. Se você disser "Eu preciso acumular, preciso ter tudo para mim", estará privando outras pessoas daquilo que é essencial para as necessidades diárias delas.

Veja, o problema não é simples, porque queremos outras coisas além do que é indispensável para nossas necessidades básicas. Eu posso ficar satisfeito com um pouco de alimento, algumas roupas e um pequeno quarto para viver, mas quero outra coisa. Eu quero ser uma pessoa bem conhecida, quero posição, poder, prestígio, quero estar o mais perto possível de Deus, quero que meus amigos pensem bem de mim, e assim por diante. Esses desejos interiores corrompem os interesses exteriores de todo ser humano. O problema é um pouco difícil porque o desejo interior de ser um homem mais rico ou mais poderoso, o anseio para ser alguém, depende da posse de algumas coisas, incluindo alimento, roupa e abrigo. Eu me apoio nessas coisas para me tornar interiormente rico; mas enquanto estiver nesse estado de dependência, será impossível ser interiormente rico, que é o mesmo que ser completamente simples interiormente.

Pergunta: A inteligência cria caráter?

KRISHNAMURTI: O que queremos dizer com caráter? E o que queremos dizer com inteligência? Todo vociferante defensor de causas utiliza constantemente palavras como caráter, ideal, inteligência, religião, Deus. Ouvimos essas palavras com atenção arrebatada, porque elas parecem muito importantes. A maioria de nós vive de palavras; e quanto mais elaboradas, quanto mais requintadas as palavras, mais satisfeitos nos sentimos. Então, vamos descobrir o que queremos dizer com inteligência e o que queremos dizer com caráter. Não diga que não estou respondendo a você de forma definitiva. Buscar definições, conclusões, é um dos ardis da mente, e significa que você não quer investigar e entender, você só quer acompanhar palavras.

O que é inteligência? Se um homem está assustado, ansioso, invejoso, ganancioso; se sua mente está copiando, imitando, cheia das experiências e conhecimento de outras pessoas; se seu pensar é limitado, moldado pela sociedade, pelo ambiente — esse homem é inteligente? Ele não é, certo? E um homem que esteja assustado, que não seja inteligente, pode ter caráter — caráter sendo algo original, não a simples repetição dos tradicionais *faça* e *não faça*? Caráter é respeitabilidade?

Você entende o que significa a palavra respeitabilidade? Você é respeitável quando é considerado, respeitado pela maioria das pessoas à sua volta. E o que a maioria das pessoas respeita — as pessoas da família, as pessoas do povo? Elas respeitam as coisas que elas próprias desejam e que projetaram como meta ou ideal; elas respeitam aquilo que está em contraste com seu próprio estado mais modesto. Se você é rico e poderoso, ou tem um grande nome na política, ou escreve livros de sucesso, é respeitado pela maioria. O que você diz pode ser um absurdo completo, mas quando você fala as pessoas ouvem, porque elas o consideram um grande homem. E quando você ganha o respeito de muitos, o reconhecimento da multidão, isso lhe dá um sentido de respeitabilidade, um sentimento de ter conquistado o sucesso. Mas o suposto pecador está mais perto de Deus do que o homem respeitável, porque o homem respeitável está coberto de hipocrisia.

O caráter é produto da imitação, de ser controlado pelo medo do que as pessoas dirão ou não dirão? O caráter é o mero fortalecimento das próprias tendências e preconceitos da pessoa? É uma preservação da tradição, quer da Índia, da Europa ou da América? Isso geralmente é chamado de ter caráter — ser uma pessoa forte, que apoia a tradição local e, assim, é respeitada por muitos. Mas quando você está assustado, há inteligência, há caráter? Imitar, acompanhar, venerar, ter ideais — esse caminho leva à respeitabilidade, mas não ao entendimento. Um homem de ideais é respeitável; mas ele jamais estará perto de Deus, ele nunca saberá o que é amar, porque seus ideais serão um meio de acobertar seu medo, sua imitação, sua solidão.

Então, sem entender a si mesmo, sem estar consciente de tudo que esteja acontecendo em sua mente — como você pensa, se você está copiando, imitando, se está assustado, se está buscando poder —, não poderá haver inteligência. E é a inteligência que cria caráter, não a veneração de heróis ou a busca de um ideal. O entendimento de si mesmo, do próprio ser extraordinariamente complicado, é o início da inteligência, que revela o caráter.

Pergunta: Podemos cultivar o entendimento? Quando estamos constantemente tentando entender, isso não significa que estamos praticando o entendimento?

KRISHNAMURTI: O entendimento é cultivável? É algo a ser praticado como você pratica tênis, piano, canto ou dança? Você pode ler um livro repetidamente até que esteja totalmente familiarizado com ele. O entendimento é assim, algo a ser aprendido pela constante repetição, que é o cultivar da memória? O entendimento não é a cada momento, e, portanto, algo que não pode ser praticado?

Quando você entende? Qual é o estado de sua mente e coração quando há entendimento? Quando você me ouve dizer algo muito verdadeiro sobre o ciúme — que o ciúme é destrutivo, que a inveja é um fator importante na deterioração do relacionamento humano —, como você reage a isso? Você percebe a verdade disso imediatamente? Ou começa a pensar sobre ciúme, a falar dele, racionalizar sobre ele, analisá-lo? O entendimento é um processo de racionalização ou análise lenta? Pode o entendimento ser cultivado como você cultiva seu jardim para produzir frutas ou flores? Certamente, entender é ver a verdade de algo diretamente, sem qualquer barreira de palavras, preconceitos ou motivações.

Pergunta: O poder da compreensão é o mesmo em todas as pessoas?

KRISHNAMURTI: Suponha que algo verdadeiro lhe seja apresentado e que você perceba a verdade disso muito rapidamente; seu entendimento é imediato porque você não tem barreiras. Não está tomado pela sua própria importância, está ávido para descobrir, então percebe imediatamente. Mas tenho muitas barreiras, muitos preconceitos. Sou ciumento, estou desgastado por conflitos baseados na inveja, cheio de minha própria importância. Acumulei muitas coisas na vida e realmente não quero ver; portanto, não vejo, não entendo.

Pergunta: É possível remover as barreiras lentamente quando buscamos o entendimento?

KRISHNAMURTI: Não. Eu só posso remover as barreiras quando realmente percebo a importância de não ter barreiras, não ao tentar entender — o que significa que preciso estar disposto a ver as barreiras. Suponha que você e eu ouçamos alguém dizer que a inveja é destrutiva. Você ouve e entende o significado, a verdade disso, e está livre daquele sentimento de inveja, de ciúme. Mas não quero ver a verdade disso, porque, se o fizesse, destruiria toda a estrutura da minha vida.

Pergunta: Eu sinto a necessidade de remover barreiras.

KRISHNAMURTI: Por que você sente isso? Você quer remover as barreiras por causa das circunstâncias? Quer removê-las porque alguém lhe disse que deveria fazê-lo? Certamente, as barreiras só são removidas quando você percebe que elas criam uma mente que está em um estado de lenta deterioração. E quando você vê isso? Quando você sofre? Mas o sofrimento necessariamente desperta você para a importância de remover todas as barreiras? Ou, pelo contrário, leva você a criar mais barreiras?

Você descobrirá que todas as barreiras se afastarão quando você começar a ouvir, a observar, a descobrir. Não haverá motivo para remover as barreiras; e no momento que você introduzir um motivo, não as estará removendo. O milagre, a maior bênção, é dar à sua própria percepção interior uma oportunidade para remover as barreiras. Mas quando você diz que as barreiras precisam ser removidas e tenta removê-las, é a mente que está trabalhando; e a mente não pode remover as barreiras. Você precisa entender que não pode removê-las. Assim, a mente se torna muito quieta, muito serena; e nessa quietude você descobre aquilo que é verdadeiro.

Pergunta: Qual é o propósito da criação?

KRISHNAMURTI: Você está realmente interessado nisso? O que você quer dizer com criação? Qual é o propósito de viver? Por que você existe, lê, estuda, passa nas provas? Qual é o propósito do relacionamento — o relacionamento de pais e filhos, de marido e mulher? O que é vida? É isso que você quer dizer quando faz esta pergunta: "Qual é o propósito da criação?" Quando você faz essa pergunta? Quando interiormente você não vê claramente, quando está confuso, infeliz, no escuro, quando não percebe ou sente a verdade da questão por si mesmo, então você quer saber qual é o propósito da vida.

Agora, existem muitas pessoas que lhe falarão sobre o propósito da vida; elas lhe dirão o que os livros sagrados dizem. Pessoas inteligentes continuarão a inventar diferentes propósitos da vida. O grupo político terá um propósito, o grupo religioso terá outro, e assim por diante. E como descobrir qual o propósito da vida quando você mesmo está confuso? Certamente, enquanto estiver confuso, só poderá receber uma resposta que também seja confusa. Se sua mente estiver perturbada, se ela não estiver realmente calma, qualquer resposta que você receba será através desse filtro de confusão, ansiedade, medo; portanto, a resposta estará corrompida. Então, o que importa não é perguntar qual é o propósito da vida, mas remover a confusão que existir no seu interior. É como um homem cego perguntado: "O que é luz?" Se eu tentar dizer a ele o que é luz, ele ouvirá de acordo com a cegueira dele, de acordo com sua escuridão; mas no momento que ele for capaz de enxergar, nunca perguntará o que é luz. Ela estará lá.

De modo semelhante, se você puder esclarecer a confusão dentro de si mesmo, descobrirá o propósito da vida; não terá que perguntar, não terá que procurar por ele. Para estar livre da confusão, você precisa ver e entender as causas que provocam confusão; e as causas da confusão são muito claras. A origem delas está no "eu", que está constantemente querendo se expandir pela posse, pelo tornar-se, pelo sucesso, pela imitação; e os sintomas são ciúme, inveja, ganância, medo. Enquanto houver essa confusão interna, você sempre estará buscando respostas externas; mas quando a confusão interna for afastada, você saberá o significado da vida.

Pergunta: Há um elemento de medo no respeito?

KRISHNAMURTI: O que você acha? Quando você mostra respeito ao seu professor, aos seus pais, ao seu guru, e desrespeito ao seu empregado; quando você chuta as pessoas que não são importantes para você e bajula aquelas que estão acima de você, as autoridades, os políticos, os superiores — não há um elemento de medo nisso? Dos superiores, do professor, do examinador, do mestre, de seus pais, do político ou do gerente do banco, você espera obter algo; portanto, você é respeitoso. Mas o que os pobres podem lhe dar? Assim, você menospreza os pobres, você os trata com desprezo, você sequer sabe que eles existem quando passam por você na rua. Você não olha para eles, não é da sua conta que tremam de frio, que estejam sujos e com fome. Mas você respeita os importantes, mesmo quando você tem muito pouco, a fim de receber mais de seus favores. Nisso, há definitivamente um elemento de medo, não é? Não há amor. Se você tivesse amor em seu coração, mostraria respeito pelos que não têm nada e também pelos que têm tudo: você não teria medo dos que têm nem desprezo pelos que não têm. Respeito na esperança de obter uma recompensa é produto do medo. No amor, não há medo.

Pergunta: Por que nos sentimos inferiores diante de nossos superiores?

KRISHNAMURTI: Quem você considera seus superiores? Aqueles que sabem? Aqueles que têm títulos, diplomas? Aqueles de quem você quer algo, algum tipo de recompensa ou posição? No momento em que considera uma pessoa superior, você não considera uma outra pessoa inferior?

Por que temos essa divisão entre superiores e inferiores? Isso só existe quando queremos algo, não é? Eu me acho menos inteligente do que você, não tenho tanto dinheiro ou tanta capacidade quanto você. Eu não sou tão feliz quanto você parece ser ou quero algo de você; então, me sinto inferior. Quando tenho inveja de você, quando estou tentando imitá-lo ou quando quero alguma coisa de você, imediatamente me torno inferior a você, porque o coloquei em um pedestal, eu lhe dei um valor superior. Então, psicologicamente, interiormente, crio tanto o superior quanto o inferior; crio esse sentimento de desigualdade entre aqueles que têm e os que não têm.

Entre os homens há uma enorme desigualdade de capacidade, não é? Há o homem que projeta o avião a jato e o homem que conduz o arado. Essas vastas diferenças em capacidade — intelectual, verbal, física — são inevitáveis. Mas veja, damos tremenda importância a determinadas funções. Consideramos o governador, o primeiro-ministro, o inventor e o cientista extremamente mais importantes do que o empregado; então, a função ganha status. Enquanto dermos importância a determinadas atividades haverá desigualdade, e a distância entre aqueles que são capazes e os que não são se tornará intransponível. Se conseguirmos manter a função desvinculada do status, haverá possibilidade de provocar um verdadeiro sentimento de igualdade. Mas para isso é preciso haver amor; porque é o amor que destrói o sentido de inferior e superior.

O mundo está dividido entre aqueles que têm — os ricos, os poderosos, os capazes, os que têm tudo — e aqueles que não têm. E é possível criar um mundo em que essa divisão entre os que têm e os que não têm não exista? Na verdade, o que está acontecendo é isso: vendo esse abismo entre os ricos e os pobres, entre o homem de grande capacidade e o homem de pouca ou nenhuma capacidade, os políticos e os economistas estão tentando resolver o problema pela reforma econômica e social. Isso pode estar certo. Mas a transformação real nunca poderá acontecer enquanto nós não entendermos o processo todo de antagonismo, de inveja, de maldade; pois só quando esse processo for entendido e chegar ao fim é que poderá haver amor em nossos corações.

Pergunta: É possível haver paz em nossas vidas quando a cada momento estamos lutando contra nosso ambiente?

KRISHNAMURTI: O que é o nosso ambiente? Nosso ambiente é a sociedade, a economia, a religião, a nação e o país em que crescemos; e também o clima. A maioria de nós está lutando para se encaixar, se ajustar ao ambiente, porque esperamos conseguir um emprego daquele ambiente, esperamos receber os benefícios daquela sociedade em particular. Mas do que essa sociedade é feita? Você já pensou sobre isso? Já observou atentamente a sociedade na qual está vivendo e à qual você está tentando se ajustar? Essa sociedade está baseada em um conjunto de crenças e tradições que é chamado de religião, e em certos valores econômicos, não é? Você faz parte dessa sociedade, e está lutando para se ajustar a ela. Mas essa sociedade é produto da posse, é produto de invejas, medos, ganâncias, buscas possessivas, com lampejos eventuais de amor. E se você quiser ser inteligente, destemido, não possessivo, poderá se ajustar a tal sociedade? Poderá?

Certamente, você terá que criar uma nova sociedade, o que significa que, como indivíduo, terá que estar livre da possessividade, da inveja, da ganância; terá que estar livre do nacionalismo, do patriotismo e de toda a limitação do pensamento religioso. Só então haverá a possibilidade de criar algo novo, uma sociedade totalmente nova. Mas enquanto você lutar irrefletidamente para se ajustar à atual sociedade, estará simplesmente seguindo o velho padrão de inveja, de poder e de prestígio, de crenças corruptíveis.

Então, é muito importante, enquanto se é jovem, começar a entender esses problemas e buscar a verdadeira liberdade em si mesmo, pois assim você criará um novo mundo, uma nova sociedade, um novo relacionamento entre os homens. E ajudá-lo a fazer isso é certamente a verdadeira função da educação.

Pergunta: Por que sofremos? Por que não podemos ficar livres das doenças e da morte?

KRISHNAMURTI: Por meio do saneamento, por meio de condições de vida adequadas e alimentação nutritiva, o homem está começando a se livrar de determinadas doenças. Por meio da cirurgia e de formas de tratamento variadas, a ciência está tentando encontrar a cura para doenças como o câncer. Um médico competente faz tudo que pode para aliviar e eliminar as doenças.

Podemos vencer a morte? É uma coisa bastante notável que, na sua idade, esteja tão interessado na morte. Por que você está tão preocupado com isso? É porque vê muito da morte à sua volta — as escadarias de cremação, os corpos sendo levados até o rio? Para você, a morte é uma visão familiar, está constantemente com você; e há o medo da morte.

Se você não refletir e entender por si mesmo as implicações da morte, irá, sempre, de um pregador para outro, de uma esperança para outra, de uma crença para outra, tentando encontrar uma solução para esse problema da morte. Você entende? Não continue perguntando a outras pessoas, mas tente descobrir por si mesmo a verdade da questão. Fazer inúmeras perguntas sem jamais tentar descobrir ou perceber é característico de uma mente pequena.

Veja, nós tememos a morte somente quando nos prendemos à vida. O entendimento do processo todo de viver é também o entendimento da importância de morrer. A morte é simplesmente a extinção da continuidade, e temos medo de não podermos continuar; mas o que continua jamais pode ser criativo. Pense nisso; descubra por si mesmo o que é verdadeiro. É a verdade que o liberta do medo da morte e não suas teorias religiosas, não sua crença em reencarnação ou na vida após a morte.

Pergunta: O que é obediência? Devemos obedecer a uma ordem mesmo sem entendê-la?

KRISHNAMURTI: Não é isso que a maioria de nós faz? Os pais, os professores, as pessoas mais velhas dizem: "Faça isso". Eles dizem isso educadamente, ou com uma vara, e como temos medo, obedecemos. É isso também o que os governos e os militares fazem conosco. Somos treinados desde a infância a obedecer, não sabendo o que é isso. Quanto mais autoritários são nossos pais e quanto mais opressor é o governo, mais somos compelidos e moldados desde nossos primeiros anos; e sem entender por que devemos fazer o que nos dizem para fazer, obedecemos. Também nos dizem o que pensar. Nossas mentes são expurgadas de qualquer pensamento que não seja aprovado pelo Estado, pelas autoridades locais. Nunca nos ensinam ou ajudam a pensar, a descobrir, mas exigem que obedeçamos. O padre nos diz o que é isso, o livro religioso nos diz o que é isso, e nosso próprio medo interior nos compele a obedecer. Se não obedecermos, ficaremos confusos, nos sentiremos perdidos.

Então, obedecemos, porque somos muito desprovidos de reflexão. Não queremos pensar, porque pensar é perturbador; para pensar, temos que questionar, indagar, descobrir por nós mesmos. E as pessoas mais velhas não querem que indaguemos, elas não têm paciência para ouvir nossas perguntas. Elas estão ocupadas demais com suas próprias discussões, com suas ambições e preconceitos, com seus *faça* e *não faça* da moralidade e respeitabilidade; e nós, que somos jovens, temos medo de errar, porque também queremos ser respeitáveis. Não queremos vestir o mesmo tipo de roupa, ser parecidos? Não queremos fazer coisa alguma diferente, não queremos pensar de forma independente, ficar à parte, porque isso é muito perturbador; então, nos juntamos à turma.

Qualquer que seja nossa idade, a maioria de nós obedece, segue, copia, porque estamos internamente com medo de não ter segurança. Queremos estar seguros, tanto financeira quanto moralmente; queremos ser aprovados. Queremos estar em uma posição protegida, ser incluídos e nunca ser confrontados por problemas, dores, sofrimento. É o medo, consciente ou inconsciente, que nos faz obedecer ao mestre, ao líder, ao padre, ao governo. É o medo de ser punido que nos impede de fazer alguma coisa prejudicial aos outros. Então, por trás de todas as nossas ações, nossas ganâncias e buscas, esconde-se esse desejo por segurança, de ser protegido, garantido. Sem estar livre do medo, obedecer tem pouca importância. O que tem importância é ter consciência desse medo a cada dia, observar como ele se apresenta de modos diferentes. Somente quando há libertação do medo é que pode haver aquela qualidade interior de entendimento, aquela solidão na qual não existe acúmulo de conhecimento ou de experiência.

Pergunta: A sociedade está baseada na nossa interdependência. O médico tem que depender do agricultor e o agricultor do médico. Como, então, o homem pode ser totalmente interdependente?

KRISHNAMURTI: Vida é relacionamento. Mesmo o *sannyasi* tem relacionamentos; ele pode renunciar ao mundo, mas ainda assim estará relacionado ao mundo. Não podemos escapar do relacionamento. Para a maioria de nós, o relacionamento é fonte de conflito; no relacionamento há medo, porque nós dependemos psicologicamente do outro, ou do marido, da mulher, do pai ou de um amigo. O relacionamento existe não só entre o indivíduo e o pai, entre o indivíduo e o filho, mas também entre o indivíduo e o professor, o cozinheiro, o empregado, o governador, o comandante e a sociedade; e enquanto não entendermos esse relacionamento, não haverá o fim da dependência psicológica que provoca medo e exploração. A liberdade só vem pela inteligência. Sem inteligência, buscar independência ou liberdade no relacionamento é buscar uma ilusão.

Então, o que é importante é entender nossa dependência psicológica no relacionamento. É no descobrimento das coisas ocultas do coração e da mente, no entendimento da nossa própria solidão, do vazio, que se encontra a liberdade, não do relacionamento, mas da dependência psicológica que causa conflito, infelicidade, dor e medo.

Pergunta: Por que a verdade é desagradável?

KRISHNAMURTI: Se penso que sou muito bonito e você diz que não sou, o que pode ser verdade, eu vou gostar disso? Se acho que sou muito inteligente, muito esperto, e você me mostra que sou uma pessoa bastante tola, isso será muito desagradável para mim. E apontar minha idiotice lhe dará uma sensação de prazer, não é? Isso agradará sua vaidade, mostrará o quanto você é esperto. Mas você não quer olhar para sua própria estupidez; você quer fugir do que é, quer se esconder de si mesmo, quer disfarçar o próprio vazio, a própria solidão. Então, procura amigos que nunca lhe dizem o que você é. Você quer mostrar aos outros o que eles são; mas quando os outros lhe mostram o que você é, você não gosta. Você evita aquilo que expõe sua natureza interior.

Pergunta: Até agora, nossos professores foram muito seguros e nos ensinaram do modo tradicional; mas depois de ouvir o que foi dito aqui e depois de participarem dos debates eles se tornaram muito inseguros. Um aluno inteligente saberá como se portar nessas circunstâncias; mas como farão aqueles que não são inteligentes?

KRISHNAMURTI: Os professores estão inseguros com relação a quê? Não sobre o que ensinar, pois eles podem continuar ensinando matemática, geografia, o currículo habitual. Não é em relação a isso que estão inseguros. Eles estão inseguros sobre como lidar com os alunos, não é? Eles estão inseguros em seu relacionamento com os alunos. Até então, eles nunca haviam estado preocupados com seu relacionamento com os alunos; eles simplesmente vinham para a sala de aula, ensinavam e saíam. Mas agora estão preocupados se estão criando medo ao exercer sua autoridade para fazer os alunos obedecerem. Eles estão preocupados se estão reprimindo os alunos ou se estão estimulando a iniciativa deles e os ajudando a encontrar suas verdadeiras vocações. Naturalmente, tudo isso os tornou inseguros. Mas certamente os professores, assim como os alunos, têm que estar inseguros; eles também têm que indagar, pesquisar. Esse é o processo da vida, desde o início até o fim, não é? Nunca parar em um determinado lugar e dizer "Eu sei".

Um homem inteligente nunca está estático, ele nunca diz "Eu sei". Ele está sempre indagando, sempre inseguro, sempre procurando, pesquisando, descobrindo. No momento que diz "Eu sei", ele já está morto. E quer você seja jovem ou velho, a maioria de nós — por causa da tradição, da compulsão, do medo, por causa da burocracia e dos absurdos de nossa religião — está quase morta, sem vitalidade, sem autoconfiança. Então os professores também têm que descobrir. Eles precisam descobrir por si mesmos suas próprias tendências burocráticas e parar de enfraquecer a mente de outros, e esse é um processo muito difícil. Requer grande dose de entendimento.

Então, o aluno inteligente precisa ajudar o professor, e o professor precisa ajudar o aluno; e ambos precisam ajudar aqueles que não são muito inteligentes. Isso é relacionamento. Certamente, quando o professor estiver inseguro, indagando, ele será mais tolerante, mais hesitante, mais paciente e afetuoso com o aluno lento, cuja inteligência poderá, assim, ser despertada.

Pergunta: Tenho tudo para ser feliz, enquanto outros não têm. Por que isso é assim?

KRISHNAMURTI: Por que você acha que é assim? Você pode ter boa saúde, pais afetuosos, inteligência e pensar que é feliz; ao passo que alguém que está doente, cujos pais sejam rudes e que não tenha uma inteligência, sinta que é infeliz. Agora, por que isso é assim? Por que você é feliz enquanto outra pessoa é infeliz? A felicidade consiste em ter riquezas, carros, boas casas, alimentos limpos, pais afetuosos? É isso que você chama de felicidade? E é infeliz a pessoa que não tem nenhuma dessas coisas? Então, o que você quer dizer por felicidade? É importante descobrir isso, não é? A felicidade consiste em comparar? Quando você diz "Eu sou feliz", sua felicidade se origina da comparação?

Você já não ouviu seus pais dizerem "Fulano não é tão próspero quanto nós"? A comparação nos faz sentir que temos algo, ela nos dá uma sensação de satisfação, não é? Se alguém é inteligente e se compara com alguém que não é tão inteligente, se sente muito feliz. Ou seja, pensamos que somos felizes por meio do orgulho, da comparação; mas o homem que se sente feliz ao se comparar com outro que tenha um pouco menos é um ser humano dos mais infelizes, porque sempre haverá alguém acima dele que tenha mais; e, assim, isso continua. Certamente, comparação não é felicidade. Felicidade é inteiramente diferente; não é uma coisa para ser procurada. A felicidade surge quando você está fazendo alguma coisa porque realmente adora fazer essa coisa, e não porque a atividade lhe proporciona riquezas ou torna você uma pessoa proeminente.

Pergunta: Como podemos nos livrar do medo?

KRISHNAMURTI: Primeiro, vocês precisam saber do que têm medo, não é? Vocês podem ter medo de seus pais, dos professores, de não passar em uma prova, do que sua irmã, seu irmão ou seu vizinho possam dizer; ou podem ter medo de não serem tão bons ou tão inteligentes quanto seus pais, que têm um nome importante. Há muitos tipos de medo, e é preciso saber do que se tem medo.

Agora, vocês sabem do que têm medo? Se souberem, então não fujam dele, mas descubram sua origem. Se quiserem saber como se livrar do medo, não deverão fugir dele, precisarão encará-lo; e o próprio ato de encará-lo vai ajudá-los a se livrar dele. Enquanto fugimos do medo, não olhamos para ele; mas no momento que paramos e olhamos para o medo, ele começa a se dissolver. A própria fuga é a causa do medo.

Pergunta: Não é importante ter ideais na vida?

KRISHNAMURTI: Essa é uma boa pergunta, porque vocês todos têm ideais. Vocês têm o ideal da não violência, o ideal da paz ou o ideal de uma pessoa, não é? O que isso quer dizer? Vocês não são importantes, e o ideal é muito importante. Tudo em que vocês estão interessados é copiar uma pessoa ou uma ideia. Um idealista é um hipócrita, porque está sempre tentando se tornar aquilo que não é, em vez de ser e entender o que ele é.

Vejam, o problema do idealismo é realmente complexo, e vocês não o entendem porque nunca foram estimulados a pensar sobre ele; ninguém jamais conversou sobre isso com vocês. Todos os seus livros, todos os seus professores, todos os jornais e revistas dizem que vocês devem ter ideais, devem ser como este ou aquele herói, o que só torna a mente igual a um macaco que imita ou a um disco gravado que repete um monte de palavras. Assim, vocês não devem aceitar tudo, e sim começar a questionar e descobrir; e não poderão questionar se estiverem com medo. Questionar tudo significa se rebelar, criar um novo mundo. Mas vejam, seus professores e pais não querem que vocês se rebelem, porque eles querem controlar, moldar e formatar vocês pelos padrões deles; e, assim, a vida continua a ser uma coisa terrível.

Pergunta: Se somos pequenos, como podemos criar um mundo novo?

KRISHNAMURTI: Vocês não podem criar um mundo novo se são pequenos. Mas não serão pequenos para o resto da vida, não é? Vocês são pequenos se têm medo. Vocês podem ter um corpo grande, um carro grande, uma posição elevada, mas se tiverem medo jamais criarão um mundo novo. É por isso que é muito importante crescer com inteligência, sem medo, crescer em liberdade. Mas crescer em liberdade não significa se disciplinar para ser livre.

Pergunta: Que sistema de educação deve existir para tornar a criança livre do medo?

KRISHNAMURTI: Um sistema ou método implica dizer o que fazer e como fazer; e isso o tornará livre do medo? Você pode ser educado com inteligência, sem medo, por qualquer tipo de sistema? Quando você é jovem, deve ser livre para crescer; mas não existe um sistema para tornar você livre. Um sistema implica fazer a mente se ajustar a um padrão, não é? Significa enquadrá-lo em uma estrutura, não lhe dando liberdade. No momento em que você depende de um sistema, não se arrisca a se afastar dele, e, dessa forma, o pensamento de se distanciar desse sistema gera medo. Então, não existe de fato um sistema de educação. O que é importante é o professor e o aluno, não o sistema. Afinal de contas, se eu quiser ajudá-lo a se libertar do medo, eu mesmo precisarei estar livre do medo. Depois, precisarei analisá-lo; precisarei me dedicar a explicar tudo para você e lhe dizer como é o mundo; e para fazer tudo isso, precisarei amá-lo. Como professor, vou precisar sentir que, quando você sair da escola ou da faculdade, estará sem medo. Se eu realmente sentir isso, poderei ajudá-lo a se libertar do medo.

Pergunta: É possível saber a qualidade do ouro sem testá-lo? De forma semelhante, pode a capacidade de cada criança ser conhecida sem que ela se submeta a algum tipo de prova escrita?

KRISHNAMURTI: Você realmente conhece a capacidade da criança por meio de provas? Uma criança pode não passar porque está nervosa, com medo da prova, ao passo que outra pode passar porque é menos afetada por isso. Ao passo que, se observar cada criança semana após semana, se observar seu caráter, a maneira de participar nos jogos, a maneira de falar, os interesses que demonstra, como estuda, que alimentos come, então você começará a conhecer a criança, sem necessidade de provas para lhe dizer do que ela realmente é capaz.

Pergunta: Qual é sua ideia de um mundo novo?

KRISHNAMURTI: Não tenho ideia sobre o mundo novo. O mundo "novo" não poderá ser novo se eu tiver uma ideia sobre ele. Essa não é apenas uma declaração inteligente, é um fato. Se tenho uma ideia sobre isso, a ideia surge de meu estudo e experiência, não é? Nasce do que aprendi, do que li, do que outras pessoas disseram que o novo mundo deveria ser. Então, o mundo "novo" jamais poderá ser novo se for uma criação da mente, porque a mente é o antigo. Você não sabe o que vai acontecer amanhã, sabe? Você pode saber que não vai ter aula amanhã porque é domingo e que na segunda-feira virá para a escola novamente; mas o que vai acontecer fora da escola, que tipo de sentimentos vai ter, que tipo de coisas vai ver — tudo isso você não sabe, não é? Como você não sabe o que vai acontecer amanhã ou depois de amanhã, será algo novo quando acontecer; e ser capaz de encontrar o novo é o que importa.

Pergunta: Como podemos criar algo novo se não sabemos o que queremos criar?

KRISHNAMURTI: É uma coisa triste não saber o que significa criar, não é? Quando você tem um sentimento, pode pôr o que sente em palavras. Se você vê uma linda árvore, pode escrever um poema descrevendo, não a árvore, mas o que a árvore despertou em você. Esse sentimento é o novo, é a coisa criativa; mas você não pode produzir isso, isso deve acontecer em você.

Pergunta: Seu livro sobre educação insinua que a educação moderna é um fracasso total. Gostaria que explicasse isso.

KRISHNAMURTI: Não é um fracasso? Quando você sai à rua, vê o homem pobre e o homem rico; e quando olha em volta, vê todas as pessoas supostamente educadas no mundo todo discutindo, brigando, matando-se nas guerras. Existe atualmente conhecimento científico suficiente que nos permite fornecer alimento, roupa e abrigo para todos os homens, e, ainda assim, isso não é feito. Os políticos e outros líderes em toda parte do mundo são pessoas educadas, têm títulos, diplomas, becas e capelos, são doutores e cientistas e, ainda assim, não criaram um mundo em que o homem possa viver feliz. Então, a educação moderna fracassou, não é? E se você estiver satisfeito em ser educado do modo antigo, realizará uma confusão gritante na vida.

Pergunta: Você diz que a educação moderna é um fracasso. Mas se os políticos não tivessem sido educados, acha que eles teriam criado um mundo melhor?

KRISHNAMURTI: Não estou absolutamente certo de que não poderiam ter criado um mundo melhor se eles nunca tivessem recebido esse tipo de educação. O que significa governar o povo? Afinal de contas, é isso que se espera que os políticos façam — governar o povo. Mas eles são ambiciosos, querem poder, posição, querem ser respeitados, ser os líderes, ocupar o primeiro lugar; eles não estão pensando no povo, estão pensando em si mesmos ou em seus partidos, que são extensões deles mesmos. Os homens são homens, quer vivam na Índia, na Alemanha, na Rússia, na América ou na China; mas veja, ao separar os homens de acordo com os países, mais políticos podem ter grandes empregos, então eles não estão interessados em pensar no mundo como um todo. Eles são "educados", sabem ler, debater, e falam incessantemente sobre ser bons cidadãos — mas eles precisam ocupar o primeiro lugar. Dividir o mundo e criar guerras — é isso que chamamos de educação? Os políticos não estão sozinhos ao fazer isso; todos nós fazemos isso. Algumas pessoas querem a guerra porque lhes proporciona lucro. Então não são somente os políticos que precisam ter o tipo certo de educação.

Pergunta: Então qual é sua ideia do tipo certo de educação?

KRISHNAMURTI: Eu acabei de lhe dizer. Veja, vou lhe mostrar novamente. Afinal, uma pessoa religiosa não é alguém que venere um deus, uma imagem criada pelas mãos ou pela mente, mas alguém que esteja realmente investigando o que é a verdade, o que é Deus; e essa pessoa é de fato educada. Ela talvez não vá à escola, talvez não tenha livros, talvez sequer saiba como ler;

mas está se libertando do medo, de seu egoísmo, de seu egoísmo e ambição. Então, a educação não é simplesmente um processo para aprender a ler, a calcular, a construir pontes, a fazer pesquisas científicas para descobrir novos meios de utilizar o poder atômico e tudo mais. A função da educação é, principalmente, ajudar o homem a se libertar da própria mesquinhez e estúpidas ambições. Toda ambição é estúpida, mesquinha — não existe grande ambição. E a educação também deve ajudar o aluno a crescer em liberdade, sem medo, não é?

Pergunta: Como todos os homens podem ser educados desse modo?

KRISHNAMURTI: Você não quer ser educado desse modo?

Pergunta: Mas como?

KRISHNAMURTI: Primeiro, você quer ser educado desse modo? Não pergunte como, mas tenha a sensação de que quer ser educado desse modo. Se tiver essa sensação intensa, quando crescer ajudará a criar isso nos outros, não é? Veja: se você estiver muito entusiasmado em jogar determinado jogo, logo encontrará outras pessoas para jogar com você. De forma semelhante, se estiver realmente entusiasmado em ser educado do modo como estivemos discutindo, então você ajudará a criar uma escola com o tipo certo de professores que proporcionarão esse tipo de educação. Mas a maioria de nós não quer realmente esse tipo de educação e então perguntamos: "Como isso pode ser feito?" Contamos que outros nos deem a resposta. Mas se todos vocês — cada aluno que está ouvindo, e espero que os professores também — quiserem esse tipo de educação, farão com que ela tome forma.

Peguem um exemplo simples como mascar chiclete. Se vocês todos querem mascar chiclete, o fabricante o produzirá, mas se vocês não o quiserem, o fabricante irá à falência. De modo semelhante, em um nível bastante diferente, se todos vocês disserem "Queremos o tipo certo de educação, não essa educação falsificada que somente leva ao assassinato organizado", e se realmente quiserem isso, farão com que o tipo certo de educação tome forma. Mas vejam, vocês ainda são muito jovens, têm muito medo, e é por isso que é importante criar isso.

Pergunta: Se eu quiser o tipo certo de educação, precisarei de professores?

KRISHNAMURTI: Claro que precisará. Você precisa de professores para ajudá-lo, não? Mas o que é ajuda? Você não está vivendo no mundo sozinho, está? Existem seus colegas, seus pais, seus professores, o carteiro, o homem que traz o leite — todos são necessários, todos nós nos ajudamos mutuamente a viver neste mundo. Mas se você disser "O professor é sagrado, ele está em um nível e eu em outro", então esse tipo de ajuda não será verdadeira. O professor só será útil se ele não estiver usando o magistério para alimentar sua vaidade ou como um meio para sua própria segurança. Se ele estiver ensinando, não porque é incapaz de fazer qualquer outra coisa, mas porque realmente adora ensinar, então ajudará o aluno a crescer sem medo. Isso significa que não existirá prova alguma, nota alguma, grau algum. Se for para você criar o tipo certo de educação, precisará desses professores para ajudá-lo a criá-la; então é muito importante para os próprios professores serem educados da forma correta.

Pergunta: Se todas as ambições são estúpidas, então como o homem pode progredir?

KRISHNAMURTI: Você sabe o que é progresso? Agora, tenha um pouco de paciência e vamos examinar isso detalhadamente. O que é progresso? Você já pensou sobre isso? É progresso quando você pode ir para a Europa em algumas horas de avião em vez de levar duas semanas para chegar lá de navio? A invenção de meios de transporte e de comunicação mais rápidos, o aperfeiçoamento de armas de fogo, meios maiores e melhores de destruirmos uns aos outros, aniquilando milhares de pessoas com uma única bomba atômica em vez de abatê-los um a um com flechas — a isso nós chamamos de progresso, não é? Então houve progresso no sentido tecnológico; mas nós progredimos em alguma outra direção? Nós acabamos com as guerras? As pessoas estão mais bondosas, mais amorosas, mais generosas, mais atenciosas, menos cruéis? Você não tem que dizer sim ou não, só precisa observar os fatos. Científica e materialmente, fizemos um tremendo progresso; mas interiormente estamos imobilizados, não é? Para a maioria de nós, a educação tem sido como o alongamento de apenas uma das pernas de um tripé; então não temos equilíbrio; contudo, falamos sobre progresso, todos os jornais estão cheios disso!

Pergunta: Qual é a definição de aluno?

KRISHNAMURTI: É muito fácil encontrar uma definição, não? Tudo que você precisa fazer é abrir um dicionário e ele lhe dará a resposta. Mas esse não é o tipo de definição que deseja, é? Você quer falar sobre isso, quer descobrir o que é um verdadeiro aluno. O verdadeiro aluno é aquele que passa nas provas, consegue um emprego e depois fecha todos os livros? Ser um aluno implica estudar a vida, não apenas ler os poucos livros exigidos; implica a capacidade de observar tudo por toda a vida, não apenas algumas coisas por um período específico. Um aluno, certamente, não é somente uma pessoa que leia, mas que seja capaz de observar todos os movimentos da vida externa e interna sem dizer "Isso está certo, isso está errado". Se você censura algo, não observa, não é? Para observar, você tem que estudar sem censurar, sem comparar. Se eu comparo você com outra pessoa, não o estou estudando, estou? Se o comparo com seu irmão mais novo ou com sua irmã mais velha, é a irmã ou o irmão que são importantes; portanto, não estou estudando você.

Mas nossa educação toda nos ensina a comparar. Você está constantemente se comparando ou comparando outra pessoa com alguém — com seu guru, com seu ideal, com seu pai que é tão inteligente, um grande político, e assim por diante. Esse processo de comparação e censura o impede de observar, estudar. Então, o verdadeiro aluno é aquele que observa tudo na vida, externa e internamente, sem comparar, aprovar ou censurar. Ele não só é capaz de pesquisar os assuntos científicos, mas também é capaz de observar o funcionamento de sua própria mente, de seus próprios sentimentos — que é muito mais difícil que observar um fato científico. Entender a operação integral da própria mente exige grande dose de percepção, grande dose de investigação sem censura.

Pergunta: Você diz que todos os idealistas são hipócritas. Quem você chama de idealista?

KRISHNAMURTI: Você não sabe o que é um idealista? Se sou violento, posso dizer que meu ideal é não ser violento; mas o fato é que sou violento. O ideal é aquilo que espero ser no final. Levarei anos para me tornar não violento, e nesse meio-tempo, serei violento — isso é a verdade. Sendo violento, estou tentando o tempo todo ser não violento, o que é irreal; e isso não é hipocrisia? Em vez de entender e dissolver minha violência, estou tentando ser diferente. O homem que está tentando ser diferente daquilo que ele é, obviamente, é um hipócrita. É como se eu usasse uma máscara e dissesse que sou diferente, mas por trás da máscara sou exatamente o mesmo homem de sempre. Ao passo que, se conseguir examinar o processo todo da violência e entender isso, então haverá possibilidade de ficar livre da violência.

Pergunta: Se todos nós fôssemos educados da forma correta, estaríamos livres do medo?

KRISHNAMURTI: É muito importante estar livre do medo, não é? E você não pode se libertar do medo a não ser pela inteligência. Então, vamos primeiro descobrir como ser inteligente, e não como se libertar do medo. Se pudermos experienciar o que é ser inteligente, então saberemos como nos libertar do medo. O medo é sempre em relação a alguma coisa, ele não existe por si só. Existe o medo da morte, o medo de doenças, o medo da perda, o medo dos pais, o medo do que as pessoas dirão etc. A questão não é como se livrar do medo, mas como despertar a inteligência com a qual encarar, entender e superar o medo.

Agora, como a educação pode nos ajudar a sermos inteligentes? O que é inteligência? É uma questão de passar nas provas, de ser brilhante? Você pode ler muitos livros, conhecer pessoas proeminentes, ter muita capacidade, mas tudo isso o torna inteligente? Ou inteligência é algo que só toma forma quando você está integrado? Somos compostos de muitas partes; às vezes somos rancorosos, ciumentos, violentos, e outras vezes somos humildes, atenciosos, calmos. Em momentos diferentes, somos seres diferentes; nunca estamos inteiros, nunca estamos totalmente integrados, não é? Quando o homem tem muitos desejos, ele está internamente dividido em vários seres.

É preciso abordar o problema de forma simples. A questão é como ser inteligente para que você possa se libertar do medo. Se desde a mais tenra infância analisassem com você todas as dificuldades para que seu entendimento delas não fosse apenas verbal, mas que lhe permitisse ver o todo da vida, então essa educação poderia despertar a inteligência e, assim, libertar a mente do medo.

Pergunta: Você disse que ser ambicioso é ser estúpido e cruel. Então é estúpido e cruel ter a ambição de obter o tipo certo de educação?

KRISHNAMURTI: Você é ambicioso? O que é ambição? Quando você quer ser melhor que outra pessoa, obter notas mais altas do que ela — certamente isso é o que chamamos de ambição. Um político é ambicioso ao querer se tornar um grande político; mas é ambicioso querer ter o tipo certo de educação? É ambição quando você faz algo porque adora? Quando você escreve ou pinta — não porque deseja prestígio, mas porque ama escrever ou pintar —, isso não é ambição, certamente. A ambição vem quando você se compara com outros escritores ou pintores, quando quer estar na dianteira.

Então, não é ambição quando você faz algo porque realmente ama fazer aquela coisa.

Pergunta: Quando alguém quer encontrar a verdade ou a paz, se torna um sannyasi. *Então, um* sannyasi *tem simplicidade.*

KRISHNAMURTI: Alguém conhece a simplicidade quando quer paz? É por se tornar um *sannyasi* ou um monge que alguém é simples? Certamente, a paz é algo que não é da mente. Se eu quiser paz, e tentar remover do meu pensamento todos os pensamentos de violência, isso me trará paz? Ou, se eu tiver muitos desejos e disser que não devo ter desejos, ficarei tranquilo? No momento que você quiser algo, estará em conflito, em luta, e o que trará simplicidade será seu próprio entendimento do processo todo de querer.

Pergunta: Se, como você diz, todos têm medo, então ninguém é santo ou herói. Não existem, então, grandes homens neste mundo?

KRISHNAMURTI: Isso é simples raciocínio lógico, não é? Por que devemos nos importar com grandes homens, santos ou heróis? O que importa é o que você é. Se você tiver medo, irá criar um mundo ruim. Essa é a questão, e não se existem grandes homens.

Pergunta: Você disse que explicações são ruins. Viemos aqui por explicações. Isso é ruim?

KRISHNAMURTI: Eu não disse que explicações são ruins; disse para não ficarem satisfeitos com explicações.

Pergunta: Qual é sua ideia sobre o futuro da Índia?

KRISHNAMURTI: Não tenho nenhuma ideia. Não acho que a Índia como Índia tenha muita importância. O que importa é o mundo. Quer vivamos na China ou no Japão, na Inglaterra, na Índia ou na América, diremos: "Meu país importa muito", e ninguém pensará no mundo como um todo; os livros de história estão cheios da constante repetição das guerras. Se pudermos começar a entender a nós mesmos como homens, então talvez possamos parar de matarmos uns aos outros e pôr fim às guerras; mas enquanto formos nacionalistas e pensarmos apenas em nosso próprio país, continuaremos a criar um mundo terrível. Se percebermos de uma vez por todas que essa é *nossa* Terra, onde podemos viver felizes e em paz, então juntos poderemos construir novamente; mas se continuarmos pensando em nós mesmos como indianos, alemães ou russos, e considerarmos todos os outros como estrangeiros, então não haverá paz, e nenhum mundo novo será criado.

Pergunta: Você diz que existem poucas pessoas neste mundo que são grandes. Então o que você é?

KRISHNAMURTI: Não importa o que eu sou. O que importa é descobrir a verdade ou a falsidade do que está sendo dito. Se você pensar que tal coisa é importante porque fulano está dizendo, então não estará realmente ouvindo, não estará tentando descobrir por si mesmo o que é verdadeiro e o que é falso.

Mas veja, a maioria de nós tem medo de descobrir por si mesmo o que é verdadeiro e o que é falso, e é por isso que simplesmente aceitamos aquilo que outras pessoas dizem. O importante é questionar, observar, nunca aceitar. Infelizmente, a maioria de nós ouve apenas aqueles que consideramos grandes pessoas, autoridades comprovadas. Nunca ouvimos os pássaros, o som do mar ou o mendigo. Então, perdemos o que o mendigo está dizendo — e pode haver verdade no que o mendigo está dizendo, e nenhuma no que está sendo dito pelo homem rico ou pela autoridade.

Pergunta: Nós lemos livros movidos pela curiosidade. Quando você era jovem não era curioso?

KRISHNAMURTI: Você acha que simplesmente lendo livros descobrirá o que é verdadeiro? Você descobre alguma coisa repetindo o que os outros disseram? Ou descobre ao pesquisar, duvidar e questionar? Muitos de nós leem vários livros sobre filosofia, e essa leitura molda nossas mentes — o que torna muito difícil descobrirmos por nós mesmos o que é verdadeiro e o que é falso. Quando a mente já está moldada, formada, ela só consegue descobrir a verdade com muita dificuldade.

Pergunta: Não devemos nos preocupar com o futuro?

KRISHNAMURTI: O que você quer dizer com futuro? Daqui a 20 ou 50 anos — é isso que você quer dizer por futuro? O futuro que está a muitos anos de distância é muito incerto, não é? Você não sabe o que vai acontecer, então qual é a vantagem de ficar preocupado ou perturbado com isso? Pode haver uma guerra, uma epidemia; tudo pode acontecer, então o futuro é incerto, é desconhecido. O que importa é como você está vivendo agora, o que está pensando, sentindo. O presente, que é hoje, importa muito, não o amanhã ou o que vai acontecer daqui a 20 anos; e para entender o presente é necessário grande dose de inteligência.

Pergunta: Quando somos jovens, somos muito levianos, nem sempre sabemos o que é bom para nós. Se um pai aconselha para o bem do filho, o filho não deveria seguir o conselho do pai?

KRISHNAMURTI: O que você acha? Se eu sou pai, devo, primeiro, descobrir o que meu filho realmente quer fazer na vida, não é? O pai conhece bastante o filho para aconselhá-lo? O pai estudou o filho? Como um pai que tem muito pouco tempo para observar seu filho pode dar conselhos a ele? Parece bom dizer que o pai deveria guiar o filho; mas se o pai não conhece o filho, então o que deve fazer? O filho tem suas próprias inclinações e capacidades, que devem ser estudadas, não somente por certo tempo ou em um lugar particular, mas por toda a infância.

Pergunta: Ao almejar o bem-estar de nosso país, não almejamos também o bem-estar da humanidade? Está ao alcance do homem comum almejar o bem-estar da humanidade?

KRISHNAMURTI: Quando buscamos o bem-estar de um país à custa de outros países, isso leva à exploração e ao imperialismo. Enquanto pensarmos exclusivamente em nosso próprio país, isso criará conflito e guerra.

Quando você pergunta se está ao alcance do homem comum almejar o bem-estar da humanidade, o que quer dizer por homem comum? Você e eu não somos o homem comum? Somos diferentes do homem comum? O que há de tão incomum em nós? Somos todos seres comuns, não somos? Só porque possuímos roupas limpas, usamos sapatos ou temos carros você acha que somos diferentes dos que não têm essas coisas? Somos todos comuns — e se realmente entendermos isso, poderemos realizar uma revolução. Uma das falhas de nossa atual educação é fazer com que nos sintamos muito aristocráticos, em um pedestal, muito acima dos supostos homens comuns.

Pergunta: Se todos os indivíduos se rebelassem, não acha que haveria um caos no mundo?

KRISHNAMURTI: A sociedade atual está em uma ordem tão perfeita assim que seria um caos se todos se rebelassem contra ela? Não está um caos agora? Está tudo bonito, não corrompido? Estão todos vivendo de modo feliz, pleno e harmonioso? O homem não está contra o homem? Não existe ambição e competição cruel? Então o mundo já está um caos, isso é a primeira coisa a se perceber. Não presuma que essa seja uma sociedade ordeira; não se iluda com palavras. Quer na Ásia, na Europa, na América ou na Rússia, o mundo está em um processo de deterioração.

Se perceber a deterioração, você terá um desafio: estará desafiado a encontrar um modo de resolver esse problema urgente. E o modo como você responder ao desafio será importante, não é? Se responder como um hindu ou um budista, como cristão ou comunista, então sua resposta será muito limitada — o que não será uma resposta em absoluto. Você só poderá responder totalmente, adequadamente, se não existir medo em você, só se você não pensar como um hindu, um comunista ou um capitalista, mas como um ser humano total que esteja tentando resolver esse problema; e não conseguirá resolvê-lo a não ser que você mesmo esteja revoltado contra a coisa toda, contra a ganância ambiciosa na qual a sociedade está baseada. Quando você mesmo não for ambicioso, não for ganancioso, não estiver se agarrando à própria segurança — somente aí poderá responder ao desafio e criar um mundo novo.

Pergunta: Rebelar-se, aprender, amar — esses são três processos separados ou simultâneos?

KRISHNAMURTI: Claro que não são três processos separados; é um processo unitário. Veja, é muito importante descobrir o que significa a pergunta. Essa pergunta está baseada na teoria, não na experiência; ela é apenas verbal, intelectual, portanto, não tem validade. Um homem que não tem medo, que fica realmente revoltado, lutando para descobrir o que significa aprender, amar — esse homem não pergunta se isso é um processo ou três. Somos tão espertos com palavras e pensamos que, ao dar explicações, resolvemos o problema.

Você sabe o que quer dizer aprender? Quando está realmente aprendendo, está aprendendo por toda a vida, e não existe um único professor especial. Então, tudo lhe ensina — uma folha morta, um pássaro, um cheiro, uma lágrima, o rico e o pobre, os que estão chorando, o sorriso de uma mulher, a arrogância de um homem. Você aprende com tudo, portanto não existe um guia, um filósofo nem um guru. A própria vida é seu mestre, e você está em um estado de constante aprendizado.

Pergunta: É verdade que a sociedade está baseada na ganância e na ambição; mas se não tivéssemos ambição, não deterioraríamos?

KRISHNAMURTI: Esta é uma pergunta muito importante e precisa de grande atenção.

Você sabe o que é atenção? Vamos descobrir. Em uma sala de aula, quando você fica olhando fixamente pela janela ou puxa o cabelo de alguém, o professor lhe diz para prestar atenção. O que isso significa? Que você não está interessado no que está estudando e, por isso, o professor o obriga a prestar atenção — o que não é atenção em absoluto. A atenção vem quando você está profundamente interessado em algo, pois assim há prazer em descobrir tudo sobre aquilo; então, sua mente, todo o seu ser está presente. De modo semelhante, no momento que você faz esta pergunta — "se não tivéssemos ambição, não deterioraríamos?" —, é realmente muito importante, você está interessado e quer descobrir a verdade disso.

O homem ambicioso não está destruindo a si mesmo? Essa é a primeira coisa a descobrir, não perguntar se a ambição é certa ou errada. Olhe à sua volta, observe todas as pessoas que são ambiciosas. O que acontece quando você é ambicioso? Você está pensando em si mesmo, não é? Você é cruel, empurra os outros para o lado porque está tentando realizar sua ambição, tentando se tornar um grande homem, criando na sociedade o conflito entre aqueles que têm sucesso e aqueles que ficam para trás. Há uma batalha constante entre você e os outros que também estão atrás do que você quer; e esse conflito é capaz de produzir uma vida criativa?

Você é ambicioso quando ama fazer algo? Quando está fazendo algo com seu ser inteiro, não porque você quer ser alguém na vida ou obter mais lucro, ou melhores resultados, mas simplesmente porque você adora fazer aquela coisa — nisso não há ambição, há? Nisso não há competição; você não está lutando com ninguém pelo primeiro lugar. E a educação não deveria ajudá-lo a descobrir o que você realmente ama fazer para que, do início até o fim de sua vida, você esteja trabalhando em algo que sinta que vale a pena e que para você tenha um profundo significado? Do contrário, pelo resto dos seus dias, você será infeliz. Não sabendo o que realmente quer fazer, sua mente cai em uma rotina em que só há tédio, deterioração e morte. É por isso que é muito importante descobrir, enquanto é jovem, o que é que você realmente *ama* fazer; e esse é o único modo de se criar uma nova sociedade.

Pergunta: O que é inteligência?

KRISHNAMURTI: Vamos analisar muito bem essa pergunta, e descobrir. Descobrir não é chegar a uma conclusão. Eu não sei se você percebe a diferença. No momento em que você chega a uma conclusão do que é inteligência, você cessa de ser inteligente. É isso o que a maioria das pessoas mais velhas tem feito: elas chegaram a conclusões. Portanto, elas cessaram de ser inteligentes. Então você já descobriu uma coisa: que a mente inteligente é aquela que está constantemente aprendendo, nunca concluindo.

O que é inteligência? A maioria das pessoas fica satisfeita com uma definição do que é inteligência. Ou elas dizem: "Essa é uma boa explicação", ou preferem sua própria explicação; e a mente que fica satisfeita com uma explicação é muito superficial, portanto, não é inteligente.

Você começou a ver que a mente inteligente é uma mente que não fica satisfeita com explicações, com conclusões; nem é uma mente que acredita, porque a crença é, também, outra forma de conclusão. A mente inteligente é indagadora, está sempre observando, aprendendo, estudando. O que significa isso? Que só existe inteligência quando não há medo, quando você está disposto a rebelar-se, a ir contra toda a estrutura social para descobrir o que é Deus, ou para descobrir a verdade de alguma coisa.

Inteligência não é conhecimento. Se você pudesse ler todos os livros do mundo, isso não lhe daria inteligência. Inteligência é algo muito sutil; não tem ancoradouro. Só toma forma quando você entende o processo total da mente — não a mente segundo algum filósofo ou professor, mas sua própria mente. Sua mente é o resultado de toda a humanidade, e quando você entende isso, não precisa estudar um único livro, porque a mente contém o conhecimento do passado. Então, a inteligência toma forma com o entendimento de si mesmo; e você só pode entender a si mesmo em relação ao mundo das pessoas, coisas e ideias. Inteligência não é algo que você possa adquirir, como o aprendizado; ela surge com grande revolta, onde não existe medo — quando há um sentimento de amor. Pois quando não há medo, há amor.

Se você só estiver interessado em explicações, temo que sentirá que não respondi à sua pergunta. Perguntar o que é inteligência é como perguntar o que é vida. A vida é estudo, brincadeira, sexo, trabalho, brigas, inveja, ambição, amor, beleza, verdade — a vida é tudo, não é? Mas veja, a maioria de nós não tem paciência, de modo sincero e constante, para se empenhar nessa investigação.

Pergunta: O que é sociedade?

KRISHNAMURTI: O que é sociedade? E o que é família? Vamos descobrir, passo a passo, como a sociedade é criada, como ela toma forma.

O que é a família? Quando você diz: "Esta é minha família", o que quer dizer com isso? Seu pai, sua mãe, seu irmão e sua irmã, o sentimento de proximidade, o fato de vocês viverem juntos na mesma casa, a sensação de que seus pais vão lhe proteger, a posse de alguma propriedade, de joias, roupas — tudo isso é a base da família. Existem outras famílias como a sua vivendo em outras casas, sentindo exatamente as mesmas coisas que você, tendo o sentido de minha mulher, meu marido, meus filhos, minha casa, minhas roupas, meu carro; existem muitas dessas famílias vivendo no mesmo espaço de terra, e elas acabam tendo um sentimento de que não devem ser invadidas por outras famílias. Então, começam a fazer leis. As famílias poderosas se estabelecem em altas posições, adquirem grandes propriedades, elas têm mais dinheiro, mais roupas, mais carros; elas se unem e planejam as leis, dizem ao restante de nós o que fazer. Então, gradualmente, toma forma uma sociedade com leis, regulamentos, polícia, com um exército e uma marinha. No final, a terra toda se torna povoada por sociedades de vários tipos. Então, as pessoas têm ideias antagônicas e querem derrubar aqueles que estão estabelecidos em altas posições, que detêm todos os meios do poder. Elas destroem aquela sociedade particular e formam outra.

A sociedade é o relacionamento entre pessoas — o relacionamento entre uma pessoa e outra, entre uma família e outra, entre um grupo e outro, e entre um indivíduo e o grupo. O relacionamento humano é a sociedade, o relacionamento entre mim e você. Se for muito ganancioso, muito astuto, se tiver grande poder e autoridade, vou afastá-lo; e você tentará fazer o mesmo comigo. Então, fazemos leis. Mas outros chegam e quebram nossas leis, estabelecendo outro conjunto de leis, e isso acontece o tempo todo. Na sociedade, que é relacionamento humano, há conflito constante. Essa é a simples base da sociedade, que se torna cada vez mais complexa à medida que os próprios homens se tornam cada vez mais complexos em suas ideias, em seus desejos, em suas instituições e atividades.

Pergunta: Visto que estamos sempre nos relacionando uns com os outros, não é verdade que jamais poderemos ser absolutamente livres?

KRISHNAMURTI: Não entendemos o que é relacionamento, o relacionamento certo. Suponha que eu dependa de você para minha satisfação, para meu conforto, para meu sentimento de segurança; como algum dia poderei ser livre? Mas se eu não depender desse modo, ainda assim estarei relacionado com você, não? Eu dependo de você para algum tipo de conforto emocional, físico ou intelectual, portanto, não sou livre. Eu me agarro aos meus pais porque quero algum tipo de segurança, que significa que meu relacionamento com eles é de dependência e está baseado no medo. Como, então, posso ter qualquer relacionamento que seja livre? Só há liberdade no relacionamento quando não existe medo. Então, para ter o relacionamento certo, preciso me libertar dessa dependência psicológica que gera medo.

Pergunta: Como podemos ser livres quando nossos pais dependem de nós na velhice?

KRISHNAMURTI: Como são velhos, eles dependem de você para sustentá-los. Então, o que acontece? Eles esperam que você ganhe dinheiro suficiente para vesti-los e alimentá-los; e se o que você quiser fazer é tornar-se um carpinteiro ou um artista, muito embora você possa não ganhar dinheiro algum, eles dirão que não deve fazer isso, porque precisa sustentá-los. Pense nisso. Não estou dizendo que é bom ou ruim. Ao dizer que é bom ou ruim, colocamos um ponto final no ato de pensar. A exigência de seus pais, de que os sustente, o lhe impede de viver sua vida, o que é considerado egoísmo; então, você se torna escravo deles.

Você pode dizer que o Estado deveria tomar conta dos idosos por meio de aposentadorias e diversos outros meios de proteção. Mas em um país que tem superpopulação, insuficiência de renda, falta de produtividade etc., o Estado não pode cuidar dos idosos. Então, os pais idosos dependem dos jovens, e os jovens sempre se encaixam na tradição e são destruídos. Mas esse não é um problema para ser discutido por mim. Vocês todos têm que pensar sobre isso e buscar uma solução.

Eu, naturalmente, quero sustentar meus pais dentro de limites razoáveis. Mas suponha que eu também queira fazer algo que renumere muito pouco. Suponha que eu queira me tornar uma pessoa religiosa e dedicar minha vida a descobrir o que é Deus, o que é a verdade. Esse modo de vida pode não me proporcionar dinheiro algum, e se eu buscar isso talvez tenha que desistir de minha família — o que significa que eles provavelmente passarão fome, como milhões de outras pessoas. O que posso fazer? Enquanto eu tiver medo do que as pessoas dirão — que eu não sou um filho zeloso, que sou um filho desprezível —, nunca serei um ser humano criativo. Para ser um ser humano feliz e criativo, eu preciso ter uma grande dose de iniciativa.

Pergunta: Como podemos nos libertar da dependência já que vivemos em sociedade?

KRISHNAMURTI: Você sabe o que é sociedade? Sociedade é o relacionamento entre os homens, não é? Não complique isso, não cite um monte de livros; pense com muita simplicidade e verá que a sociedade é o relacionamento entre mim e você e os outros. O relacionamento humano forma a sociedade; e nossa atual sociedade está construída sobre um relacionamento de ganância, não é? A maioria de nós deseja dinheiro, poder, propriedade, autoridade; em um nível ou outro, queremos posição, prestígio, e desse modo construímos uma sociedade aquisitiva. Enquanto formos gananciosos, enquanto quisermos posição, prestígio, poder e tudo mais, pertenceremos a essa sociedade e seremos dependentes dela. Mas se alguém não quiser qualquer uma dessas coisas, e permanecer simplesmente como é, com grande humildade, então estará fora disso; se rebelará contra isso e romperá com essa sociedade.

Infelizmente, a educação atual visa fazer você obedecer, se encaixar e se ajustar a essa sociedade aquisitiva. Isso é tudo em que seus pais, seus professores e seus livros estão interessados. Desde que obedeça, desde que seja ambicioso e aquisitivo, corrompendo e destruindo outros na busca de posição e poder, você é considerado um cidadão respeitável. Você é educado para se encaixar na sociedade; mas isso não é educação, é simplesmente um processo que o condiciona a adequar-se a um padrão. A real função da educação não é fazer você virar um empregado de escritório, um juiz ou um primeiro-ministro, mas ajudá-lo a entender a estrutura toda dessa sociedade corrompida e permitir que você cresça em liberdade, para que escape e crie uma sociedade diferente, um mundo novo. É necessário existir os que estejam revoltados, não parcialmente, mas totalmente revoltados contra o velho, pois somente essas pessoas é que poderão criar um novo mundo — não um mundo baseado em ganância, em poder e prestígio.

Posso ouvir as pessoas mais velhas dizendo: "Isso nunca poderá ser feito. A natureza humana é o que é, e você está dizendo absurdos". Mas nunca pensamos sobre descondicionar a mente adulta e não condicionar a criança. Certamente, a educação é tanto curativa quanto preventiva. Vocês, alunos mais velhos, já estão moldados, já estão condicionados, já são ambiciosos; vocês querem ser bem-sucedidos como seus pais, como o governador ou alguém mais. Então, a real função da educação não é só ajudá-los a se descondicionar, mas também entender esse processo todo de viver a cada dia para que possam crescer em liberdade e criar um novo mundo — um mundo que precisa ser totalmente diferente do atual. Infelizmente, nem seus pais, nem seus professores, nem o público em geral estão interessados nisso. É por isso que a educação precisa ser um processo de educar o professor e o aluno.

Pergunta: Quais são os deveres de um aluno?

KRISHNAMURTI: O que a palavra dever significa? Dever com o quê? Dever com o seu país, de acordo com um político? Dever com seu pai e mãe, de acordo com os desejos deles? Eles dirão que é seu dever fazer o que mandarem; e o que eles mandarem estará condicionado pela sua formação, por sua tradição, e assim por diante. E o que é um aluno? É um menino ou menina que vai à escola e lê alguns livros para passar em alguma prova? Ou é apenas um aluno que está aprendendo o tempo todo e para quem, portanto, não há um fim no aprendizado? Certamente, a pessoa que simplesmente lê sobre uma matéria, passa em uma prova e depois a abandona não é um aluno. O verdadeiro aluno está estudando, aprendendo, investigando, explorando, não apenas até os 20 ou 25 anos, mas por toda a vida.

Ser um aluno é aprender o tempo todo; e uma vez que você está aprendendo, não existe um professor, não é? No momento em que você é um aluno, não existe ninguém em particular para lhe ensinar, porque você está aprendendo com tudo. A folha que é soprada pelo vento, o barulho das águas nas margens do rio, o voo de um pássaro bem alto no ar, o homem pobre que passa carregando um fardo pesado, as pessoas que pensam que sabem tudo da vida — você está aprendendo com todos eles; portanto, não existe um professor, e você não é um seguidor.

Então, o dever de um aluno é simplesmente aprender. Goya, quando já era um homem bastante idoso, escreveu em um de seus quadros: "Eu ainda estou aprendendo". Você poderá aprender com os livros, mas isso não o levará muito longe. Um livro poderá lhe oferecer somente o que o autor tiver a dizer. Mas o aprendizado que vem pelo autoconhecimento não tem limite, porque aprender por meio de seu próprio autoconhecimento é saber como ouvir, como observar, e, portanto, você aprende com tudo: com a música, com o que as pessoas dizem e o modo com o dizem, com a raiva, a ganância, a ambição.

Essa terra é *nossa*, ela não pertence aos comunistas, aos socialistas ou aos capitalistas; é sua e minha, para que vivamos nela felizes, abundantemente, sem conflitos. Mas essa abundância de vida, essa felicidade, esse sentimento de "a terra é nossa", não pode ser provocada por imposição, por leis. Isso deve vir de dentro, porque amamos a terra e todas as coisas dela; e esse é o estado de aprendizagem.

Pergunta: Qual é a diferença entre respeito e amor?

KRISHNAMURTI: Você pode procurar respeito e amor no dicionário e encontrar a resposta. É isso que você quer saber? Você quer saber o significado superficial dessas palavras ou o significado por trás delas?

Quando um homem proeminente aparece, um ministro ou um governador, já percebeu como todos o cumprimentam? Você chama isso de respeito, não é? Mas esse respeito é falso, porque por trás disso há medo, ganância. Você quer algo do pobre-diabo, então coloca uma guirlanda em torno de seu pescoço. Isso não é respeito, é simplesmente a moeda com a qual você compra e vende no mercado. Você não sente respeito por seu empregado ou pelo aldeão, mas somente por aqueles de quem espera obter alguma coisa. Esse tipo de respeito é, na verdade, medo; não é respeito de modo algum, não tem significado. Mas se você realmente tiver amor em seu coração, então, para você, o governador, o professor, seu empregado e o aldeão serão todos iguais; aí você terá respeito, um sentimento por eles todos, porque o amor não pede nada em troca.

Pergunta: O que é felicidade em vida?

KRISHNAMURTI: Se você deseja fazer algo agradável, pensa que se sentirá feliz quando o fizer. Você talvez deseje se casar com o homem mais rico ou a moça mais bonita que existir, passar em alguma prova, ser elogiado por alguém, e você pensa que, obtendo o que deseja, será feliz. Mas isso é felicidade? Isso não desaparece logo, como a flor que abre de manhã e murcha à tarde? No entanto, essa é nossa vida, e isso é tudo que queremos. Ficamos satisfeitos com essas superficialidades: em ter um carro ou uma posição garantida, em sentir uma pequena emoção por alguma coisa fútil, como o menino que está feliz empinando uma pipa no vento forte e alguns minutos mais tarde está banhado em lágrimas. Essa é nossa vida e com isso estamos satisfeitos. Nunca dizemos: "Dedicarei meu coração, minha energia, meu ser inteiro a descobrir o que é a felicidade". Não temos um interesse profundo nisso, não temos um sentimento muito forte com relação a isso, então ficamos satisfeitos com as pequenas coisas.

A felicidade chega sem convite; e no momento em que você tem consciência de que está feliz, não é mais feliz. Eu me pergunto se você já percebeu isso. Quando você se sente repentinamente alegre, há apenas a liberdade de sorrir, de ser feliz; mas no momento em que tem consciência disso, você a perde, não é? Sentir-se feliz com consciência disso ou buscar a felicidade é o próprio fim da felicidade. Só existe felicidade quando o ser e suas exigências são postas de lado.

Nos ensinam bastante sobre matemática, você dedica seus dias a estudar história, geografia, ciências, física, biologia etc.; mas você e seus professores passam algum tempo de fato pensando nesses assuntos muito mais sérios? Você já se sentou silenciosamente, com suas costas bem eretas, sem movimentar-se, e conheceu a beleza do silêncio? Você já deixou sua mente vagar, não sobre coisas insignificantes, mas inteiramente, profundamente, e assim explorar e descobrir?

E você sabe o que está acontecendo no mundo? O que está acontecendo no mundo é uma projeção do que está acontecendo dentro de cada um de nós; o que somos, o mundo é. A maioria de nós está perturbada, somos aquisitivos e possessivos, somos ciumentos e reprovamos as pessoas; e isso é exatamente o que está acontecendo no mundo, só que mais drasticamente, mais cruelmente. Mas nem você nem seus professores passam tempo algum pensando sobre tudo isso; e somente quando você passar algum tempo, todos os dias, pensando sinceramente sobre esses assuntos, é que haverá a possibilidade de realizar uma total revolução e criar um mundo novo. E eu lhe garanto: um novo mundo precisa ser criado, um mundo que não seja uma continuação da mesma sociedade corrompida, em uma forma diferente. Mas você não poderá criar um novo mundo se sua mente não estiver alerta, atenta, consciente; e é por isso que é tão importante, enquanto você é jovem, passar algum tempo refletindo sobre essas questões sérias, e não apenas passar seus dias no estudo de poucas matérias, que não leva a parte alguma a não ser um emprego e a morte. Portanto, realmente considere seriamente todas essas coisas, pois dessa consideração surgirá um extraordinário sentimento de alegria, de felicidade.

Pergunta: O que é a vida real?

KRISHNAMURTI: O que é a vida real? Um menininho fez essa pergunta. Brincar, jogar, comer boa comida, correr, pular, empurrar — isso é a vida real para ele. Veja, nós dividimos a vida no real e no falso. A vida real é fazer algo que você adora fazer com seu ser inteiro para que não exista contradição interna, nenhuma oposição entre o que você está fazendo e o que você acha que *deveria* fazer. A vida é, então, um processo totalmente integrado no qual há uma tremenda alegria. Mas isso só pode acontecer quando você não depende psicologicamente de ninguém ou de qualquer sociedade, quando há total desprendimento interior, pois somente aí existe a possibilidade de realmente amar o que se faz. Se você estiver em um estado de total revolução, não importa se cuida do jardim, se alcançou o posto de primeiro-ministro, ou se faz alguma outra coisa; você amará o que faz, e desse amor surgirá um extraordinário sentimento de criatividade.

Pergunta: Você é feliz ou não?

KRISHNAMURTI: Eu não sei. Nunca pensei sobre isso. No momento em que você pensa que é feliz, você deixa de ser feliz, não é? Quando está brincando e gritando com alegria, o que acontece no momento em que você se torna consciente que está alegre? Você para de ser alegre. Já percebeu isso? Então, a felicidade é algo que não está dentro do campo da autoconsciência.

Quando você tenta ser bom, você é bom? Pode a bondade ser praticada? Ou a bondade é algo que surge naturalmente porque você vê, observa, entende? De modo semelhante, quando você está consciente que é feliz, a felicidade sai pela janela. Buscar a felicidade é absurdo, porque só existe felicidade quando você não a busca.

Você sabe o que significa a palavra humildade? E você pode cultivar a humildade? Se repetir todas as manhãs: "Eu vou ser humilde", isso é humildade? Ou a humildade surge por si mesma quando você não tem mais orgulho, vaidade? Do mesmo modo, quando as coisas que impedem a felicidade desaparecem, quando a ansiedade, a frustração e a busca por segurança cessam, então a felicidade aparece, você não precisa procurar por ela.

Por que a maioria de vocês está tão calada? Por que não discutem comigo? Sabem, é importante expressar seus pensamentos e sentimentos, mesmo que mal, porque isso terá um grande significado para vocês, e vou lhes dizer por quê. Se vocês começarem a expressar seus pensamentos e sentimentos agora, ainda que hesitantemente, quando crescerem não serão sufocados pelo ambiente, por seus pais, pela sociedade, pela tradição. Mas infelizmente seus professores não os estimulam a questionar, eles não perguntam o que vocês pensam.

Pergunta: A alma sobrevive depois da morte?

KRISHNAMURTI: Se você realmente quiser saber isso, como vai descobrir? Lendo o que Shankara, Buda e Cristo disseram sobre o assunto? Ouvindo seu próprio líder ou santo particular? Eles podem estar totalmente errados. Você está preparado para admitir isso — o que significará que sua mente está em posição de investigar?

Você precisará primeiro descobrir, certamente, se existe uma alma para sobreviver. O que é a alma? Você sabe o que é isso? Ou simplesmente lhe disseram que existe uma alma — dito por seus pais, pelo padre, por um livro em particular, por seu ambiente cultural — e você aceitou isso?

A palavra alma implica algo além da mera existência física, não é? Existe seu corpo físico e também seu caráter, suas tendências, suas virtudes; e transcendendo tudo isso você diz que existe uma alma. Se esse estado existir de algum modo, ele precisará ser espiritual, algo que tenha a qualidade da eternidade; e você está perguntando se esse algo espiritual sobrevive à morte. Essa é uma parte da pergunta.

A outra parte é: o que é a morte? Você sabe o que é a morte? Você quer saber se há vida após a morte. Mas essa pergunta não é importante. A pergunta importante é: você pode saber o que é a morte enquanto está vivo? Que significado terá se alguém lhe disser que existe ou não existe vida após a morte? Você ainda assim não saberá. Mas você poderá descobrir por si mesmo o que é a morte, não depois que estiver morto, mas enquanto estiver vivo, saudável, vigoroso, enquanto estiver pensando, sentindo.

Isso também é parte da educação. Ser educado não é somente ser competente em matemática, história ou geografia, é também ter a capacidade de entender essa coisa extraordinária chamada morte — não quando você estiver fisicamente morrendo, mas enquanto estiver vivo, enquanto estiver rindo, enquanto estiver subindo em uma árvore, enquanto estiver navegando em um barco ou nadando. A morte é o desconhecido, e o que importa é conhecer o desconhecido enquanto você está vivo.

Pergunta: Como você aprendeu tudo isso e como podemos chegar a isso?

KRISHNAMURTI: Essa é uma boa pergunta, não é?

Agora, se você me permite falar um pouco sobre mim mesmo, não li livro algum sobre essas coisas, nem os *Upanishads*, nem o *Bhagavad Gita*, nem quaisquer livros de psicologia; mas como lhe disse, se você observar sua mente, estará tudo lá. Assim, depois que você inicia a jornada do autoconhecimento, os livros não são importantes. É como entrar em uma terra desconhecida onde você começa a descobrir novas coisas e fazer descobertas surpreendentes; mas veja, isso tudo será destruído se você der importância a si mesmo. No momento que disser: "Eu descobri, eu sei, eu sou um grande homem porque descobri isto e aquilo", você estará perdido. Se você precisar fazer uma longa viagem, deverá carregar pouca bagagem; se quiser subir a uma grande altura, deverá viajar com pouco peso.

Então essa pergunta é realmente importante, porque a descoberta e o entendimento vêm pelo autoconhecimento, pela observação dos comportamentos habituais da mente. O que você diz de seu vizinho, como você fala, como anda, como olha para o céu, para os pássaros, como você trata as pessoas, como corta um galho — todas essas coisas são importantes, porque elas funcionam como espelhos que mostram como você é, e se estiver atento, descobrirá tudo de uma forma nova, a cada momento.

Pergunta: Por que queremos ter um companheiro?

KRISHNAMURTI: Você pode viver sozinho neste mundo sem um marido ou uma mulher, sem filhos, sem amigos? A maioria das pessoas não pode viver sozinha, portanto elas precisam de companheiros. É necessário muita inteligência para se viver sozinho; e você precisa estar sozinho para encontrar Deus, a verdade. É agradável ter um companheiro, um marido ou uma mulher, e também ter filhos; mas veja, nos perdemos nisso tudo, nos perdemos na família, no trabalho, na rotina monótona e entediante de uma existência decadente. Nos acostumamos com isso e depois a ideia de viver sozinho se torna horrível, algo a se temer. A maioria de nós põe toda a confiança em uma só coisa, aposta todas as fichas em uma única carta, e nossas vidas não têm riqueza a não ser por nossos companheiros, a não ser por nossas famílias e nossos empregos. Mas se houver riqueza na vida da pessoa — não a riqueza do dinheiro ou do conhecimento, que qualquer um pode adquirir, mas aquela riqueza que é o movimento da realidade sem início nem fim —, então o companheirismo se tornará uma questão secundária.

Mas veja, você não é educado para ser sozinho. Você já saiu para uma caminhada sozinho? É muito importante sair sozinho, sentar-se embaixo de uma árvore — não com um livro, não com um companheiro, mas sozinho — e observar uma folha caindo, ouvir o barulho da água, o canto do pescador, ver o voo de um pássaro e de seus próprios pensamentos enquanto perseguem uns aos outros pela sua mente. Se você conseguir ficar sozinho e observar essas coisas, vai descobrir riquezas extraordinárias que nenhum governo poderá tributar, nenhuma operação humana poderá corromper, que nunca poderão ser destruídas.

Pergunta: Seu hobby é dar palestras? Não fica cansado de falar? Por que está fazendo isso?

KRISHNAMURTI: Estou contente que tenha feito essas pergunta. Sabe, se você ama algo, nunca se cansa daquela coisa — eu quero dizer amor em que não haja busca por um resultado, nem o desejo de querer algo disso. Quando você ama alguma coisa, isso não é autossatisfação, portanto não há decepção, não há objetivo. Por que estou fazendo isso? Você pode também perguntar por que as rosas florescem, por que o jasmim tem seu perfume ou por que o pássaro voa.

Veja, eu experimentei *não* falar, para descobrir o que aconteceria se eu não falasse. Isso também foi bom. Você entende? Se estiver falando porque está obtendo algo disso — dinheiro, uma recompensa, um sentido de autoimportância —, então haverá cansaço, sua fala será destrutiva, ela não terá significado, porque será apenas autossatisfação; mas se houver amor em seu coração e seu coração não estiver cheio das coisas da mente, então será como uma fonte, como uma nascente que está eternamente oferecendo água fresca.

Pergunta: O que é destino?

KRISNHAMURTI: Você realmente quer investigar esse problema? Fazer uma pergunta é a coisa mais fácil do mundo, mas sua pergunta só terá significado se ela lhe afetar diretamente, para que você esteja profundamente interessado nela. Já percebeu como muitas pessoas perdem o interesse depois que fazem suas perguntas? No outro dia, um homem fez uma pergunta e começou a bocejar, coçar a cabeça e a falar com seu vizinho; ele tinha perdido completamente o interesse. Então sugiro que você só faça uma pergunta se estiver realmente interessado nela.

Esse problema do que é destino é muito difícil e complexo. Veja, se uma causa for iniciada, ela deverá, inevitavelmente, produzir um resultado. Se um enorme número de indivíduos, sejam eles russos, americanos ou hindus, se preparar para a guerra, seu destino será a guerra; embora possam dizer que desejem a paz e estejam se preparando apenas para sua própria defesa, eles desencadearam coisas que provocarão guerras. De modo semelhante, quando milhões de pessoas, durante séculos, tomaram parte no desenvolvimento de uma determinada civilização ou cultura, elas iniciaram um movimento em que indivíduos foram apanhados e carregados, quer eles gostassem ou não; e esse processo todo de ser envolvido por uma corrente particular de cultura ou civilização pode ser chamado de destino.

Afinal de contas, se você nasceu como filho de um advogado que insiste que você também se torne um advogado, e se atender aos desejos dele, embora prefira se tornar outra coisa, então seu destino será, obviamente, se tornar um advogado. Mas se você se recusar a ser advogado, se insistir em fazer aquilo que sente que seja o correto e o verdadeiro para si mesmo, que é o que você realmente ama fazer — pode ser escrever, pintar ou não ter dinheiro algum e mendigar —, então você quebrará a corrente, se desprenderá do destino que seu pai pretendia para você. É a mesma coisa com a cultura ou a civilização.

Por isso, é muito importante que sejamos educados corretamente — educados não para sermos sufocados pela tradição, nem incluídos no destino de um grupo racial, cultural ou familiar particular, educados não para sermos seres mecânicos indo em direção a um objetivo predeterminado. O homem que entender esse processo inteiro, que se desprender dele e for independente, criará seu próprio momento; e se sua ação for se desprender do falso em direção ao verdadeiro, então esse momento se tornará a verdade. Esses homens estarão livres do destino.

Pergunta: Como podemos conhecer a nós mesmos?

KRISHNAMURTI: Você conhece seu rosto porque frequentemente o vê refletido no espelho. Agora, existe um espelho no qual você pode se ver inteiramente — não seu rosto, mas tudo que pensa, tudo que sente, suas motivações, seus desejos, seus anseios e medos. Esse espelho é o espelho do relacionamento: o relacionamento entre você e seus pais, entre você e seus professores, entre você e o rio, as árvores, a terra, entre você e seus pensamentos. O relacionamento é um espelho em que pode ver a si mesmo, não como gostaria de ser, mas como você é. Eu posso desejar, ao olhar em um espelho comum, que ele me mostre bonito, mas isso não acontecerá, porque o espelho refletirá meu rosto exatamente como ele é, e eu não posso me iludir. De modo semelhante, posso ver a mim mesmo exatamente como sou no espelho de meu relacionamento com os outros. Posso observar como falo com as pessoas: mais polido com aqueles que penso que podem me dar algo, e de forma grosseira ou desdenhosa com aqueles que não podem fazê-lo. Sou atencioso com aqueles de quem tenho medo. Eu me levanto quando pessoas importantes entram, mas quando o empregado entra não presto atenção. Então, ao observar a mim mesmo no relacionamento, descubro a falsidade do meu respeito pelas pessoas, não é? E posso também descobrir como me relaciono com as árvores e os pássaros, com ideias e livros.

Você pode ter todos os diplomas acadêmicos do mundo, mas se não conhecer a si mesmo, será uma pessoa muito idiota. Conhecer a si mesmo é o verdadeiro propósito de toda educação.

Sem autoconhecimento, simplesmente reunir fatos ou tomar notas para passar nas provas é uma existência idiota. Você pode ser capaz de citar o *Bhagavad Gita*, os *Upanishads*, o Alcorão e a Bíblia, mas a não ser que conheça a si mesmo, você será como um papagaio repetindo palavras. Ao passo que, no momento que começar a conhecer a si mesmo, por pouco que seja, já terá iniciado um extraordinário processo de criatividade. Será uma descoberta se ver como você realmente é: ganancioso, brigão, zangado, invejoso, estúpido. Ver o fato, sem tentar alterá-lo, simplesmente ver exatamente o que você é, será uma revelação surpreendente. Daí, você poderá penetrar cada vez mais profundamente, infinitamente, porque não existe um fim para o autoconhecimento.

Pelo autoconhecimento, você começa a descobrir o que é Deus, o que é a verdade, o que é aquele estado que é eterno. Seu professor pode lhe transmitir o conhecimento que ele recebeu do professor *dele*, e você pode se sair bem nas provas, obter um diploma e tudo mais, mas sem conhecer a si mesmo como conhece seu próprio rosto no espelho, todos os outros conhecimentos terão pouco significado. Pessoas cultas que não se conhecem são realmente pouco inteligentes; elas não sabem o que é pensar, o que é a vida. É por isso que é importante para o educador ser educado no verdadeiro sentido da palavra, o que significa que ele precisa conhecer o funcionamento de sua própria mente e coração, ver a si mesmo no espelho do relacionamento. O autoconhecimento é o início da sabedoria. No autoconhecimento está o universo todo; ele engloba todas as lutas da humanidade.

Pergunta: Podemos conhecer a nós mesmos sem uma inspiração?

KRISHNAMURTI: Para conhecer a si mesmo você precisa ter uma inspiração, alguém para lhe instigar, estimular, pressionar?

Ouça a pergunta com muita atenção e encontrará a verdadeira resposta. Metade do problema estará resolvido se você estudá-lo, não? Mas você não poderá estudar o problema totalmente se sua mente estiver ocupada em descobrir a resposta com muita ansiedade.

A pergunta é: para ter autoconhecimento, não é preciso haver alguém para nos inspirar?

Agora, se você precisa ter um guru, alguém para inspirá-lo, para estimulá-lo, para lhe dizer que está se saindo bem, isso significa que você estará contando com essa pessoa e, inevitavelmente, ficará perdido quando ela for embora. No momento em que você depende de uma pessoa ou de uma ideia para a inspiração, fatalmente há medo, portanto, isso não é a verdadeira inspiração. Ao passo que, se você observa um corpo sendo carregado ou observa duas pessoas brigando, isso não faz você pensar? Quando você vê alguém sendo muito ambicioso ou percebe como todos caem aos pés do governador quando ele entra, isso não faz você refletir? Então, há inspiração em tudo, desde a queda de uma folha ou a morte de um pássaro até o próprio comportamento dos homens. Se você observar todas essas coisas, estará aprendendo o tempo todo; mas se olhar para uma pessoa como seu professor, estará perdido, e essa pessoa se tornará seu pesadelo. É por isso que é muito importante não seguir ninguém, não ter um professor em particular, mas aprender com o rio, com as flores, com as árvores, com a mulher que carrega um fardo, com os membros da sua família e com seus próprios pensamentos. Essa é a educação que ninguém pode lhe dar a não ser você mesmo, e aí está a beleza disso. Isso exige uma atenção incessante, uma mente constantemente investigadora. Você precisa aprender quando observa, quando se esforça, quando está feliz ou triste.

Pergunta: Com todas as nossas contradições, como é possível ser e fazer simultaneamente?

KRISHNAMURTI: Você sabe o que é autocontradição? Se quero fazer uma determinada coisa na vida e ao mesmo tempo quero agradar meus pais, que gostariam que eu fizesse uma coisa diferente, existe em mim um conflito, uma contradição. Como vou resolver isso? Se não conseguir resolver essa contradição em mim mesmo, não poderá, obviamente, existir uma integração entre ser e fazer. Então, a primeira coisa é se libertar da autocontradição.

Suponha que você queira estudar pintura porque pintar é a alegria de sua vida e seu pai diga que você precisa ser um advogado ou um homem de negócios, senão, vai deserdá-lo e não arcará com sua educação. Então, haverá uma contradição em você, não é? Agora, como você vai remover essa contradição interna, se libertar da luta e da dor causadas por ela? Enquanto você estiver preso à autocontradição, não poderá pensar; por isso, você precisa livrar-se da contradição, precisa fazer uma coisa ou outra. Qual delas? Você cederá a seu pai? Se o fizer, isso significa que você jogou fora sua alegria, se uniu a algo que não ama; e isso resolverá a contradição? Ao passo que, se você resistir a seu pai, se disser: "Sinto muito, não me importo se tiver que mendigar ou passar fome, vou pintar", não haverá contradição; então, ser e fazer serão simultâneos, porque você saberá o que quer fazer e fará, com seu coração inteiro. Mas se você se tornar um advogado ou homem de negócios enquanto está ardendo por dentro para ser um pintor, então pelo resto da vida você será um homem entediado e deprimido, vivendo atormentado, frustrado, infeliz, sendo destruído e destruindo outros.

Esse é um problema muito importante para você refletir, porque, quando crescer, seus pais irão querer que você faça certas coisas, e se você não tiver muita clareza sobre o que realmente quer fazer, será conduzido como um carneiro para o abate. Mas se descobrir o que é que ama fazer e dedicar a vida toda a isso, então não haverá contradição, e nesse estado seu ser será seu fazer.

Pergunta: Como podemos pôr em prática o que está nos dizendo?

KRISHNAMURTI: Você ouve algo que pensa estar certo e quer executar isso em sua vida cotidiana; então, há uma distância entre o que você pensa e o que você faz, não é? Você pensa uma coisa e está fazendo outra; você quer pôr em prática o que pensa, então há essa distância entre ação e pensamento; e pergunta como diminuir essa distância, como ligar seu pensamento à sua ação.

Agora, quando você quer muito fazer algo, você faz, não é? Quando você quer sair e jogar críquete ou fazer outra coisa em que esteja realmente interessado, encontra maneiras e meios de fazer isso; você nunca pergunta como pôr isso em prática. Você faz porque está animado, porque seu ser inteiro, sua mente e seu coração estão nisso.

Mas nesse outro assunto você se tornou muito astucioso, pensa uma coisa e faz outra. Você diz: "Essa é uma excelente ideia e eu a aprovo intelectualmente, mas não sei o que fazer com isso, então, por favor, me diga como pôr isso em prática" — o que significa que você, em absoluto, não quer fazer isso. O que você realmente quer é adiar a ação, porque gosta de ser um pouquinho invejoso ou o que quer que seja. Você diz: "Todo mundo é invejoso, então por que não eu?", e simplesmente continua como antes. Mas se você realmente não quiser ser invejoso e ver a verdade da inveja como vê a verdade da naja, aí cessará de ser invejoso e será o fim disso; você nunca perguntará como se libertar da inveja.

Então, o que é importante é ver a verdade de algo e não perguntar como realizar isso — o que realmente significa que você não vê a verdade disso. Quando você encontra uma naja na estrada, não pergunta: "O que vou fazer?" Você entende muito bem o perigo da cobra e fica longe dela. Mas nunca examinou todas as implicações da inveja; ninguém jamais falou com você sobre isso, nem examinou profundamente isso com você. Foi-lhe dito que você não deve ser invejoso, mas ninguém nunca investigou a natureza da inveja; nunca observou como a sociedade e todas as religiões organizadas estão baseadas nisso, no desejo de se tornar alguma coisa. No momento em que você entra na inveja e realmente vê a verdade dela, a inveja desaparece.

Perguntar "Como vou fazer isso?" é uma pergunta irrefletida, porque, quando está realmente interessado em alguma coisa que não sabe fazer, você se aproxima disso e logo começa a descobrir. Se você se sentar e disser: "Por favor, me diga uma forma prática de me livrar da ganância", continuará a ser ganancioso. Mas se você investigar a ganância com uma mente atenta, sem qualquer preconceito, e puser todo o seu ser nisso, descobrirá por si mesmo a verdade da ganância; e será a verdade que o libertará, não sua procura por um modo de se libertar.

Pergunta: O que nos faz temer a morte?

KRISHNAMURTI: Você acha que a folha que cai no chão está com medo da morte? Você acha que o pássaro vive com medo de morrer? Ele encontra a morte quando a morte chega; mas não está preocupado com a morte, ele está ocupado demais em viver, em pegar insetos, em construir um ninho, gorjear, voar pela alegria de voar. Você já observou pássaros voando bem alto, sem uma batida sequer de suas asas, sendo levados pelo vento? Como eles parecem estar se divertindo! Eles não estão preocupados com a morte. Se a morte chegar, tudo bem, eles terão terminado. Não há preocupação sobre o que vai acontecer; eles estão vivendo cada momento, não é? Nós, os homens, é que estamos sempre preocupados com a morte — porque não estamos vivendo. Esse é o problema: estamos morrendo, não estamos vivendo. Os idosos estão perto do túmulo, mas os jovens não estão muito atrás.

Veja, há essa preocupação com a morte porque temos medo de perder o conhecido, as coisas que reunimos. Temos medo de perder a mulher ou o marido, um filho ou um amigo; temos medo de perder o que aprendemos, o que acumulamos. Se pudéssemos carregar todas as coisa que reunimos — nossos amigos, nossos bens, nossas virtudes, nosso caráter —, não teríamos medo da morte, não é? É por isso que inventamos teorias sobre a morte e o outro mundo. Mas o fato é que a morte é um fim, e a maioria de nós não quer encarar esse fato. Não queremos abandonar o conhecido; então, é nosso apego ao conhecido que cria o medo em nós, não o desconhecido. O desconhecido não pode ser percebido pelo conhecido. Mas a mente, sendo formada pelo conhecido, diz: "Eu vou ter um fim" e, portanto, fica assustada.

Agora, se você puder viver cada momento e não ficar preocupado com o futuro, se puder viver sem o pensamento do amanhã — o que não significa a superficialidade de simplesmente estar ocupado com o hoje —, se, estando consciente do processo inteiro do conhecido, você puder desistir, abrir mão dele completamente, então descobrirá que uma coisa surpreendente acontecerá. Tente isso por um dia — ponha de lado tudo que você conhece, esqueça isso e simplesmente veja o que acontece. Não persista nas suas preocupações a cada dia, a cada hora, a cada momento; deixe elas partirem e verá que dessa liberdade surgirá uma vida extraordinária que inclui tanto viver quanto morrer. A morte será apenas o fim de algo, e nesse mesmo fim haverá uma renovação.

Pergunta: O que quer dizer por uma mudança total, e como isso pode ser realizado no próprio ser da pessoa?

KRISHNAMURTI: Acha que pode haver uma mudança total se você tentar provocá-la? Você sabe o que é mudança? Suponha que você seja ambicioso e que tenha começado a ver tudo que está envolvido na ambição: esperança, satisfação, frustração, crueldade, sofrimento, desconsideração, ganância, inveja, completa falta de amor. Vendo tudo isso, o que você faz? Fazer um esforço para mudar ou transformar a ambição é outra forma de ambição, não é? Implica um desejo de ser alguma outra coisa. Você pode rejeitar um desejo, mas nesse mesmo processo, cultiva outro desejo que também trará sofrimento.

Agora, se você perceber que a ambição traz sofrimento e que o desejo de pôr um fim na ambição também traz sofrimento, se você observar a verdade disso muito claramente por si mesmo e não agir, mas permitir que a verdade atue, então essa verdade provocará uma mudança fundamental na mente, uma total revolução. Mas isso requer grande dose de atenção, sagacidade, percepção.

Quando lhe dizem, como fazem com todos vocês, que você deve ser bom, que deve amar, o que normalmente acontece? Você diz: "Eu preciso praticar a bondade, preciso mostrar amor por meus pais, pelo empregado, pelo jumento, por tudo". Isso significa que você está fazendo um esforço para mostrar amor — e então o amor se torna muito falsificado, muito insignificante, como acontece com essas pessoas nacionalistas que estão permanentemente praticando a fraternidade, o que é tolo e estúpido. É a ganância que causa essas práticas. Mas se perceber a verdade do nacionalismo, da ganância, e deixar essa verdade operar em você, deixar essa verdade atuar, então será fraternal sem fazer qualquer esforço. Uma mente que pratica o amor não consegue amar. Mas se você amar e não interferir nisso, então o amor atuará.

Pergunta: Você disse um dia que deveríamos nos sentar silenciosamente e observar a atividade de nossa própria mente; mas nossos pensamentos desaparecem assim que começamos a observá-los conscientemente. Como podemos perceber nossa própria mente quando ela é tanto a percebedora como também aquilo que ela percebe?

KRISHNAMURTI: Essa é uma pergunta muito complexa e muitos fatores estão envolvidos nela.

Agora, há um percebedor ou apenas percepção? Por favor, acompanhe isso atentamente. Há um pensador ou apenas o ato de pensar? Certamente, o pensador não existe primeiro. Primeiro, existe o ato de pensar, e depois o pensar cria o pensador — o que significa que uma separação no pensar aconteceu. É quando essa separação acontece que toma forma o observador e o observado, o percebedor e o objeto da percepção. Como o indivíduo que faz a pergunta diz, se você observa sua mente, se observa um pensamento, esse pensamento desaparece, ele esvanece; mas de fato só existe percepção, não um percebedor.

Quando você olha para uma flor, quando você apenas a vê, naquele momento existe uma entidade que vê? Ou existe apenas o ato de ver? Ver a flor faz você dizer: "Como é bonita, eu a quero"; então o "eu" toma forma pelo desejo, medo, ganância, ambição, que segue o curso do ato de ver. São esses que criam o "eu", e o "eu" é não existente sem eles.

Se você penetrar mais profundamente nessa questão toda, descobrirá que, quando a mente está bem silenciosa, totalmente quieta, quando não há pensamento e, portanto, nenhum experienciador, nenhum observador, então essa mesma quietude tem seu próprio entendimento criativo. Nessa quietude, a mente é transformada em uma outra coisa. Mas a mente não pode encontrar essa quietude através de qualquer meio, através de qualquer disciplina, através de qualquer prática; ela não toma forma quando você se senta em um canto e tenta se concentrar. Essa quietude vem quando você entende os comportamentos da mente. Foi a mente que criou a imagem de pedra que as pessoas veneram; foi a mente que criou o *Gita*, as religiões organizadas, as inúmeras crenças; e, para descobrir o que é real, você precisa ir além das criações da mente.

Pergunta: O homem é apenas mente e cérebro ou algo mais que isso?

KRISHNAMURTI: Como você vai descobrir? Se simplesmente acreditar, especular ou aceitar o que Shankara, Buda ou alguém mais disse, não estará investigando, não estará tentando descobrir o que é verdadeiro.

Você tem apenas um instrumento, que é a mente; e a mente é também o cérebro. Portanto, para descobrir a verdade dessa questão, você precisa entender os comportamentos habituais da mente, não é? Se a mente for deformada, você nunca verá direito; se a mente for muito limitada, não conseguirá perceber o ilimitável. A mente é o instrumento de percepção, e para perceber verdadeiramente, a mente precisa ser endireitada, ela precisa ser limpa de todo o condicionamento, de todo o medo. A mente precisa também estar livre do conhecimento, porque o conhecimento distorce a mente e torna as coisas deformadas. A enorme capacidade para inventar, imaginar, especular, pensar, não precisa ser posta de lado para que a mente seja muito clara e muito simples? Porque só a mente inocente, a mente que experienciou enormemente e ainda assim está livre do conhecimento e da experiência — só essa mente é que pode descobrir aquilo que é mais do que cérebro e mente. Do contrário, o que você descobrir estará tingido pelo que você já experienciou, e sua experiência é o resultado de seu condicionamento.

Pergunta: Por que somos egoístas? Podemos tentar o máximo para sermos altruístas em nosso comportamento, mas quando nossos próprios interesses estão envolvidos, nos tornamos absorvidos por eles e ficamos indiferentes aos interesses de outros.

KRISHNAMURTI: Acho que é muito importante não se chamar de egoísta nem de altruísta, porque as palavras exercem extraordinária influência sobre a mente. Chame um homem de egoísta e ele está condenado; chame-o de professor e algo acontece na sua abordagem a ele; chame-o de Mahatma e imediatamente há uma auréola em torno dele. Observe suas próprias respostas e verá que palavras como advogado, homem de negócios, governador, empregado, amor, Deus, têm um estranho efeito sobre seus nervos, assim como sobre sua mente. A palavra que denota uma função particular evoca o sentimento de status; então, a primeira coisa é se libertar desse hábito inconsciente de associar certos sentimentos a certas palavras, não é? Sua mente foi condicionada para pensar que o termo egoísta representa algo muito errado, não espiritual, e no momento em que você aplica esse termo a alguma coisa, sua mente a reprova. Então, quando você pergunta "por que somos fundamentalmente egoístas?", ela já tem um conteúdo reprovador.

É muito importante estar consciente de que determinadas palavras causam em você uma resposta neurológica, emocional ou intelectual de aprovação ou reprovação. Quando você chama a si mesmo de uma pessoa ciumenta, por exemplo, imediatamente bloqueou uma investigação mais extensa, parou de penetrar no problema inteiro do ciúme. De forma semelhante, existem muitas pessoas que dizem que estão trabalhando para a fraternidade, entretanto tudo que fazem é contra a fraternidade; mas elas não veem esse fato porque a palavra fraternidade significa algo para elas, e já estão persuadidas por esse significado; não investigam mais extensamente e, por isso, nunca descobrem quais são os fatos, independentemente da resposta neurológica ou emocional que essa palavra evoca.

Então, essa é a primeira coisa: experimentar e descobrir se você pode ver os fatos sem as implicações associadas a determinadas palavras. Se puder olhar para os fatos sem sentimentos de reprovação ou aprovação, descobrirá que no próprio processo de olhar haverá uma dissolução de todas as barreiras que a mente construiu entre si mesma e os fatos.

Simplesmente observe como você aborda alguém que as pessoas chamam de um grande homem. As palavras "grande homem" o influenciam; os jornais, os livros, os seguidores, todos dizem que ele é um grande homem, e sua mente aceita isso. Ou então você adota a opinião oposta e diz: "Que idiota, ele *não* é um grande homem". Ao passo que, se você puder dissociar sua mente de toda a influência e simplesmente olhar para os fatos, então verá que sua abordagem será inteiramente diferente. Do mesmo modo, a palavra aldeão, com suas associações de pobreza, sujeira, esqualidez ou o que quer que seja, influencia seu pensamento. Mas quando a mente está livre de influências, quando ela não reprova nem aprova, mas simplesmente olha, observa, então não está absorta em si mesma, e não existe mais o problema de egoísmo tentando ser altruísta.

Pergunta: Quero realizar um trabalho social, mas não sei como começar.

KRISHNAMURTI: Por que você quer realizar um trabalho social? É porque vê a infelicidade do mundo — fome, doenças, exploração, a brutal indiferença da grande riqueza lado a lado com a pobreza aterradora, a inimizade entre os homens? É esse o motivo? Você quer realizar um trabalho social porque em seu coração há amor e, portanto, você não está preocupado com sua própria satisfação? Ou o trabalho social é um meio para escapar de si mesmo? Você entende? Você vê, por exemplo, toda a feiura envolvida no casamento ortodoxo, então você diz: "Eu nunca me casarei", e se lança no trabalho social; ou talvez seus pais o estimulem a isso, ou você tem um ideal. Se for um meio de fuga, ou se você estiver simplesmente buscando um ideal estabelecido pela sociedade, por um líder ou um padre, ou por você mesmo, qualquer trabalho social que possa fazer apenas criará mais infelicidade. Mas se você tiver amor em seu coração, se estiver buscando a verdade e for, portanto, uma pessoa verdadeiramente religiosa, se não for mais ambicioso, não estiver mais buscando o sucesso, e sua virtude não estiver levando à respeitabilidade — então sua própria vida ajudará a realizar uma total transformação na sociedade.

Eu penso que é muito importante entender isso. Quando somos jovens, como a maioria de vocês é, queremos fazer algo, e o trabalho social é muito difundido; os livros falam sobre isso, os jornais fazem propaganda disso, existem escolas para treinar assistentes sociais etc. Mas veja, sem autoconhecimento, sem entender a si mesmo e seus relacionamentos, qualquer trabalho social que você faça virará cinzas em sua boca.

É o homem feliz que é revolucionário, não o fugitivo idealista ou infeliz; e o homem feliz não é aquele que tem muitas posses. O homem feliz é o homem verdadeiramente religioso, e sua própria vida é um trabalho social. Mas se você se tornar simplesmente um dos inúmeros trabalhadores sociais, seu coração estará vazio. Você poderá doar seu dinheiro ou persuadir outras pessoas a contribuírem, e talvez realize reformas maravilhosas; mas enquanto seu coração estiver vazio e sua mente cheia de teorias, sua vida será tediosa, aborrecida, sem alegria. Então, primeiro entenda a si mesmo, e desse autoconhecimento surgirá a ação do tipo correto.

Pergunta: Pode alguém abster-se de fazer o que quer que goste e ainda assim encontrar o caminho da liberdade?

KRISHNAMURTI: Sabe, é uma das coisas mais difíceis descobrir o que queremos fazer, não só quando somos adolescentes, mas por toda a vida. E, a não ser que você descubra por si mesmo o que realmente quer fazer com seu ser inteiro, acabará fazendo algo que não tem um interesse vital para você, e sua vida será infeliz; e, sendo infeliz, você buscará distração no cinema, na bebida, na leitura de inúmeros livros, em algum tipo de reforma social e em tudo mais.

Então, pode o educador lhe ajudar a descobrir o que é que você quer fazer por toda a vida, independentemente do que seus pais e a sociedade possam querer que você faça? Essa é a verdadeira pergunta, não é? Porque, se descobrir o que ama fazer com seu ser todo, então você será um homem livre; assim terá capacidade, confiança, iniciativa. Mas se, sem saber o que realmente ama fazer, se tornar um advogado, um político, isto ou aquilo, então não haverá felicidade para você, porque essa mesma profissão se tornará o meio de destruir a você mesmo e aos outros.

Você precisa descobrir o que é que ama fazer. Não pense em termos de escolher uma vocação para se encaixar na sociedade, porque, desse modo, nunca descobrirá o que ama fazer. Quando você ama fazer algo, não há problema de escolha. Quando você ama e deixa o amor fazer o que ele deseja, existe a ação correta, porque o amor nunca busca sucesso, nunca está preso na imitação; mas se dedicar sua vida a algo que não ame, nunca será livre.

Mas simplesmente fazer o que quer que goste não é fazer o que você ama fazer. Descobrir o que você realmente ama fazer requer grande dose de compreensão, de insight. Não comece pensando em termos de ganhar a vida; mas se você descobrir o que é que ama fazer, então terá um meio de sustento.

Pergunta: Por que é que, do nascimento até a morte, o indivíduo sempre quer ser amado, e se ele não obtém esse amor não é tão seguro e cheio de confiança quanto os outros?

KRISHNAMURTI: Você acha que os outros são cheios de confiança? Eles podem se pavonear, podem dar-se ares disso, mas você descobrirá que, por trás dessa demonstração de confiança, a maioria das pessoas é vazia, aborrecida, medíocre, não tem confiança real. E por que nós queremos ser amados? Você não quer ser amado por seus pais, por seus professores, por seus amigos? E, se você é um adulto, quer ser amado por sua mulher, por seu marido, por seus filhos — ou por seu guru. Por que existe esse anseio permanente de ser amado? Ouça atentamente. Você quer ser amado porque você não ama; mas no momento que ama, isso acaba, você não está mais indagando se alguém o ama ou não. Enquanto exige ser amado, não existe amor em você; e se você não sente amor, você é feio, estúpido, então, por que deveria ser amado? Sem amor, você é uma coisa morta; e quando a coisa morta pede por amor, ainda está morta. Ao passo que, se seu coração está cheio de amor, você jamais pede para ser amado, você nunca estica sua tigela de esmola para que alguém a encha. Somente o vazio é que pede para ser preenchido, e um coração vazio nunca pode ser preenchido correndo atrás de gurus ou buscando o amor de uma centena de outros modos.

Pergunta: Como a idade atrapalha a percepção do que é Deus?

KRISHNAMURTI: O que é idade? É o número de anos que você viveu? Isso é parte da idade; você nasceu em tal ano e agora tem 15, 40 ou 60 anos. Seu corpo envelhece — e isso também acontece com sua mente quando ela está sobrecarregada com todas as experiências, sofrimentos e aborrecimentos da vida; e essa mente nunca poderá descobrir o que é a verdade. A mente só pode descobrir quando ela é jovem, fresca, inocente; mas a inocência não é uma questão de idade. Não é só a criança que é inocente — ela pode não o ser —, mas a mente que é capaz de vivenciar sem acumular os resíduos da experiência. A mente precisa vivenciar, isso é inevitável. Ela precisa responder a tudo — ao rio, ao animal doente, ao corpo morto sendo levado para ser queimado, ao pobres aldeãos levando seus fardos pela estrada, às torturas e aos sofrimentos da vida —, do contrário, já estará morta; mas ela precisa ser capaz de responder sem ser dominada pela experiência. É a tradição, o acúmulo de experiências, as cinzas da memória, que tornam a mente velha. A mente que morre a cada dia para as memórias de ontem, para todas as alegrias e sofrimentos do passado — essa mente é fresca, inocente, ela não tem idade; e sem essa inocência, quer você tenha 10 ou 60 anos, não encontrará Deus.

Este livro foi composto na tipologia Minion,
em corpo 11/15, impresso em papel off-white 80g/m²,
no Sistema Cameron da Divisão Gráfica
da Distribuidora Record.